# 供电所员工星级评价应用指南

卢兴国　主编



中国电力出版社
CHINA ELECTRIC POWER PRESS

## 内 容 提 要

本书基于供电所的实际工作，综合运用现代管理学理论，通过对供电所综合、运维、营销业务的总结归纳，科学地提出了供电所员工星级评价的具体方法，对供电所进行标准化管理、持续提高管理水平具有较强的参考和借鉴意义。

本书首先介绍了供电所员工星级评价办法；并根据国家电网有限公司供电所星级评价规范，较为详尽地列举了供电所员工开展星级评价应用的具体样张，以及省、市、县关于深化供电所星级评价标准化管理方案等内容，从而指导供电所管理的标准化和精益化，增强供电所管理队伍的治理能力。

本书可供供电企业各级供电所管理人员和广大电力工作者参考使用，也可作为供电企业开展供电所标准化管理和星级创建工作的实用培训教材。

**图书在版编目（CIP）数据**

供电所员工星级评价应用指南 / 卢兴国主编 . —北京：中国电力出版社，2019.10（2020.5重印）
ISBN 978-7-5198-4017-4

Ⅰ. ①供… Ⅱ. ①卢… Ⅲ. ①供电—工业企业管理—人事管理—中国—指南 Ⅳ. ①F426.61-62

中国版本图书馆 CIP 数据核字（2019）第 256669 号

出版发行：中国电力出版社
地　　址：北京市东城区北京站西街 19 号（邮政编码 100005）
网　　址：http://www.cepp.sgcc.com.cn
责任编辑：刘　薇（010-63412357）
责任校对：黄　蓓　马　宁
装帧设计：张俊霞
责任印制：石　雷

印　　刷：三河市百盛印装有限公司
版　　次：2019 年 12 月第一版
印　　次：2020 年 5 月北京第二次印刷
开　　本：787 毫米 ×1092 毫米　16 开本
印　　张：16
字　　数：345 千字
印　　数：5001—15000册
定　　价：58.00 元

## 《供电所员工星级评价应用指南》

# 编 委 会

---

| | | | | |
|---|---|---|---|---|
| 贾　康 | 郝　锴 | 陈　恭 | 齐　欣 | 李　晨 |
| 路福启 | 任武亮 | 张建卫 | 李　强 | 郭　敏 |
| 李丙东 | 申国平 | 胡永红 | 刘　涛 | 范钦兵 |
| 李　鹏 | 胡晓鹏 | 刘永欢 | 王晓磊 | 卢爱霞 |
| 刘　昀 | 董丹丹 | 薛俊杰 | 夏九龙 | 谷　充 |
| 张志勇 | 刘　鹏 | 王培杰 | 李春锋 | 葛雪霞 |
| 周　航 | 张建乐 | 徐培楠 | 田进川 | 杜涛涛 |
| 陈向东 | 张金涌 | 亓普选 | 陈　鹏 | 谢定金 |
| 范江浩 | 李　振 | 赵会峰 | 谭新尧 | 韩　博 |
| 黄艳萍 | 李　伟 | 赵　鹏 | 崔　巍 | 徐红玉 |
| 陈　盼 | 李　强 | 王均正 | 张昊昱 | |

# 前 言

供电所是供电企业营销和供电服务的主阵地，供电所员工综合素质的高低直接决定了电网企业经营水平和供电服务质量。随着全能型供电所建设的深入，市县公司急需一套针对全能型供电所各个岗位人员的评价考核体系，来培养复合型员工，规范日常业务管理。在国网安阳供电公司与国网河南省电力公司技能培训中心的大力支持下，编写组编撰了《供电所员工星级评价应用指南》一书。

本书主要内容包括：供电所员工星级评价办法；开展员工星级评价应用的具体样张；以及省、市、县关于深化供电所星级评价标准化管理方案等方面。此书主要用以指导供电所的标准化管理及员工星级创建，通过岗位评价的有效执行，统一管理模式，夯实管理基础，解决存在的疑难问题，推动管理的专业化、规范化、标准化、科学化，实现省、市、县公司供电所管理全面接轨融合。本书贴近实际、通俗易懂、内容全面，可作为供电企业开展供电所标准化管理的实用培训教材和工具书。

本书在编写过程中还得到了国网河南省电力公司营销部、各地市供电公司等有关领导和同事的大力支持和帮助，在此一并表示感谢。

由于编者水平有限，本书仅从供电所不同业务划分班组的职能，如涉及上级新要求，班组职能调整可以按业务重新进行拆分和合并。书中不当之处在所难免，恳请广大读者批评指正。

编 者

2019 年 8 月

# 目 录

## 第3篇　供电所星级评价标准化管理

# 第 1 篇

## 供电所员工星级评价办法

# 第 1 章　供电所员工星级评价管理办法

## 1. 总则

**1.1**　为积极推进供电所员工素质本质提升的长效机制，进一步加强员工高质量精益管理，提高供电所员工优质服务形象，增强电网安全经济可靠运行和供电保障能力，特制定本办法。

**1.2**　各单位依据本办法开展供电所员工星级评价工作，建立持续改进机制，确保评价工作顺利开展、考核结果真实有效、薪酬兑现公平合理，全面提升供电所综合管理水平。

**1.3**　供电所实施员工星级评价，将职责、流程、标准、制度、考核贯穿整个评价办法，从而建立职责管岗、流程管事、制度管人、标准管质、考核管效的运转机制，进一步规范业务管理，确保员工分工明确，职责清晰透明，流程规范合理，制度标准高效落实，各项考核切实可行，形成供电所标准化管理的新格局。

## 2. 工作职责

**2.1**　省公司营销农电管理部门负责全面指导供电所员工星级评价工作。依据《国网营销部关于印发 2017 年“全能型”乡镇供电所建设的工作意见》(国家电网营销农电〔2017〕16 号)、国家电网营销农电〔2017〕58 号《国网营销部关于印发星级乡镇供电所建设评价规范(修订版)及作业指导书的通知》，应用“星评”理念，制定员工评价办法，分为“必备条件”(通用)、“考评办法”“附加项”(通用)三个部分，其中“考评办法”采用“工作积分制+目标任务制”为核心的考评机制。

**2.1.1**　“必备条件”是供电所员工定级与晋级评价必须具备的条件。

**2.1.2**　“考评办法”由工作单积分考评(权重)+目标任务考评(权重)两部分评价组成，标准分值 100 分。

(1)工作单积分考评(权重)，评价采取工单积分(标准分 1000 分，将千分制工作单积分折算为百分制)×权重；

工作单积分=(工作单 1 分值×积分系数+工作单 2 分值×积分系数+…)×0.1×权重。

(2)目标任务考评包括关键指标(权重)、重点工作任务(权重)两部分。

目标任务考评得分=(关键指标考评得分×权重)+(重点工作任务考评得分×权重)

(3)考核得分=(工作单积分×权重)+(目标任务考评得分×权重)。

**2.1.3**　制定供电所各级员工星级评价标准，评价标准总分 100 分，满足必备条件并且考评得分率达到 95%及以上，评为五星级员工；满足必备条件并且考评得分率达到 90%及以上，评为四星级员工；满足必备条件并且考评得分率达到 85%及以上，评为三星级员工；满足必备条件并且考评得分率达到 80%及以上，评为二星级员工；满足必备条件并且考评得分率达到 75%及以上，评为一星级员工；考评得分率 75%以下的员工为未获得星级的员工。依据上述得分率分别核定不同星级，原则上所负责业务分值应达到 75%以上方可参加员工星级考评。如岗位存在兼职，可按照各岗位评价办法综合进行考评，平均得分率达到不同标准的评为相应的星级员工。

**2.1.4**　组织市、县公司开展供电所员工星级评价。五星级员工评价数量一般不得超过参评人数的 10%，供电所综合考评排在全省前 10%的所长，直接授予五星级所长的称号。督导供电所员工星级评价存在问题的整改。

**2.1.5**　对供电所员工星级评价工作开展现场调研与审核，指导市、县公司做好星级员工的挂牌工作。

**2.1.6**　依据评价标准，对达不到星级标准的员工进行动态“降星”。

**2.1.7**　对市、县公司供电所员工星级创建过程中的先进经验进行推广。

**2.2**　市公司营销农电管理部门负责全面落实省公司布置的供电所员工星级评价工作。

**2.2.1**　组织所辖供电所员工开展星级评价，审核县公司上报的星级评价意见；指导县公司做好所辖供电所员工星级（一星员工至五星员工）的挂牌工作，并统一向省公司报备。

**2.2.2**　开展现场调研，对整改方案进行审核并督导落实。

**2.2.3**　依据评价标准，对达不到星级标准的员工进行“降星”，并报省公司备案。

**2.2.4**　总结经验并报省公司备案。

**2.3**　县公司营销农电管理部门具体负责供电所员工星级评价。

**2.3.1**　依据评价标准对供电所员工开展评价、提出评价意见，经县公司领导批准上报市公司审核后挂牌。

**2.3.2**　依据评价标准对达不到星级标准的员工提出“降星”意见，经县公司领导批准后，进行“降星”并报市公司备案。

**2.3.3**　协同相关专业部门制定整改措施计划，报市公司审核，并督导相关部门落实整改措施。

**2.3.4**　及时总结经验并报市公司。

## 3. 工作职责

### 3.1　供电所员工“评星”流程

每年 1 月 31 日前，市郊区、县公司营销农电管理部门依据评价标准完成供电所员工星级评价及挂牌工作，并报市公司。2 月 10 日前，市公司汇总全部供电所员工星级评价结果，报省公司备案。3 月 15 日前，市郊区、县公司营销农电管理部门协同相关专业部门制定整改措施方案，并报市公司审批。3 月 25 日前，市公司营销农电管理部门完成市郊区、县公司整改措施方案审批。

**3.2　供电所员工"降星"流程**

省、市、县公司依据评价标准，随时对不达标供电所员工进行"降星"。

对于"降星"供电所的员工，市郊区、县公司营销农电管理部门要在一周内协同相关专业部门制定整改措施方案，并报市公司审批。市公司督导整改措施计划的落实。

**3.3　先进经验推广**

3 月 15 日前，市郊区、县公司上报供电所员工评星管理先进经验。3 月 31 日前，市公司营销农电管理部门总结提炼供电所员工星评管理经验，并汇总筛选市郊区、县公司供电所员工管理经验，报省公司。省公司通过多种形式向全省范围内推广先进经验。

**3.4　处分**

对于发生生产人身死亡事故、发生重大负面舆情责任事件的供电所员工立即摘牌，并在处分期内不得参加星级评价。

## 4. 星评应用

**4.1**　评为五星级员工绩效工资上浮 30%及以上，执行期一年；评为四星级员工绩效工资上浮 10%及以上，执行期一年；评为三星级员工绩效工资保持不变，执行期一年；评为二星级员工绩效工资下浮 20%及以下，执行期一年；评为一星级员工绩效工资下浮 25%及以下，执行期一年。无星的员工绩效工资下浮 50%及以下，执行期一年。

**4.2**　员工星级评价结果严格与当年晋升晋级、岗位调配、评优评先、人才选拔等紧密挂钩，原则上获得三星级及以上的员工才能具有各种晋升评先机会，考核结果应全面应用于薪酬、奖惩、职业发展等各个方面，丰富激励措施，加大绩优人员激励力度。

**4.3**　省公司设定"供电所员工星级评价管理指数"指标，将其纳入省公司对市公司、市公司对县公司绩效考核体系。具体考核如下：

供电所员工星级评价管理指数=重点工作完成+员工提升成效

重点工作完成：按时完成所辖供电所员工星级评价及制定整改措施方案工作得 5 分；整改措施方案中，整改措施纳入县公司年度综合计划得 5 分。发现一个供电所员工整改措施不完善，扣 0.1 分；发现一个因星评而硬件设施未改造，且未纳入下年度综合计划项目储备扣 0.1 分。

员工提升成效：及时总结管理经验并获得省公司推广，每条加 0.5 分；年度内，每发生供电所员工"降星"事件一次扣 0.1 分。对于"降星"事件进行瞒报，每发生一次扣 0.5 分。每发生一个供电所员工星级摘牌，扣 1 分。

**4.4**　市公司将供电所员工星级评价工作成效纳入对县公司的业绩考核。

**4.5**　县公司制定切实有效的激励措施，将供电所员工的星级评价结果、整改措施计划的落实情况与供电所的绩效管理相结合。

# 第 2 章　供电所安全质量员评价办法

## 2.1　必备条件（通用）

| 项目 | 考评项 | 频次 | 星级规范值 | 考评办法 |
|---|---|---|---|---|
| 必备条件 | 1.“全能型”供电所建设 | 月度 | 1. 检查员工是否集中管理、集中派工。<br>2. 末端融合的工作流程制度执行情况 | 否决项：不执行集中管理、不服从集中派工的；不能按末端融合的工作流程制度开展工作的，取消评选资格 |
| | 2. 不发生七级及以上电网事件、设备事件和信息系统事件；不发生八级及以上人身事件；不发生电气误操作事故；不发生火灾事故 | 月度 | 因人员责任发生七级及以上电网事件、设备事件和信息系统事件；八级及以上人身事件；电气误操作事故；火灾事故的，发生一次得 0 分 | 否决项：发生一次取消评选资格 |
| | 3. 不发生行风突发事件；不发生因服务不到位引起的新闻媒体曝光及造成重大社会负面影响的事件。不发生负主要责任的农村群众触电伤亡事故；不发生同等及以上责任交通事故 | 月度 | 因人员行为引起行风突发事件；因人员服务不到位引起的新闻媒体曝光及造成重大社会负面影响的事件。因人员责任负主要责任的农村群众触电伤亡事故；发生同等及以上责任交通事故的，发生一次得 0 分 | 否决项：发生一次取消评选资格 |
| | 4. 不发生人员违法违纪事件 | 月度 | 0 次 | 否决项：发生一次取消评选资格 |
| | 5.“两票”合格率=正确的“两票”份数/应统计的“两票”份数×100%。<br>应统计的“两票”是指《国家电网公司电力安全工作规程》（简称《安规》）规定应使用的工作票、操作票作业凭证，包括已执行和填写错误未执行的“两票” | 月度 | 100% | 查询 PMS 系统和手工填票 |
| | 6. 服务类属实投诉 | 年度 | 0 次 | 查询 95598 业务支持系统 |

## 2.2　考评办法

### 2.2.1　工作单积分考评细则（权重）

1. 考评细则

| 序号 | 项目 | 积分标准 | 工单数量 | 工单总积分 | 工单考评得分 | 备注 |
|---|---|---|---|---|---|---|
| 1 | 安全生产工作的监督检查 | 每天 50 分 | | | | |
| 2 | 安全分析会 | 每次 100 分 | | | | |
| 3 | 安全活动 | 每次 50 分（每周 1 次） | | | | |
| 4 | 安规考试 | 每次 100 分 | | | | |
| 5 | 反违章自查自纠 | 每次 30 分 | | | | |

续表

| 序号 | 项目 | 积分标准 | 工单数量 | 工单总积分 | 工单考评得分 | 备注 |
|---|---|---|---|---|---|---|
| 6 | 整改管理违章、装置违章 | 每次 50 分 | | | | |
| 7 | 安监一体化平台管理系统维护 | 每次 100 分 | | | | |
| 8 | 电力设施保护宣传 | 每次 50 分 | | | | |
| 9 | 开展安全性评价 | 每次 30 分 | | | | |
| 10 | 安全隐患整改 | 每次 50 分 | | | | |
| 11 | 值班室值班 | 每天 30 分 | | | | |
| 12 | 临时性工作 | 每次 5～30 分 | | | | |
| | 合计 | | | | | |

**注** 1. 工单积分评价采取标准分 1000 分总控，将千分制工单积分折算为百分制工单积分。

2. 工单积分=工单 1 分值×积分系数+工单 2 分值×积分系数+…；工单绩效得分=工单总积分×0.1（折算为百分制，权重系数）。

## 2. 工作积分系数

| 序号 | 系数项 | 标准 | | 备注 |
|---|---|---|---|---|
| 1 | 工作角色系数 | 负责人： | 1.2 | 各单位根据班组情况自行确定工作角色系数、工作难度系数、工作时间系数、工作成效系数 |
| | | 主要操作人： | 1.0 | |
| | | 辅助操作人： | 0.7 | |
| 2 | 工作难度系数 | 危险地区： | 1.5 | |
| | | 山区： | 1.3 | |
| | | 丘陵地区： | 1.2 | |
| | | 工作地点小于 10km： | 1.05 | |
| | | 工作地点大于 10km： | 1.1 | |
| | | 恶劣天气： | 1.2 | |
| | | 正常天气： | 1.0 | |
| | | 登杆作业： | 1.2 | |
| 3 | 工作时间系数 | 正常工作日： | 1.0 | |
| | | 周六、周日： | 1.1 | |
| | | 法定节假日： | 1.2 | |
| | | 晚 24:00 前： | 1.1 | |
| | | 晚 24:00 后： | 1.2 | |
| | | 4h 之内完成的工作 | 0.5 | |
| 4 | 工作成效系数 | 优秀或非常满意： | 1.1 | |
| | | 合格或满意： | 1.0 | |
| | | 不合格或不满意： | 0 | |

## 2.2.2　目标任务考评细则（权重）

### 1. 关键指标考评部分（权重 0.3）

| 序号 | 考核指标或要求 | 指标值 | 评分标准 | 标准分 | 考核得分 |
|---|---|---|---|---|---|
| 1 | 抢修到场时限符合要求，不发生抢修服务态度投诉 | 0 | 完成得 10 分，未完成不得分 | 10 | |
| 2 | 不发生电压质量投诉 | 0 | 完成得 10 分，未完成不得分 | 15 | |
| 3 | 不发生违反“十个不准”的事件 | 0 | 完成得 10 分，未完成不得分 | 15 | |
| 4 | 百户抢修工单率 | 0 | 每增加 0.1 个百分点，扣 1 分，扣完为止 | 10 | |
| 5 | 安全活动开展情况 | ≥4 次 | 每月缺一次扣 5 分，扣完为止 | 15 | |
| 6 | 安全隐患整改率 | 100% | 未按规定完成不得分 | 15 | |
| 7 | 低压服务时限达标率 | 100% | 未完成 100%不得分 | 10 | |
| 8 | 三合一移动终端应用率 | 100% | 完成得 10 分，未完成不得分 | 10 | |
| 合计 | | | | 100 | |

### 2. 重点工作任务考评部分（权重 0.7）

| 管理类别 | 重点工作任务 | 考核内容及要求 | 评分标准 | 标准分 | 考核得分 |
|---|---|---|---|---|---|
| 一、基础保障扎实 | （一）基础资料管理 | 严格落实国家电网公司或省（市）公司供电所资料精简有关要求，及各类资料和记录通用模板；建立供电所资料目录准入机制；推广基础资料电子化 | 1. 未执行国家电网公司、省（市）公司供电所资料精简有关模板，扣 30 分。<br>2. 安全质量员负责的资料，未达到基础资料电子化要求，扣 15 分。<br>3. 对照省（市）公司下发目录，随机抽查 5 种资料，每缺少一项资料，扣 2 分 | 50 | |
| | （二）信息系统应用 | 按照国家电网公司信息系统推广要求，营销 SG186 业务应用系统、用电信息采集系统、PMS 系统、供电所综合业务监控平台等统推广至供电所的信息系统得到全面应用 | 开展营销 SG186 业务应用系统、用电信息采集系统、PMS 系统、供电所综合业务监控平台应用，1 个未应用扣 10 分 | 30 | |
| | （三）所容所貌管理 | 供电所环境卫生（办公室、会议室、食堂、宿舍、浴室、院落、库房等）符合整洁要求 | 1. 供电所办公区、生活区属安全质量员负责的房间未落实环境卫生管理责任，每个扣 5 分。<br>2. 房间脏乱差的，每个扣 5 分 | 20 | |
| | （四）会议管理 | 定期组织召开月（季）度、周工作例会，会议内容形成会议记录 | 1. 组织月（季）例会每年不少于 12 次，每缺少一次扣 5 分；月（季）例会未形成会议记录的，每次扣 2 分。季度会应与月度例会合并召开。<br>2. 组织周例会每月不少于 2 次，少召开周例会一次，扣 2 分 | 30 | |
| | （五）工作计划及总结管理 | 1. 根据本单位下达指标及任务，编制年度、月度、周计划；根据工作完成情况，编写年度、月度工作总结 | 按要求编制年度、月度、周计划，每缺少一份扣 5 分。计划总结与实际不符，每处扣 2 分 | 20 | |

续表

| 管理类别 | 重点工作任务 | 考核内容及要求 | 评分标准 | 标准分 | 考核得分 |
|---|---|---|---|---|---|
| 一、基础保障扎实 | （五）工作计划及总结管理 | 2. 随月度会开展安全生产分析工作。对季节性引发的安全问题、农村用电安全问题、现场作业安全及施工质量、限电、低电压、设备缺陷、抢报修数量类型等工作进行针对性分析，全面分析查找安全生产及配电网薄弱环节，制定应对措施 | 定期开展安全生产分析工作，未定期开展的扣10分；分析不具体、缺少分析项目或制定的提升措施不具有操作性的报告，每份报告扣5分 | 30 | |
| | （六）安全工器具管理 | 1. 按照《国家电网公司电力安全工器具管理规定》中班组安全工器具配置表要求配置 | 对照《班组安全工器具参考配置表》供电所一栏配置安全工器具，缺少一项扣2分 | 30 | |
| | | 2. 建立安全工器具台账，做到账、卡、物相符，工器具（含电动）按周期进行试验，试验合格证、检查记录齐全 | 1. 无安全工器具台账，扣10分。<br>2. 安全工器具室账、卡、物不相符的，每件扣2分。<br>3. 安全工器具未张贴试验合格证，或试验合格证、试验报告超周期，每件扣2分 | 40 | |
| | | 3. 严禁使用不合格或超试验周期的安全工器具，安全工器具室应符合通风、干燥、清洁要求，安全工器具应统一编号，定置定位，入库检查后放置在安全工器具柜内对应编号位置，不得混放其他物品及不合格安全工器具，所有安全工器具实行集中保管 | 1. 发现使用不合格或超试验周期的安全工器具，每件扣5分。<br>2. 安全工器具室未定置、定位统一分类编号，每件扣1分。<br>3. 安全工器具无月度检查维护记录，每件扣2分。<br>4. 不合格安全工器具未封存、好坏混放，每件扣2分 | 40 | |
| | | 4. 安全工器具使用应办理领用、归还手续，并做好记录 | 相应的工作票、操作票、抢修单应与安全工器具领用记录相对照，不对应每次扣5分 | 30 | |
| | | 5. 安全工器具纳入国网安监一体化平台管理，实现安全工器具从录入、自检、试验、报废的全过程管控 | 安全工器具未纳入安监一体化平台工器具管理模块的，扣10分 | 10 | |
| 二、安全管控严密 | （七）安全管理责任制 | 1. 按照“管业务必须管安全，谁管理谁负责，谁实施谁负责”的要求，建立健全以供电所所长为第一责任人的岗位安全责任制 | 未明确供电所岗位安全责任的，扣10分 | 10 | |
| | | 2. 根据国家电网公司规范，供电所人员编制情况和所管辖的设备情况，安全质量员负责制定有针对性、差异性的各岗位安全职责 | 1. 安全责任制应覆盖供电所全部岗位，每缺1个岗位责任制扣2分。<br>2. 安全责任制内容不全，每个扣2分 | 20 | |
| | | 3. 供电所与县供电企业按年度签订安全生产责任书（责任状），制定落实安全目标的具体措施 | 1. 供电所未与县供电企业签订安全生产责任书或责任状，扣10分。<br>2. 未制定落实供电所年度安全目标计划的具体措施，扣10分 | 20 | |
| | | 4. 供电所与所内员工按年度、分岗位签订针对不同岗位的安全生产责任书，制定个人安全目标的控制措施 | 1. 供电所员工签订安全责任书不具有岗位针对性，每个扣5分。<br>2. 未制定个人安全目标控制措施，扣2分 | 30 | |
| | （八）法律法规和安全规章制度 | 1. 配置国家和行业相关法律法规，国家电网公司相关规章、制度、规范并建立清单 | 1. 无法律、法规、规章制度、规范标准清单，扣10分。<br>2. 清单内容缺少，每个专业扣5分 | 10 | |
| | | 2. 将有关标准、规范、规程发放到相关岗位 | 对照清单和专业岗位职责，发放本专业标准、规范、规程，1个岗位未发放扣2分。纸质和电子版均可 | 10 | |

续表

| 管理类别 | 重点工作任务 | 考核内容及要求 | 评分标准 | 标准分 | 考核得分 |
|---|---|---|---|---|---|
| 二、安全管控严密 | （九）安全活动 | 供电所每周进行一次安全日活动。要做到全员参加，所有参加活动的人员均应由本人签到，活动要做好记录，可全程录音，录音记录要保存一年，活动记录要及时上传至安监一体化平台“班组安全建设”模块 | 1. 无安全活动记录或安全日活动与安监一体化平台、录音或照片等影像资料不对应的，以及发现其他弄虚作假行为的，扣20分。<br>2. 未及时上传安全活动至安监一体化平台“班组安全建设”模块，每次扣2分；未按周期开展安全活动，每次扣5分；安全活动记录内容不详实、不具体，每次扣3分；上级安全文件、事故通报未及时进行学习、未制定防范措施，每次扣2分 | 50 | |
| | | | 1. 安全日活动应做到全员参加，缺席人员及时补学活动内容，发现有1人缺席且未补学，扣2分。<br>2. 安全活动无录音，每次扣3分；安全活动录音不齐全，每次扣2分。<br>3. 检查安全活动记录非本人签字，每人次扣2分。<br>4. 发现上月安全活动内容1次回答不准确，扣2分 | 30 | |
| | （十）“两措”管理 | 1. 供电所将辖区内存在的安全问题上报县供电企业，县供电企业综合下达年度“两措”［安全措施（简称“安措”）、反事故措施（简称“反措”）］计划，供电所存放计划，安全质量员负责落实“两措”计划中“安措”相关内容 | 县供电企业“两措”内容无该供电所，本项不评价。<br>1. 未存放县供电企业制定的“两措”，未严格执行县供电企业下达的“两措”计划，不得分。<br>2. 未落实“两措”完成时间、责任人，扣5分 | 20 | |
| | | 2. 每季度对“两措”计划执行情况进行检查小结，年度“两措”计划完成率100%。安全质量员负责落实“两措”计划中“安措”相关内容 | 县供电企业“两措”内容无该供电所，本项不评价。<br>1. 季度“两措”计划执行情况总结缺少，每次扣2分。<br>2.当年月度计划完成率每下降1%，扣1分 | 20 | |
| | （十一）消防、交通、应急及保电工作管理 | 1. 编制现场处置方案，并报上级主管部门备案 | 1. 现场处置方案针对性、操作性不强，扣5分。<br>2. 方案未报上级备案，扣2分 | 10 | |
| | | 2. 突发事件应急信息上报及时，后续处置信息上报及时准确 | 1. 未发生突发事件本项不评价。<br>2. 突发事件应急信息上报情况不及时、不准确，扣10分 | 10 | |
| | | 3. 积极开展消防、交通、应急及保电等各项工作；消防责任明确，消防器材齐全、定期开展检查；制定生产用车、摩托车、电动自行车管理、存放和使用方案，并做好登记和管理 | 1. 未签订消防责任状，1人扣2分。消防责任状与安全责任状合并签署的一并检查。<br>2. 消防设施未按月进行检查，每个扣2分 | 30 | |
| | | | 1. 未制定重要时期保电预案，扣5分。<br>2. 检查巡视记录，应按保电工作要求巡视检查，少落实一项扣2分 | 10 | |
| | （十二）现场风险管控 | 1. 所有生产现场作业，使用作业文本进行控制，并留下记录。按照作业指导书、“三措一案”（组织措施、技术措施、安全措施和施工作业方案）流程执行，各种过程记录及时完整 | 考核期供电所无现场作业的，以资料检查为主。<br>1. 未执行作业指导书或作业指导书编制与执行严重脱节的，扣10分。<br>2. 发生变更作业流程未履行审批手续，每次扣5分 | 20 | |
| | | 2. 现场风险管控：严格执行班前会、班后会制度，做好现场安全交底、危险点告知，履行确认手续后方可开始工作；班前、班后会可全程录音，录音记录与工作票（紧急抢修单）同期保存 | 考核期供电所无现场作业的，以资料检查为主。<br>1. 未召开班前会、班后会，每次扣5分。<br>2. 班前、班后会未全程录音或影像，扣2分；录音或影响不全，扣1分。<br>3. 班前会未做好现场安全交底、危险点告知，每次扣2分。<br>4. 未履行确认手续即开始工作的，每次扣5分 | 20 | |
| | | 3. 每月对已执行操作票进行汇总、评价和分析，并妥善保管，保管期为一年 | 1. 未按月对已执行操作票进行汇总、评价和分析，每次扣5分。<br>2. 遗失操作票，每份扣5分 | 25 | |

续表

| 管理类别 | 重点工作任务 | 考核内容及要求 | 评分标准 | 标准分 | 考核得分 |
|---|---|---|---|---|---|
| 三、业务协同运行 | （十三）隐患排查治理 | 隐患排查治理应纳入日常工作中，按照“排查（发现）-评估报告-治理（控制）-验收销号”的流程形成闭环管理，做好隐患的排查（发现）、治理（控制）工作。结合设备运维、监测、试验或检修、施工、县供电企业安全性评价或安全标准化查评、安全检查、专项隐患排查、在线监测和状态评估等工作排查安全隐患 | 1. 安全隐患排查工作应多方式开展，不熟悉《国家电网公司安全隐患排查治理管理办法》或排查方式单一扣10分。<br>2. 巡视、安全检查、安全性评价等记录，与安监一体化平台中的安全隐患管理信息系统对照，发现隐患未及时录入安监一体化平台或录入不对应，每个扣10分。<br>3. 职责范围内安全隐患未采取控制措施，每条扣10分。<br>4. 安全隐患未按县供电企业制定的治理计划及时整改，每条扣10分 | 50 | |
| | （十四）安全检查和巡视 | 按照要求开展一般性检查、专项检查和季节性安全检查 | 1. 应存放一般性检查、专项检查和季节性（春、秋检）安全大检查计划、安排、相关记录，无计划、安排、相关记录每项扣10分。<br>2. 未按要求开展检查，每项扣10分 | 50 | |
| 四、人员一专多能 | （十五）岗位管理 | 供电所人员熟知本岗位职责，熟知岗位职责内专业管理要求；按照专业工作要求，熟练应用信息化系统 | 1. 不熟悉岗位职责的，扣5分；不熟知本岗位职责内专业管理要求的，扣5分。 | 10 | |
| | | | 2. 操作使用专业系统（安监管理一体化平台），实现指定功能，操作不熟练的，扣10分 | 10 | |
| | （十六）人员考勤管理 | 供电所人员应严格履行请销假制度。工作期间严禁饮酒和从事与工作无关事项 | 1. 未按照上级要求落实请销假制度的，扣10分。 | 10 | |
| | | | 2. 现场发现饮酒、赌博、玩游戏等与工作无关事项或被国家电网公司、省、市公司明察暗访通报的，扣20分 | 20 | |
| | （十七）绩效考核管理 | 严格落实上级绩效考核要求 | 与供电所签订绩效合约（或责任书），未签订扣 30 分 | 30 | |
| | （十八）培训计划管理 | 1. 制订供电所年度培训计划，根据不同岗位特点有针对性地按计划开展培训工作，拓展新型业务培训内容 | 1. 未编制供电所年度培训计划，扣10分；培训内容未涵盖新型业务，扣5分。<br>2. 培训计划未严格执行，每次扣2分；未按照培训计划开展培训并做好培训记录，每缺少一次扣5分 | 25 | |
| | | 2. 将年度安全教育培训计划纳入年度培训计划中，内容应包括：国家电网公司安全生产规章制度、电力安全工作规定、“两票”填写，触电急救及心肺复苏法、应急疏散、消防器材使用与火灾逃生、风险点辨识及防范等内容，每月开展员工安全教育培训。所内定期组织开展《安规》和安全生产知识考试、测试 | 1. 未制订年度安全教育培训计划，扣10分。<br>2. 未按计划月度组织安全教育培训，每次扣5分。<br>3. 不熟悉心肺复苏法，扣5分。<br>4. 供电所未建立个人安全培训档案或培训内容不全，1人扣1分 | 30 | |
| | | 3. 供电所每年至少应组织一次安全工器具使用方法培训，新进员工上岗前应进行安全工器具使用方法培训；新型安全工器具使用前应组织针对性培训 | 未按规定开展安全工器具培训，每次扣2分 | 20 | |
| | | 4. 定期开展或参加应急理论和技能培训 | 1. 未组织或未参加上级组织的应急培训，扣5分。<br>2. 应急培训和宣传内容不符合要求，扣2分 | 10 | |
| | | 5. 定期组织开展应急演练，每半年至少组织一次现场处置方案演练，按时参加市、县组织的专项应急演练 | 1. 每半年组织或参加上级组织的专项应急演练，未定期组织或参加扣5分。<br>2. 演练内容不符合方案要求，扣5分 | 20 | |

续表

| 管理类别 | 重点工作任务 | 考核内容及要求 | 评分标准 | 标准分 | 考核得分 |
|---|---|---|---|---|---|
| 四、人员一专多能 | （十九）派工单管理 | 1. 所有不需办理工作票、抢修单的作业，均应填写派工单。派工人根据计划工作、报（抢）修工作和临时工作明确工作任务，并合理安排人员。工作结束后，派工人应在派工单上填写返回时间，存档备查。在特殊情况不能填写派工单，经所长批准并履行录音（电话录音、手机录音）手续，现场做好抢（报）修记录，可以先进行工作，应在工作完成后两天内补办派工单 | 1. 派工单使用超范围，每份扣 2 分。<br>2. 派工单所填安全措施不正确完备，每份扣 2 分。<br>3. 存在特殊情况时，抢（报）修记录无对应录音记录或补录的派工单，按无票工作考核，每份扣 10 分 | 20 | |
| | | 2. 每月对已执行派工单进行汇总，并妥善保管，保管期为一年 | 1. 未按月对已执行派工单进行汇总、评价和分析，每次扣 2 分。<br>2. 遗失派工单，每份扣 2 分 | 20 | |
| 合计 | | | | 1000 | |

注　1. 本表中“及时”是指当天发现，不晚于第二天处理。
　　2. 重点工作任务考评部分满分 1000 分，折算为百分制考核。

## 2.3　附加项（通用）

| 分类 | 总分 | 单项分值 | 加分项目 | 考评办法 |
|---|---|---|---|---|
| 加分项 | 5 | 1 | 先进集体加分 | 国家级先进每人加 1 分；省部级或公司级先进每人加 0.5 分；地市级或省公司级先进每人加 0.2 分；最多加分不超过 1 分 |
| | | 1 | 先进个人加分 | 国家级先进每个加 1 分；省部级或公司级先进每个加 0.5 分；地市级或省公司级先进每个加 0.2 分；最多加分不超过 1 分 |
| | | 1 | 全年无属实投诉个人 | 加 1 分 |
| | | 1 | 形成星级供电所建设典型经验并得到推广应用 | 由国网公司认定并推广应用的，主要撰稿人加 1 分，其余加 0.5 分；由省公司认定并推广应用的，主要撰稿人加 0.5 分，其余加 0.3 分；由市公司认定并推广应用的，主要撰稿人加 0.2 分，其余加 0.1 分；最多加分不超过 1 分 |
| | | 1 | 在安全生产、效率效益提升和创新管理方面业绩突出（如市场开拓、节能降损、电能替代，农村新兴业务供电保障服务、基于地域特征的农村安全用电管理，城乡供电服务均等化等），得到公司总部和省公司、地市公司文件认可；取得国家发明专利或国家级、省级奖励的科技项目等 | 国家级文件和专利每个加 1 分；省部级或公司级文件和专利每个加 0.5 分；地市级或省公司级文件和专利每个加 0.2 分；加分最多不超过 1 分 |
| 减分项 | | | 上级单位检查发现的问题及时整改落实 | 发现一次不整改扣 1 分，同时扣本单位季度抽查 0.5 分；<br>发现二次不整改扣 2 分，同时扣本单位季度抽查 1 分 |

# 第 3 章　供电所运检技术员星级评价办法

## 3.1　必备条件（通用）

| 项目 | 考评项 | 频次 | 星级规范值 | 考评办法 |
|---|---|---|---|---|
| 必备条件 | 1.“全能型”供电所建设 | 月度 | 1. 检查员工是否集中管理、集中派工。<br>2. 末端融合的工作流程制度执行情况 | 否决项：不执行集中管理、不服从集中派工的；不能按末端融合的工作流程制度开展工作的，取消评选资格 |
| | 2. 不发生七级及以上电网事件、设备事件和信息系统事件；不发生八级及以上人身事件；不发生电气误操作事故；不发生火灾事故 | 月度 | 因人员责任发生七级及以上电网事件、设备事件和信息系统事件；八级及以上人身事件；电气误操作事故；火灾事故的，发生一次得 0 分 | 否决项：发生一次取消评选资格 |
| | 3. 不发生行风突发事件；不发生因供电所人员服务不到位引起的新闻媒体曝光及造成重大社会负面影响的事件。不发生负主要责任的农村群众触电伤亡事故；不发生同等及以上责任交通事故 | 月度 | 因人员行为引起行风突发事件；因人员服务不到位引起的新闻媒体曝光及造成重大社会负面影响的事件。因人员责任负主要责任的农村群众触电伤亡事故；发生同等及以上责任交通事故的，发生一次得 0 分 | 否决项：发生一次取消评选资格 |
| | 4. 不发生人员违法违纪事件 | 月度 | 0 次 | 否决项：发生一次取消评选资格 |
| | 5. 供电所图数治理星级 | 月度 | 所管辖台区设备的配电基础数据台账与实物一致率 100%、营配对应一致率 100% | 查询 PMS 系统 |
| | 6. 10kV 线损率、0.4kV 线损率 | 年度 | 分线路、分台区管理达到 100%；10kV 线损、0.4kV 线损在省公司处于前 1/3 名次中。不负责 10kV 业务，不评价 10kV 相关内容 | 查询一体化电量与线损管理平台或 SG186 业务应用系统 |
| | 7. 95598 故障报修到达现场及时率 | 月度 | 100% | 查询 PMS 系统或营销 SG186 业务应用系统 |

## 3.2　考评办法

### 3.2.1　工作单积分考评细则（权重）

1. 考评细则

| 序号 | 项　目 | 积分标准 | 工单数量 | 工单总积分 | 工单考评得分 | 备注 |
|---|---|---|---|---|---|---|
| 1 | 线路巡视 | 每天 50 分 | | | | |
| 2 | 隐患消缺 | 每天 50 分 | | | | |
| 3 | 故障抢修 | 每天 30 分 | | | | |

续表

| 序号 | 项　目 | 积分标准 | 工单数量 | 工单总积分 | 工单考评得分 | 备注 |
|---|---|---|---|---|---|---|
| 4 | 运行维护 | 每天 30 分 | | | | |
| 5 | 线损异常数据排查 | 每天 50 分 | | | | |
| 6 | 专业管理信息系统维护 | 每月 100 分 | | | | |
| 7 | 作业现场勘察 | 每户 20 分 | | | | |
| 8 | 施工工器具检查维护 | 每次 20 分 | | | | |
| 9 | 客户服务（故障）报修 | 每户 20 分 | | | | |
| 10 | 值班室值班 | 每天 30 分 | | | | |
| 11 | 临时性工作 | 每次 5～30 分 | | | | |
| 合计 | | | | | | |

**注**　1. 工单积分评价采取标准分 1000 分总控，将千分制工单积分折算为百分制工单积分。

2. 积分=工单 1 分值×积分系数+工单 2 分值×积分系数+…；工单绩效得分=工单总积分×0.1（折算为百分制，权重系数）。

## 2. 工作积分系数

| 序号 | 系数项 | 标　准 | | 备　注 |
|---|---|---|---|---|
| 1 | 工作角色系数 | 负责人： | 1.2 | 各单位根据班组情况自行确定工作角色系数、工作难度系数、工作时间系数、工作成效系数 |
| | | 主要操作人： | 1.0 | |
| | | 辅助操作人： | 0.7 | |
| 2 | 工作难度系数 | 危险地区： | 1.5 | |
| | | 山区： | 1.3 | |
| | | 丘陵地区： | 1.2 | |
| | | 工作地点，＜10km： | 1.05 | |
| | | 工作地点，＞10km： | 1.1 | |
| | | 恶劣天气： | 1.2 | |
| | | 正常天气： | 1.0 | |
| | | 登杆作业： | 1.2 | |
| 3 | 工作时间系数 | 正常工作日： | 1.0 | |
| | | 周六、周日： | 1.1 | |
| | | 法定节假日： | 1.2 | |
| | | 晚 24:00 前： | 1.1 | |
| | | 晚 24:00 后： | 1.2 | |
| | | 4 小时之内完成的工作 | 0.5 | |
| 4 | 工作成效系数 | 优秀或非常满意： | 1.1 | |
| | | 合格或满意： | 1.0 | |
| | | 不合格或不满意： | 0 | |

### 3.2.2 目标任务考评细则（权重）

1. 关键指标考评部分（权重 0.3）

| 序号 | 考核指标与要求 | 指标值 | 评分标准 | 标准分 | 考核得分 |
|---|---|---|---|---|---|
| 1 | 抢修到场时限符合要求，不发生抢修服务态度投诉 | 0 | 完成得 10 分，未完成不得分 | 10 | |
| 2 | 不发生违反“十个不准”的事件 | 0 | 完成得 10 分，未完成不得分 | 10 | |
| 3 | 线损考核指标 | 0 | 每高出考核指标 0.1 个百分点扣 1 分 | 10 | |
| 4 | 抢修类工单处理回复率 | 100% | 抢修类工单处理回复率每降低 0.1 个百分点扣 1 分 | 10 | |
| 5 | 运维检修计划执行率 | 100% | 运维检修计划执行率每降低 0.1 个百分点扣 2 分 | 10 | |
| 6 | “两措”计划完成率 | 100% | “两措”计划完成率每降低 0.1 个百分点扣 2 分 | 5 | |
| 7 | 百户抢修工单率 | 0 | 每增加 0.1 个百分点扣 1 分 | 10 | |
| 8 | 不发生电压质量属实类投诉 | 0 | 发生有责任的属实性投诉 1 次扣 6 分 | 10 | |
| 9 | 工器具完好率 | 100% | 每降低扣 0.1 个百分点扣 1 分 | 5 | |
| 10 | 三合一移动终端应用率 | 100% | 每降低 0.1 个百分点扣 2 分 | 10 | |
| 11 | 公用配电台区剩余电流动作保护装置安装率 100%、投运率 100%、正确动作率 100% | 100% | 发现 1 台未安装或未投运扣 1 分；灵敏可靠率每降低 1%扣 1 分 | 10 | |
| 合计 | | | | 100 | |

2. 重点工作任务考评部分（权重 0.7）

| 管理类别 | 重点工作任务 | 考核内容及要求 | 评分标准 | 标准分 | 考核得分 |
|---|---|---|---|---|---|
| 一、基础保障扎实 | （一）基础资料管理 | 1. 严格落实国家电网公司或省（市）公司供电所资料精简有关要求，及各类资料和记录通用模板；建立供电所资料目录准入机制；推广基础资料电子化 | 1. 是/否执行国家电网公司、省（市）公司供电所资料精简有关模板，未执行扣 30 分。<br>2. 运检技术员手工填写资料、电子资料，未达到基础资料电子化要求扣 15 分。<br>3. 对照省（市）公司下发目录，随机抽查 5 种资料，缺一项扣 2 分 | 50 | |
| | | 2. 加强营配调基础信息管理，营、配、现场数据一致，确保配电基础数据台账与实物一致、图数一致、营配对应，设备变更等营配调数据协同联动，提高配电网基础数据质量 | 随机抽查 3 处配电设备，基础数据台账与实物不符、图数不一致、营配不对应的，每处扣 10 分。横向检查营销、运检资料并与现场核实，发现营、配、现场数据三方数据不一致的，每处扣 5 分 | 50 | |
| | （二）信息系统应用 | 按照国家电网公司信息系统推广要求，营销 SG186 业务应用系统、用电信息采集系统、PMS 系统、供电所综合业务监控平台等统推至供电所的信息系统得到全面应用 | 开展营销 SG186 业务应用系统、用电信息采集系统、PMS 系统、供电所综合业务监控平台应用，未应用每个扣 10 分 | 30 | |
| | （三）所容所貌管理 | 供电所环境卫生（办公室、会议室、食堂、宿舍、浴室、院落、库房等）符合整洁要求 | 1. 供电所办公区、生活区属运检技术员负责的房间未落实环境卫生管理责任，每个扣 5 分。<br>2. 房间脏乱差，每个扣 5 分 | 20 | |

续表

| 管理类别 | 重点工作任务 | 考核内容及要求 | 评分标准 | 标准分 | 考核得分 |
|---|---|---|---|---|---|
| 一、基础保障扎实 | （四）会议管理 | 定期参加月（季）度、周工作例会，会议内容形成会议记录 | 1. 月（季）例会体现运检技术员专业内容，月（季）例会缺少工作内容一次扣 5 分；月（季）例会未形成会议记录每次扣 2 分。<br>2. 周例会体现运检技术员专业内容，缺少工作内容一次扣 2 分 | 30 | |
| | （五）工作计划及总结管理 | 1. 根据本单位下达指标及任务，编制年度、月度、周计划；根据工作完成情况，编写年度、月度工作总结 | 编制本岗位计划、总结，年度、月度、周计划及总结每缺少一份扣 5 分。随机抽查当年 1 份月计划、1 份当月对应周计划、1 份对应月总结，计划总结与实际不符每处扣 1 分，最多扣 5 分。可扣除国家法定长假造成工作日少于 3 天的周计划 | 30 | |
| | | 2. 随月度安全生产、营销服务，开展施工质量、限电、低电压、设备缺陷、抢报修数量类型等工作进行针对性分析，全面分析查找配电网薄弱环节，制定应对措施；对本所电量，线损、巡视、节能降损、优质服务（营业厅服务、现场服务、春灌保电、投诉预控）等工作进行针对性分析，查找工作中存在的不足，制定提升措施 | 是否定期开展运检技术员专业分析工作，未定期开展的扣 10 分；涉及运检技术员专业的分析不具体、缺少分析项目或制定的提升措施不具有操作性的报告每份扣 5 分 | 40 | |
| | （六）施工工器具管理 | 建立施工工器具台账，做到账、卡、物相符，定置定位管理 | 1. 是否有施工工器具台账，无台账扣 5 分。<br>2. 账、卡、物不一致或未定置管理，每件扣 1 分。<br>3. 发现施工工器具维护不善、与不合格工器具混放，每件扣 1 分。<br>4. 抽查 2 份工作票、2 份抢修单，结合工作票、抢修单检查，与施工工器具领用记录对照，不对应每次扣 1 分 | 30 | |
| | （七）备品备件等物资管理 | 供电所按备品备件定额标准开展库存基础管理，建立健全台账，统一分类编号，定置存放，严格执行入库、出库手续，保持账、卡、物一致，出库使用与日常工作开展对应一致 | 1. 备品备件是否作为迎检陈列，作为迎检陈列扣 10 分。<br>2. 是否建立台账，未建立扣 5 分。<br>3. 是否执行出入库记录，未执行扣 5 分。<br>4. 账、卡、物不一致的，每种物资扣 5 分。<br>5. 是/否执行定置管理，未定置摆放的扣 5 分 | 30 | |
| 二、安全管控严密 | （八）安全管理责任制 | 供电所与所内员工按年度、分岗位签订针对不同岗位的安全生产责任书，制定个人安全目标的控制措施 | 是否制定落实本岗位供电所年度安全目标计划的具体措施，未制定扣 5 分 | 10 | |
| | （九）法律法规和安全规章制度 | 将有关标准、规范、规程发放到相关岗位 | 对照清单和运检技术员专业岗位职责，发现与运检技术员岗位发放本专业标准、规范、规程不一致的，扣 1 分。纸质和电子版均可 | 10 | |
| | （十）“两措”管理 | 1. 供电所将辖区内存在的安全问题上报县供电企业，县供电企业综合下达年度“两措”计划，供电所存放计划，落实相关内容。运检技术员负责落实“两措”计划中“反措”相关内容 | 县供电企业“两措”内容无该供电所，本项不评价。<br>1. 是否存放县供电企业制定的“两措”，是否严格执行县供电企业下达的“两措”计划，未存放、未制定不得分。<br>2. “两措”是否落实完成时间、责任人，未落实扣 5 分 | 20 | |
| | | 2. 每季度对“两措”计划执行情况进行检查小结，年度“两措”计划完成率 100%。运检技术员负责落实“两措”计划中“反措”相关内容 | 县供电企业“两措”内容无该供电所，本项不评价。<br>1. 每季度对“两措”计划执行情况进行总结，缺少一次扣 2 分。<br>2. 检查当年度“两措”计划完成率，当年月度计划完成率每下降 1%扣 1 分 | 20 | |

续表

| 管理类别 | 重点工作任务 | 考核内容及要求 | 评分标准 | 标准分 | 考核得分 |
|---|---|---|---|---|---|
| 三、业务协同运行 | （十一）安全检查和巡视 | 1. 按照要求开展一般性检查、专项检查和季节性安全检查 | 1. 是否有一般性检查、专项检查和季节性（春、秋检）安全大检查计划、安排、相关记录，无计划、安排、相关记录扣5分。<br>2. 是否按要求开展检查，未开展检查扣10分 | 30 | |
| | | 2. 严格执行《国家电网公司配网运维管理规定》按照线路、设备巡视周期、项目及内容要求，开展巡视、检查工作。各项检查有检查记录、对检查中发现的设备缺陷和事故隐患要归类整理、上报，对发现的问题制订整改计划及方案，及时整改，对存在问题跟踪督办，形成闭环管理。对一时难以处理的安全问题（隐患）要及时上报并说明原因 | 1. 未按照规定要求开展巡视工作，每项扣2分，对应检查记录不齐，缺一项扣2分。<br>2. 对检查出的缺陷、事故隐患未及时上报和采取防范措施，每项扣5分 | 50 | |
| | （十二）设备标识管理和缺陷管理 | 1. 线路、台区等运行设备标识牌应设置齐全完整；新建线路、设备投运时，线路标志（杆号牌、相序牌、警示牌和电缆路面标志牌，桩等）、设备、设施的标志牌、警示牌等应齐全完整 | 随机抽查一个台区及沿途线路，发现标识牌不全，每处扣2分 | 20 | |
| | | 2. 严格执行《国家电网公司电网设备缺陷管理规定》开展缺陷管理工作，缺陷发现及时、描述清晰，实行影像化管理 | 1. 线路和台区现场发现缺陷与缺陷记录不相符，不符每处扣5分。<br>2. 缺陷是否实行影像化管理，未执行扣5分。<br>3. 发现缺陷未列入治理计划的，每处扣2分。<br>4. 发现缺陷未留存照片，每处扣2分 | 30 | |
| | （十三）故障跳闸治理 | 加强故障跳闸综合治理，有效降低百千米故障跳闸率。10kV线路百千米故障率=10kV线路故障次数/10kV线路百千米长度。<br>注：10kV线路故障包含10kV线路出线开关跳闸和线路接地。10kV线路长度为统计期末10kV线路数据。线路长度及故障次数均含用户资产。全年单条线路累计故障不小于6次时，按1.5倍计算故障次数。故障线路条数以统计期末PMS系统线路条数为准 | 供电所无10kV业务的，本项不评价。<br>1. 10kV线路故障在PMS系统取数。<br>2. 10kV线路百千米故障率=10kV线路故障次数/10kV线路百千米长度。<br>3. 扣分，当全年单条线路累计故障≥6次时，按1.5倍计算故障次数 | 30 | |
| | （十四）低电压治理 | 1. 利用信息系统实现对用户低电压的实时监测或负荷高峰时段开展低电压监测工作，及时发现台区低电压用户；有计划、有步骤的消除台区低电压用户 | 登录用电信息采集系统，查询历史负荷，是否能发现连续超过三天以上的低电压用户，不能及时发现扣5分 | 20 | |
| | | | 登录用电信息采集系统，查询历史负荷，高峰时段台区用户存在电压不合格且未列入整改计划的台区，每个扣3分 | 20 | |
| | | 2. 百台低电压台区数=存在低电压用户的公变台区数量/（总公变台区数量/100）。<br>注：统计期内每百台公变台区存在低电压用户台区数量 | 1. 登录用电信息采集系统取存在低电压用户的公变台区数量和总台区数。<br>2. 百台低电压台区数=存在低电压用户的公变台区数量/总公变台区数量/100。<br>3. 扣分=百台低电压台区数量×2，最多扣10分 | 20 | |

续表

| 管理类别 | 重点工作任务 | 考核内容及要求 | 评分标准 | 标准分 | 考核得分 |
|---|---|---|---|---|---|
| 三、业务协同运行 | （十五）农村用电安全及三级漏保管理 | 农村公用配电台区按照相关规定，安装、运行低压断线保护和剩余电流动作保护装置，实现农村公用配电台区断线保护和剩余电流动作保护装置安装率、投运率100%；按规定对一、二级剩余电流动作保护器进行测试；根据居民季节性用电情况，每年至少开展二次大范围的用电安全宣传；做好用户剩余电流动作保护器安装使用的宣传工作，协同政府部门推动户保安装、投运、使用 | 农村公用配电台区断线保护和剩余电流动作保护装置安装率、投运率=安装投运一级剩余电流动作保护器/农村公用台区数量。安装率、投运率 100%，每降低 1%，扣 1 分 | 10 | |
| | | | 1. 是否有农村公用配电台区一、二级剩余电流动作保护器台账，无台账扣 5 分。<br>2. 现场随机抽查 1 台一级剩余电流动作保护器及其二级剩余电流动作保护器，现场信息与台账和 PMS 系统不一致的，每处扣 2 分。<br>注：无二级剩余电流动作保护器的，不评价二级剩余电流动作保护器相关内容 | 20 | |
| | | | 1. 是否有农村公变台区一、二级剩余电流动作保护器测试记录或试跳记录的，无记录扣 5 分。<br>2. 测试、试跳超期、不定期或信息填写不完善、不齐全、没有测试人签字的，每处扣 1 分。<br>注：无二级剩余电流动作保护器的，不评价二级剩余电流动作保护器相关内容 | 20 | |
| | | | 扣分=1×（(低压用户数–户保安装户）–下发户保安全使用告知书并取证户），最多扣 20 分 | 20 | |
| 四、人员一专多能 | （十六）岗位管理 | 供电所人员熟知本岗位职责，熟知岗位职责内专业管理要求；按照专业工作要求，熟练应用信息化系统 | 提问运检技术员，不熟悉岗位职责的，扣 5 分；不熟知本岗位职责内专业管理要求的扣 5 分 | 10 | |
| | | | 检查运检技术员，要求其操作使用专业系统（PMS 系统、营销 SG186、用电信息采集系统和乡镇供电所综合业务监控平台等），实现指定功能，操作不熟练的人扣 10 分 | 10 | |
| | （十七）人员考勤管理 | 供电所人员应严格履行请销假制度。工作期间严禁饮酒和从事与工作无关事项 | 是否按照上级要求落实请销假制度，未落实扣 10 分 | 10 | |
| | | | 现场检查或检查国网、省、市公司明察暗访通报，发现饮酒、赌博、玩游戏等与工作无关事项的，每人次扣 20 分 | 20 | |
| | （十八）绩效考核管理 | 严格落实上级绩效考核要求 | 供电所是否与运检技术员签订绩效合约（或责任书），未签订扣 30 分 | 30 | |
| | （十九）培训计划管理 | 1. 制订供电所年度培训计划，根据运检技术岗位特点有针对性地按计划开展培训工作，拓展新型业务培训内容 | 1. 是否编制运检技术专业年度培训计划，培训内容是否涵盖新型业务，未编制培训计划，扣 10 分；培训内容未涵盖新型业务，扣 5 分。<br>2. 培训计划未严格执行，每次扣 2 分；未按照培训计划开展全员培训，每缺少一人次扣 5 分 | 30 | |
| | | 2. 定期开展或参加应急理论和技能培训 | 1. 是否按期组织或参加上级组织的应急培训，未组织或未参加扣 5 分。<br>2. 应急培训和宣传内容是否符合要求，不符合扣 2 分 | 20 | |
| | （二十）设备日常监测管理 | 1. 开展设备日常管理工作，确保配电设施对地、对建筑物、树竹距离（包括交叉跨越距离）满足规程要求，不存在装置性缺陷等 | 检查配电线路交跨台账，配电线路及设备对地、对建筑物等安全距离不满足规定，每处扣 2 分 | 20 | |
| | | 2. 开展线路和配电变压器功率因数、三相不平衡监测 | 1. 是否开展三相负荷测试并形成相关记录，未开展扣 5 分。<br>2. 线路三相不平衡合格率占比低于 85%，每低 1%扣 1 分 | 30 | |
| | | 3. 开展配电设备接地电阻测量 | 1. 是否开展配电设备接地电阻测量并形成相关记录，未开展扣 5 分。<br>2. 接地电阻不合格设备是否列入整改计划并及时整改，未列入整改计划每处扣 5 分，未整改每处扣 5 分 | 20 | |

续表

| 管理类别 | 重点工作任务 | 考核内容及要求 | 评分标准 | 标准分 | 考核得分 |
|---|---|---|---|---|---|
| 四、人员一专多能 | （二十）设备日常监测管理 | 4. 开展配电设备红外测温 | 1. 是否开展配电设备红外测温并形成相关记录，未开展扣5分。<br>2. 测温异常设备是否列入整改计划并及时整改，未列入整改计划每处扣5分，未整改每处扣5分 | 20 | |
| 五、服务一次到位 | （二十一）抢修值班管理 | 值班室能满足值班人员及时查阅辖区10kV、0.4kV电网、配电台区线路图和各种设备情况，或值班室计算机能够登录营销SG186、生产PMS系统查询相关设备参数及数据 | 1. 值班室是否满足值班人员及时查阅辖区10kV、0.4kV电网、配电台区线路图和各种设备情况，不满足扣5分。<br>2. 是否能够登录营销SG186系统、PMS系统查询相关设备参数及数据，不能扣5分。供电所无10kV业务的，10kV相关内容不评价 | 30 | |
| | （二十二）投诉管理 | 不发生电压质量投诉 | 本年度发生电压质量属实投诉每次扣50分 | 50 | |
| | （二十三）“互联网+”营销运维及新型业务 | 推广使用PMS移动作业终端，日常巡视、维护、检修作业使用移动终端开展；推广使用配网故障抢修App，提高作业质量和效率，配抢App移动接单率不低于95% | 1. 是否使用PMS移动作业终端开展日常巡视、维护、检修作业，未使用扣10分。<br>2. 是否使用配网故障抢修App，未使用扣10分。<br>3. 查询PMS抢修模块，配抢App移动接单率不低于95%，扣分=(配抢App移动接单率–95%)/5%，取整。<br>省公司未推广应用的暂不评价 | 40 | |
| 合计 | | | | 1000 | |

**注** 1. 本表中“及时”是指当天发现，不晚于第二天处理。
2. 重点工作任务考评部分满分1000分，折算为100分考核。

## 3.3 附加项（通用）

| 类别 | 总分 | 单项分值 | 加分项目 | 考评办法 |
|---|---|---|---|---|
| 加分项 | 5 | 1 | 先进集体加分 | 国家级先进每人加1分；省部级或公司级先进每人加0.5分；地市级或省公司级先进每人加0.2分；最多加分不超过1分 |
| | | 1 | 先进个人加分 | 国家级先进每个加1分；省部级或公司级先进每个加0.5分；地市级或省公司级先进每个加0.2分；最多加分不超过1分 |
| | | 1 | 全年无属实投诉个人 | 加1分 |
| | | 1 | 形成星级供电所建设典型经验并得到推广应用 | 由国家电网公司认定并推广应用的，主要撰稿人加1分，其余加0.5分；由省公司认定并推广应用的，主要撰稿人加0.5分，其余加0.3分；由市公司认定并推广应用的，主要撰稿人加0.2分，其余加0.1分；最多加分不超过1分 |
| | | 1 | 在安全生产、效率效益提升和创新管理方面业绩突出（如市场开拓、节能降损、电能替代，农村新兴业务供电保障服务、基于地域特征的农村安全用电管理，城乡供电服务均等化等），得到公司总部和省公司、地市公司文件认可；取得国家发明专利或国家级、省级奖励的科技项目等 | 国家级文件和专利每个加1分；省部级或公司级文件和专利每个加0.5分；地市级或省公司级文件和专利每个加0.2分；最多加分不超过1分 |
| 减分项 | | | 上单位检查发现的问题及时整改落实 | 发现一次不整改扣1分，同时扣本单位季度抽查0.5分；<br>发现二次不整改扣2分，同时扣本单位季度抽查1分 |

# 第 4 章　供电所客户服务员评价办法

## 4.1　必备条件（通用）

| 项目 | 考评项 | 频次 | 星级规范值 | 考评办法 |
| --- | --- | --- | --- | --- |
| 必备条件 | 1.“全能型”供电所建设 | 月度 | 1. 检查员工是否集中管理、集中派工。<br>2. 末端融合的工作流程制度执行情况 | 否决项：不执行集中管理、不服从集中派工的；不能按末端融合的工作流程制度开展工作的，取消评选资格 |
| | 2. 不发生七级及以上电网事件、设备事件和信息系统事件；不发生八级及以上人身事件；不发生电气误操作事故；不发生火灾事故 | 月度 | 因人员责任发生七级及以上电网事件、设备事件和信息系统事件；八级及以上人身事件；电气误操作事故；火灾事故的，发生一次得 0 分 | 否决项：发生一次取消评选资格 |
| | 3. 不发生行风突发事件；不发生因供电所人员服务不到位引起的新闻媒体曝光及造成重大社会负面影响的事件。不发生负主要责任的农村群众触电伤亡事故；不发生同等及以上责任交通事故 | 月度 | 因人员行为引起行风突发事件；因人员服务不到位引起的新闻媒体曝光及造成重大社会负面影响的事件。因人员责任负主要责任的农村群众触电伤亡事故；发生同等及以上责任交通事故的，发生一次得 0 分 | 否决项：发生一次取消评选资格 |
| | 4. 不发生人员违法违纪事件 | 月度 | 0 次 | 否决项：发生一次取消评选资格 |
| | 5. 供电所图数治理星级 | 月度 | 所管辖台区设备的配电基础数据台账与实物一致率 100%、营配对应一致率 100% | 查询 PMS 系统 |
| | 6. 电费回收率 | 年度 | 99.95% | 查询营销 SG186 业务应用系统 |
| | 7. 10kV 线损率、0.4kV 线损率 | 年度 | 分线路、分台区管理达到 100%；10kV 线损、0.4kV 线损在省公司处于前 1/3 名次中。<br>不负责 10kV 业务，不评价 10kV 相关内容 | 查询一体化电量与线损管理平台或 SG186 业务应用系统 |
| | 8. 95598 故障报修到达现场及时率 | 月度 | 100% | 查询 PMS 系统或营销 SG186 业务应用系统 |
| | 9. 低压业扩报装服务规范率 | 年度 | 100% | 查询营销 SG186 业务应用系统以及业扩报装投诉工单 |
| | 10. 日均采集成功率 | 年度 | 99% | 查询用电信息采集系统 |
| | 11. 服务类属实投诉 | 年度 | 0 次 | 查询 95598 业务支持系统 |

## 4.2 考评办法

### 4.2.1 工作单积分考评细则（权重）

1. 考评细则

| 序号 | 项　目 | 积分标准 | 工单数量 | 工单总积分 | 工单考评得分 | 备注 |
| --- | --- | --- | --- | --- | --- | --- |
| 1 | 日常计划编制、指标监控分析 | 每天 30 分 | | | | |
| 2 | 组织抄表、催费、用电检查 | 每天 50 分 | | | | |
| 3 | 专业管理信息系统维护 | 每月 100 分 | | | | |
| 4 | 低压居民安装 | 每户 2 分 | | | | |
| 5 | 低压非居民安装 | 每户 5 分 | | | | |
| 6 | 临时用电装拆 | 每户 5 分 | | | | |
| 7 | 表计更换、集中器 | 每户 5 分 | | | | |
| 8 | 组织客户服务（故障）报修 | 每户 1 分 | | | | |
| 9 | 值班室值班 | 每天 30 分 | | | | |
| 10 | 组织业务培训 | 每次 50 分 | | | | |
| 11 | 工单处理和回复 | 每起 10 分 | | | | |
| 12 | 客户电量、电费异常处理 | 每户 10 分 | | | | |
| 13 | 临时性工作 | 每次 5～30 分 | | | | |
| 合计 | | | | | | |

注　1. 工单积分评价采取标准分 1000 分总控，将千分制工单积分折算为百分制工单积分。

2. 工单积分=工单 1 分值×积分系数+工单 2 分值×积分系数+…；工单绩效得分=工单总积分×0.1（折算为百分制，权重系数）。

2. 工作积分系数

| 序号 | 系数项 | 标　准 | | 备　注 |
| --- | --- | --- | --- | --- |
| 1 | 工作角色系数 | 负责人： | 1.2 | 各单位根据班组情况自行确定工作角色系数、工作难度系数、工作时间系数、工作成效系数 |
| | | 主要操作人： | 1.0 | |
| | | 辅助操作人： | 0.7 | |
| 2 | 工作难度系数 | 危险地区： | 1.5 | |
| | | 山区： | 1.3 | |
| | | 丘陵地区： | 1.2 | |
| | | 工作地点＜10km： | 1.05 | |
| | | 工作地点＞10km： | 1.1 | |
| | | 恶劣天气： | 1.2 | |
| | | 正常天气： | 1.0 | |
| | | 登杆作业： | 1.2 | |
| 3 | 工作时间系数 | 正常工作日： | 1.0 | |
| | | 周六、周日： | 1.1 | |

续表

| 序号 | 系数项 | 标　准 | | 备　注 |
|---|---|---|---|---|
| 3 | 工作时间系数 | 法定节假日： | 1.2 | 各单位根据班组情况自行确定工作角色系数、工作难度系数、工作时间系数、工作成效系数 |
| | | 晚 24:00 前： | 1.1 | |
| | | 晚 24:00 后： | 1.2 | |
| | | 4 小时之内完成的工作 | 0.5 | |
| 4 | 工作成效系数 | 优秀或非常满意： | 1.1 | |
| | | 合格或满意： | 1.0 | |
| | | 不合格或不满意： | 0 | |

### 4.2.2　目标任务考评细则（权重）

1. 关键指标考评部分（权重 0.3）

| 序号 | 考核指标与要求 | 指标值 | 评分标准 | 标准分 | 考核得分 |
|---|---|---|---|---|---|
| 1 | 不发生营业服务类投诉 | 0 | 完成得 10 分，未完成不得分 | 10 | |
| 2 | 不发生违反“十个不准”的事件 | 0 | 完成得 10 分，未完成不得分 | 10 | |
| 3 | 不发生计量装置安装串户和错接线的客户投诉 | 0 | 完成得 10 分，未完成不得分 | 10 | |
| 4 | 台区同期线损合格率 | 100% | 同期线损合格率每降低 0.1 个百分点扣 1 分 | 10 | |
| 5 | 用电信息采集覆盖率 | 100%; | 用电信息采集覆盖率每降低 0.1 个百分点扣 2 分 | 10 | |
| 6 | 补抄及时率、正确率 | 100%; | 台区补抄及时率、正确率每降低 0.1 个百分点扣 2 分 | 10 | |
| 7 | 百户话务量 | ≤4 起 | 每增加 1 起扣 0.5 分 | 10 | |
| 8 | 电价执行正确率 | 100% | 每发现一户电价执行错误扣 1 分 | 10 | |
| 9 | 电费回收率 | 100% | 未按公司规定电费结零日结清电费扣 5 分 | 10 | |
| 10 | 不发生计量装置申校超时的客户投诉 | 0 | 完成得 10 分，未完成不得分 | 10 | |
| | 合计 | | | 100 | |

2. 重点工作任务考评部分（权重 0.7）

| 管理类别 | 重点工作任务 | 考核内容及要求 | 评分标准 | 标准分 | 考核得分 |
|---|---|---|---|---|---|
| 一、基础保障扎实 | （一）基础资料管理 | 严格落实国家电网公司或省（市）公司供电所资料精简有关要求，及各类资料和记录通用模板；建立供电所资料目录准入机制；推广基础资料电子化 | 1. 执行国家电网公司、省（市）公司供电所资料精简有关模板，未执行，扣 30 分。<br>2. 客户服务员手工填写资料，电子资料，要达到基础资料电子化要求，未达到要求的扣 15 分。<br>3. 对照省（市）公司下发目录，随机抽查 5 种资料，发现缺少 1 项资料，扣 2 分 | 50 | |
| | （二）信息系统应用 | 按照国家电网公司信息系统推广要求，营销 SG186 业务应用系统、用电信息采集系统、PMS 系统、供电所综合业务监控平台等统推至供电所的信息系统得到全面应用 | 开展营销 SG186 业务应用系统、用电信息采集系统、PMS 系统、供电所综合业务监控平台全应用，1 个未应用扣 10 分 | 30 | |

续表

| 管理类别 | 重点工作任务 | 考核内容及要求 | 评分标准 | 标准分 | 考核得分 |
|---|---|---|---|---|---|
| 一、基础保障扎实 | （三）所容所貌管理 | 供电所环境卫生（办公室、会议室、食堂、宿舍、浴室、院落、库房等）符合整洁要求 | 1. 客户服务员负责的供电所办公区、生活区1个房间未落实环境卫生管理责任，扣5分。<br>2. 房间脏乱差，每个扣5分 | 20 | |
| | （四）会议管理 | 定期组织召开月（季）度、周工作例会，会议内容形成会议记录 | 1. 按时召开月（季）工作例会，月（季）例会每年不少于12次，少召开月（季）例会1次，扣5分；1次月（季）例会未形成会议记录，扣2分。季度会应与月度例会合并召开。<br>2. 按时召开周工作例会，周例会每月不少于2次，缺少一次周例会扣2分。周例会可与安全日活动合并召开，可扣除国家法定长假造成工作日少于3天的周例会，可扣除月度例会召开周 | 20 | |
| | （五）工作计划及总结管理 | 1. 根据本单位下达指标及任务，编制年度、月度、周计划；根据工作完成情况，编写年度、月度工作总结 | 应及时编制本岗位计划、总结，每缺少一份扣5分。随机抽查当年1份月计划、1份当月对应周计划、1份对应月总结，计划总结与实际不符1处，扣1分，最多扣5分。可扣除国家法定长假造成工作日少于3天的周计划 | 20 | |
| | | 2. 随月度会开展营销服务分析工作。对本所电量、线损、电费、售电单价、计量采集等指标和计量巡视、电费收取、节能降损、用电检查、营业普查、优质服务（营业厅服务、现场服务、春灌保电、投诉预控）等工作进行针对性分析，查找工作中存在的不足，制定提升措施 | 应定期开展营销服务分析工作，未定期开展的扣10分；分析不具体、缺少分析项目或制定的提升措施不具有操作性的报告，每份报告扣5分 | 20 | |
| | （六）户均容量 | “十三五”末，农村居民户均容量达到小康家庭用电标准。户均容量按照气候区域差异化配置，严寒地区：辽吉黑甘青新蒙；寒冷地区：京津冀晋鲁陕宁；夏热冬冷（暖）地区：沪苏浙闽皖鄂湘豫赣川渝。户均容量=公用配变总容量/低压居民用电户数 | 1. 登录PMS系统提取：公用配变总容量（kVA）；登录SG186系统提取：低压居民用户数（户）。<br>2. 计算本所户均容量=公用配变总容量/低压居民用电户数。<br>3. 本省平均户均容量由省公司提供。<br>4. 扣分：<br>（1）当本所户均容量≥省公司年度户均容量，不扣分。<br>（2）当本所户均容量＜省公司年度户均容量，扣分=（本省户均容量−本所户均容量）×10×2分 | 10 | |
| 二、安全管控严密（50） | （七）安全管理责任制 | 1. 供电所与县供电企业按年度签订安全生产责任书（责任状），制定落实安全目标的具体措施 | 制订落实本岗位供电所年度安全目标计划的具体措施，未制定的扣5分 | 15 | |
| | | 2. 供电所与所内员工按年度、分岗位签订针对不同岗位的安全生产责任书，制定个人安全目标的控制措施 | 未制定客户服务员个人安全目标控制措施的，扣5分 | 15 | |
| | （八）法律法规和安全规章制度 | 将有关标准、规范、规程发放到相关岗位 | 对照清单和客户服务员专业岗位职责，发现与客户服务员岗位发放本专业标准、规范、规程不一致的，扣1分。纸质和电子版均可 | 15 | |
| 三、业务协同运行（300） | （九）计量管理 | 1. 重点巡视计量装置是否运行正常、计量箱门是否损坏、计量封印是否完整、接线是否松动或有烧痕、采集终端外置天线是否损坏、采集终端运行环境是否满足现场安全工作需要、控制回路接线是否正常、电能表或采集终端是否有报警异常等情况，并做好巡视记录，面对计量故障或缺陷鼓励采用照相取证管理 | 1. 按季度开展计量装置巡视工作，未开展的扣10分。<br>2. 发现故障、缺陷未填写电能计量装置缺陷记录，也未执行照相取证管理的，每次扣2分，扣完为止 | 30 | |

续表

| 管理类别 | 重点工作任务 | 考核内容及要求 | 评分标准 | 标准分 | 考核得分 |
|---|---|---|---|---|---|
| 三、业务协同运行（300） | （九）计量管理 | 2. 计量故障、差错处理按照调查程序和“四不放过”的原则开展故障调查处理工作。电能表故障现象录入准确率 100% | 1. 应按照“四不放过”的原则开展故障调查处理工作，未按原则处理的扣 10 分。<br>2. 发现 1 次故障现象未录入或录入不准确，扣 5 分 | 20 | |
| | | 3. 供电所由专人负责封印的发放和领用，填写领用记录；“三封一锁”（封互感器、接线盒、电能表，锁表箱）使用率、完好率 100%；Ⅲ类及以上计量装置电子封印配置率达到 100% | 1. 计量封印应指定专人管理，未专人管理的扣 2 分。<br>2. 应认真填写封印领用记录。1 次未填写扣 2 分，最多扣 10 分。<br>3. 应落实“三封一锁”，1 处不全的扣 2 分，最多扣 20 分。<br>4. Ⅲ类及以上计量装置电子封印配置率为 100%，低于 90%，扣 5 分；每降低 10%加扣 5 分。不涉及Ⅲ类及以上计量装置的供电所，该项不评价 | 30 | |
| | | 4. 智能计量周转柜和计量周转箱配置率 100%，库存电能表的库龄应小于 6 个月 | 1. 应配置智能计量周转柜、周转箱，1 项未配置扣 10 分。<br>2. 登录 SG186 系统，库存电能表不得存在库龄大于 6 个月现象，若有扣 15 分 | 30 | |
| | （十）线损管理 | 1. 按照线损规范化管理要求开展线损管理工作，线损指标管理科学，指标责任分解到人，完成上级主管部门下达的考核指标。东部地区供电所 0.4kV 线损率不大于 5%，中西部地区供电所 0.4kV 线损率不大于 7%。完善线损考核办法，设立线损考核指标和激励指标，严格考核和兑现奖惩，严禁所有考核指标相同，严禁以包代管、严禁全奖全罚，实行按月统计、按月考核、按规定兑现奖惩。负责 10kV 业务的供电所，10kV 线损率完成上级主管部门下达的考核指标 | 1. 应制订月度降损计划，计划应体现管理降损或技术降损内容，未制定的扣 3 分。供电所无 10kV 业务的，10kV 线损相关内容不评价。<br>2. 应根据上级主管部门下发的年度线损率指标制定《供电所线损指标责任分解表》，未制定的扣 5 分。<br>3. 线损率指标应实行双指标（考核指标、激励指标）管理，未实行的扣 5 分。<br>4. 0.4kV 累计线损指标值参照东部地区供电所 0.4kV 线损率不大于 5%，中西部地区供电所 0.4kV 线损率不大于 7%。低于指标值的不扣分，高于指标值的扣分：2×（0.4kV 累计线损–指标值）/0.1%。<br>5. 不得出现考核指标相同、以包代管或全奖全罚等情况，出现的扣 20 分。<br>6. 10kV 累计综合线损低于下达指标值的不扣分，高于下达指标值扣分：2×（10kV 累计综合线损–指标下达值）/0.1%。<br>7. 应将线损指标纳入供电所绩效考核，未纳入的扣 10 分 | 40 | |
| | | 2. 台区同期线损各项指标达到国家电网公司要求，台区线损合格率不小于 90%，台区同期线损在线监测率不小于 90%，台区同期线损自动监测率不小于 95%，台区模型配置率不小于 99% | 1. 台区同期线损合格率未达到 90%，每少 1%扣 1 分，最多扣 10 分。<br>2. 台区同期线损在线监测率未达到 90%，每少 1%扣 1 分，最多扣 5 分。<br>3. 台区同期线损自动监测率未达到 95%，每少 1%扣 1 分，最多扣 5 分。<br>4. 台区模型配置率未达到 99%，每少 1%扣 1 分，最多扣 10 分 | 20 | |
| | | 3. 建立线损异常治理机制，按月开展月度线损和同期线损分析，重点对高损、负损等异常线路和台区进行分析，制定切实可行的降损措施，并组织落实 | 1. 线损分析应有同期线损分析内容，没有的扣 5 分。<br>2. 一条（台）高损、负损等异常线路及台区未提出有效降损措施并落实到位，扣 2 分，最多扣 20 分 | 20 | |
| | | | 3. 会应用系统进行线损和同期线损监控，不会应用的扣 5 分 | 5 | |
| | （十一）营业普查管理 | 1. 按年度计划或供电所的工作实际定期开展营业普查工作 | 1. 应按照上级单位年度计划或所内营销工作实际制订营业普查工作计划，未制定的扣 20 分。<br>2. 出现 1 次未按计划开展工作扣 2 分，最多扣 10 分 | 30 | |

续表

<table>
<tr><th>管理类别</th><th>重点工作任务</th><th>考核内容及要求</th><th>评分标准</th><th>标准分</th><th>考核得分</th></tr>
<tr><td rowspan="4">三、业务协同运行（300）</td><td rowspan="4">（十一）营业普查管理</td><td rowspan="4">2. 集中开展营业普查，重点对各种营业基础资料进行核对，对《供用电合同》履行情况、计量装置运行情况、违约用电及窃电行为进行检查，违约用电窃电依法依规查处</td><td>SG186系统客户档案信息（用电性质、电价执行、光力定比、计量信息）应与实际相符，发现1户不符扣10分</td><td>20</td><td rowspan="4"></td></tr>
<tr><td>发现辖区内有窃电、违约用电行为的，扣20分</td><td>20</td></tr>
<tr><td>窃电、违约用电处理工单应及时录入系统，发现1起未及时录入系统，扣10分</td><td>20</td></tr>
<tr><td>应常态开展反窃电工作并保留痕迹，未开展的扣20分</td><td>20</td></tr>
<tr><td rowspan="9">四、人员一专多能（150）</td><td>（十二）岗位管理</td><td>供电所人员熟知本岗位职责，熟知岗位职责内专业管理要求；按照专业工作要求，熟练应用信息化系统</td><td>不熟悉岗位职责的，扣5分；不熟知本岗位职责内专业管理要求的，扣5分</td><td>20</td><td></td></tr>
<tr><td rowspan="2">（十三）人员考勤管理</td><td rowspan="2">供电所人员应严格履行请销假制度。工作期间严禁饮酒和从事与工作无关事项</td><td>应按照上级要求落实请销假制度，未落实的扣10分</td><td>10</td><td rowspan="2"></td></tr>
<tr><td>现场检查或检查国家电网公司总部、省、市公司明察暗访通报，发现1次工作期间从事饮酒、赌博、玩游戏等与工作无关事项的，扣20分</td><td>20</td></tr>
<tr><td>（十四）绩效考核管理</td><td>严格落实上级绩效考核要求</td><td>供电所应与客户服务员签订绩效合约（或责任书），未签订扣30分</td><td>30</td><td></td></tr>
<tr><td rowspan="4">（十五）台区经理制管理</td><td>1. 全面实行配电运维、设备管理、台区营销管理和客户服务于一体的“台区经理制”，台区维护设备划分到位，建立台区经理基础台账</td><td>1. 台区经理覆盖率100%，不到100%的，每降低1%，扣2分，最多扣10分。<br>2. 应建立台区经理基础台账，未建立台账的扣2分</td><td>10</td><td rowspan="4"></td></tr>
<tr><td>2.《安规》考试合格，通过配电营业工技能鉴定，或通过配电类和营销类技能鉴定，初期条件不具备的，可按照配电运维、营销服务人员“1+1”组合的方式配备台区经理</td><td>1.《安规》考试不合格的扣5分。<br>2. 未取得配电营业工技能鉴定证书，或仅通过配电类（营销类）单项技能鉴定，未执行“1+1”台区经理制的，扣5分</td><td>20</td></tr>
<tr><td>3. 建立合理台区经理网格图，网格分布合理、台区经理就近划片管理</td><td>1. 应设置台区经理地理位置网格图，未设置的扣10分。<br>2. 网格分布应合理、就近形成互助组，不合理或不互助的扣5分</td><td>15</td></tr>
<tr><td>4. 细化台区指标规则，台区指标完成情况应与绩效挂钩</td><td>1. 应细化台区指标，未细化的扣5分。<br>2. 台区指标应与绩效挂钩，未挂钩的扣5分</td><td>15</td></tr>
<tr><td>（十六）综合柜员制管理</td><td>营业厅实行综合柜员制，融合业务咨询、受理、查询、缴费等职能，实现“一口对外”和“一站式”服务</td><td>1. 营业厅应实行综合柜员制，未实行的扣5分。<br>2. 营业厅人员不具备办理、查询、缴费等综合类业务办理能力，每人扣1分</td><td>10</td><td></td></tr>
<tr><td rowspan="2">五、服务一次到位（300）</td><td rowspan="2">（十七）业扩管理</td><td rowspan="2">1. 业扩报装工作严格按照国家电网公司及省公司业扩报装管理相关文件执行</td><td>1. 不得发生未严格执行首问负责制、一次性告知或告知不到位造成用户多次往返，发生1次扣10分。<br>2. 告知书应符合最新用电业务办理要求，不符合的扣10分</td><td>10</td><td rowspan="2"></td></tr>
<tr><td>1. 客户报装办结档案存在超短、超期工单的，每户扣3分，最多扣15分。<br>2. 报装资料应使用最新模板（省公司提供最新模板），未使用扣20分</td><td>20</td></tr>
</table>

续表

| 管理类别 | 重点工作任务 | 考核内容及要求 | 评分标准 | 标准分 | 考核得分 |
|---|---|---|---|---|---|
| 五、服务一次到位（300） | （十七）业扩管理 | 2. 业扩档案资料按照《国家电网公司电力客户档案管理规定》执行，由专人负责、执行“一户一档”管理，档案信息与系统信息和用户现场信息保持一致。低压非居民客户和居民客户资料按户号顺序等方式归档存放，批量用户的公共资料集中存放在批量用户档案盒，实现定置查询 | 1. 系统办结客户档案应有对应档案，无档案的扣 10 分。<br>2. 依据《国家电网公司电力客户档案管理规定》附件内容，办结业扩报装资料（不含供用电合同）应完整，1 户不完整扣 2 分，最多扣 10 分。<br>3. 系统办结客户，其档案资料、系统信息应与用户实际信息一致。发现 1 户不一致的扣 2 分，最多扣 10 分。<br>4. 应按档案资料分类、按顺序存放，未分类、未按顺序存放扣 5 分 | 10 | |
| | | 3. 供用电合同按《国家电网公司供用电合同管理细则》执行，签订率 100%、有效率 100%、规范率 100%，并且不超签订期限，低压用户不超过 10 年、临时用户不超 3 年 | 1. 发现 1 户缺少供电合同或合同签订不规范，签字、盖章不齐全、不真实、合同签订人未得到授权、合同编号不正确的，扣 3 分，最多扣 10 分。<br>2 发现 1 户超签订期限，扣 2 分 | 10 | |
| | （十八）电费电价管理 | 严格执行电价政策，杜绝搭车收费，电价更新及时、宣传到位 | 1. 用户现场用电性质应与系统相符。发现 1 户电价执行错误扣 2 分；发现 1 户用电性质与系统不符扣 3 分。<br>2. 发现 1 户搭车收费、白条收费，扣 10 分 | 10 | |
| | | | 1. 电价应及时更新，未更新的扣 3 分。<br>2. 营业厅电价表应公示，未公示的扣 5 分 | 10 | |
| | （十九）营业厅日常管理 | 1. 营业厅各项设施齐全，以客户需求为导向，设置新型业务体验区 | 1. 对应相应营业厅级别，发现设施不齐全，每项扣 3 分。<br>2. 应设置新型业务体验区，有客户需求未设置体验区的扣 5 分 | 10 | |
| | | 2. 标识标牌管理符合《国家电网公司标识应用手册》要求，营业厅外有营业厅标牌、门楣、营业时间牌、灯箱，营业厅内有业扩办理流程、电价公示、“三个十条”等公示牌 | 标识标牌缺失或不符合《国家电网公司品牌推广应用手册》要求的，每项扣 2 分 | 10 | |
| | | 3. 营业厅人员仪表仪态规定：应保持妆容适宜，员工应妆容简洁、自然，着装要整齐、清洁，工作时间内应穿着统一配发的工装，并按规范佩戴工号牌 | 1. 现场检查发现营业厅人员违反仪表仪态规定或服务行为的，每人次扣 2 分。<br>2. 查询上级明察暗访通报，营业厅人员被通报存在违反仪表仪态规定或服务行为的，每人次扣 2 分 | 10 | |
| | | 4. 营业厅人员柜台接待服务规定：在工作中严格执行“首问负责制”“限时办结制”；当有客户来办理业务时，应遵循“先外后内”的原则，即立即停下内部事务，马上接待客户。下班时如仍有正在处理中的业务应照常办理；若仍有等候办理业务的客户，必须全部办理完毕后方可下班，不得找借口拒绝 | 现场询问执行“首问负责制”“限时办结制”，业务办理遵循“先外后内”的原则，下班时如仍有正在处理中的业务如何办理等问题，回答错误每人次扣 2 分 | 10 | |
| | | 5. 业务办理规定：业务受理、营业收费、咨询查询、投诉举报满足服务规范要求 | 检查上级明察暗访通报，被通报违反业务办理规定，每 1 件扣 2 分 | 10 | |
| | | 6. 宣传资料管理规定：每日对外营业前后应整理宣传资料，对放置区低于额定量的宣传资料应及时补足，保证宣传资料齐全、摆放整齐有序 | 宣传资料摆放不整齐，每 1 处扣 2 分 | 10 | |

续表

| 管理类别 | 重点工作任务 | 考核内容及要求 | 评分标准 | 标准分 | 考核得分 |
|---|---|---|---|---|---|
| 五、服务一次到位（300） | （十九）营业厅日常管理 | 7. 自助终端管理规定：应设置人员管理，负责自助终端设备的日常维护，更换打印纸和票据，日常擦拭保养等。出现故障时要张贴故障公告，指引客户采用其他方式购电。每日巡视自助终端的运行情况，并进行记录。发现异常情况及时处理 | 1. 营业厅应有自助终端设备，无终端的扣 5 分。<br>2. 发生自助终端设备无人管理、设备异常后未张贴故障公告或未及时处理、无巡视检查记录或记录不完整中一项，扣 2 分 | 10 | |
| | | 8. 便民服务设施管理规定：应设置人员管理，保持便民设施在营业时段内处于可用的状态，对外营业前检查各项便民设施是否完好，当发现设备故障或数量不足时，应及时维修、更换或补充 | 便民服务设施 1 处不可用，扣 2 分 | 10 | |
| | | 9. 营业厅必须在明显位置摆放客户意见簿或意见箱 | 营业厅应有客户意见簿或意见箱，未设置的扣 5 分；客户意见应及时处理和答复，未及时答复 1 起，扣 1 分 | 10 | |
| | （二十）投诉管理 | 1. 投诉举报万户比例=投诉举报件次/（总户数/10000）。由于供电所管理不到位或所内职工因工作失误、工作行为不规范、与客户沟通不当或其他原因导致用户不满，出现的投诉举报。每发生一次 95598 接到的投诉举报事件视为 1 件次 | 登录 SG186 营销系统检查 95598 投诉，查询本年度截至检查日属实投诉和行风类举报数量。<br>1. 投诉举报万户比例不大于 1，不扣分。<br>2. 投诉举报万户比例大于 1，扣分=（万户投诉比例−1）×5，最多扣 20 分 | 20 | |
| | | 2. 抢修到场时限符合要求，不发生抢修服务态度投诉 | 本年度发生抢修到场超时限 1 次，扣 5 分；本年度发生抢修服务态度属实投诉 1 次，扣 10 分 | 20 | |
| | | 3. 不发生营业服务类投诉 | 本年度发生营业服务类属实投诉 1 次，扣 5 分 | 10 | |
| | （二十一）“互联网+”营销运维及新型业务 | 1. 推行“互联网+”营销服务，推广线上渠道应用，重点推进“掌上电力”“电 e 宝”等自有渠道应用 | 1. 应开展“互联网+”营销业务线上受理，未开展的扣 10 分。<br>2. 综合柜员、台区经理应能熟练使用“掌上电力”“电 e 宝”等 App，不能熟练使用的，每人扣 5 分 | 40 | |
| | | 2. 推广基于移动作业平台的营销微应用群，全面实现客户服务、电费催收、业扩报装、用电检查、计量装拆、电能替代等现场作业功能，推进取消纸质工单流转，提高现场综合服务能力和效率 | 1. 具备应用条件的供电所，应按照年度推广进度要求使用营销移动业务应用开展相关工作，未按要求开展扣 5 分。<br>2. 利用移动作业终端办理现场作业工作量占比低于年度要求的，扣分=（年度要求−实际占比）/5%，取整。<br>省公司未推广应用的暂不评价 | 20 | |
| | | 3. 熟悉电动汽车充电设施建设与服务相关政策信息和业务办理知识 | 综合柜员对电动汽车充电设施建设与服务相关政策信息和业务办理知识不熟悉的，每人扣 5 分，最多扣 20 分 | 20 | |
| | | 4. 熟悉低压分布式电源并网相关政策信息和业务办理知识，相关业务办理流程规范，实现供电所低压分布式电源并网服务咨询、受理、并网的一站式办理 | 综合柜员咨询低压分布式电源并网相关政策信息和业务办理知识不熟悉的，每人扣 5 分；在供电所受理的低压分布式电源并网业务流程有 1 户不规范，扣 2 分，最多扣 20 分 | 20 | |
| | | 5. 掌握电能替代工作规则，了解支持电能替代相关政策和电能替代相关技术，开展电能替代宣传推广活动 | 1. 综合柜员应熟悉电能替代工作规则，不熟悉的每人扣 5 分。<br>2. 应开展电能替代宣传推广活动，未开展的扣 5 分 | 20 | |
| 合计 | | | | 1000 | |

**注** 1. 本表中“及时”是指当天发现，不晚于第二天处理。

2. 重点工作任务考评部分满分 1000 分，折算为百分制考核。

## 4.3　附加项（通用）

| 类别 | 总分 | 单项分值 | 加分项目 | 考评办法 |
|---|---|---|---|---|
| 加分项 | 5 | 1 | 先进集体加分 | 国家级先进每人加 1 分；省部级或公司级先进每人加 0.5 分；地市级或省公司级先进每人加 0.2 分；最多加分不超过 1 分 |
| | | 1 | 先进个人加分 | 国家级先进每个加 1 分；省部级或公司级先进每个加 0.5 分；地市级或省公司级先进每个加 0.2 分；最多加分不超过 1 分 |
| | | 1 | 全年无属实投诉个人 | 加 1 分 |
| | | 1 | 形成星级供电所建设典型经验并得到推广应用 | 由国家电网公司认定并推广应用的，主要撰稿人加 1 分，其余加 0.5 分；由省公司认定并推广应用的，主要撰稿人加 0.5 分，其余加 0.3 分；由市公司认定并推广应用的，主要撰稿人加 0.2 分，其余加 0.1 分；最多加分不超过 1 分 |
| | | 1 | 在安全生产、效率效益提升和创新管理方面业绩突出（如市场开拓、节能降损、电能替代，农村新兴业务供电保障服务、基于地域特征的农村安全用电管理，城乡供电服务均等化等），得到公司总部和省公司、地市公司文件认可；取得国家发明专利或国家级、省级奖励的科技项目等 | 国家级文件和专利每个加 1 分；省部级或公司级文件和专利每个加 0.5 分；地市级或省公司级文件和专利每个加 0.2 分；最多加分不超过 1 分 |
| 减分项 | | | 上级单位检查发现的问题及时整改落实 | 发现一次不整改扣 1 分，同时扣本单位季度抽查 0.5 分；<br>发现二次不整改扣 2 分，同时扣本单位季度抽查 1 分 |

# 第5章　供电所配电营业工（台区经理）星级评价办法

## 5.1　必备条件（通用）

| 考评项 | 频次 | 星级规范值 | 考评办法 |
|---|---|---|---|
| 1．“全能型”供电所建设 | 月度 | 1．检查员工是否集中管理、集中派工。<br>2．末端融合的工作流程制度执行情况 | 否决项：不执行集中管理、不服从集中派工的；不能按末端融合的工作流程制度开展工作的，取消评选资格 |
| 2．不发生七级及以上电网事件、设备事件和信息系统事件；不发生八级及以上人身事件；不发生电气误操作事故；不发生火灾事故 | 月度 | 因人员责任发生七级及以上电网事件、设备事件和信息系统事件；八级及以上人身事件；电气误操作事故；火灾事故的，发生一次得0分 | 否决项：发生一次取消评选资格 |
| 3．不发生行风突发事件；不发生因供电所人员服务不到位引起的新闻媒体曝光及造成重大社会负面影响的事件。不发生负主要责任的农村群众触电伤亡事故；不发生同等及以上责任交通事故 | 月度 | 因人员行为引起行风突发事件；因人员服务不到位引起的新闻媒体曝光及造成重大社会负面影响的事件。因人员责任负主要责任的农村群众触电伤亡事故；发生同等及以上责任交通事故的，发生一次得0分 | 否决项：发生一次取消评选资格 |
| 4．不发生人员违法违纪事件 | 月度 | 0次 | 否决项：发生一次取消评选资格 |
| 5．“两票”合格率=正确的“两票”份数/应统计的“两票”份数×100%。<br>应统计的“两票”是指《安规》规定应使用的工作票、操作票、抢修单和派工单等作业凭证，包括已执行和填写错误未执行的“两票” | 月度 | 100% | 查询PMS系统和手工填票 |
| 6．供电所图数治理星级 | 月度 | 所管辖台区设备的配电基础数据台账与实物一致率100%、营配对应一致率100% | 查询PMS系统 |
| 7．电费回收率 | 年度 | 99.95% | 查询营销SG186业务应用系统 |
| 8．10kV线损率、0.4kV线损率 | 年度 | 分线路、分台区管理达到100%；10kV线损、0.4kV线损在省公司处于前1/3名次中。不负责10kV业务，不评价10kV相关内容 | 查询一体化电量与线损管理平台或SG186业务应用系统 |
| 9．95598故障报修到达现场及时率 | 月度 | 100% | 查询PMS系统或营销SG186业务应用系统 |
| 10．低压业扩报装服务规范率 | 年度 | 100% | 查询营销SG186业务应用系统以及业扩报装投诉工单 |
| 11．日均采集成功率 | 年度 | 99% | 查询用电信息采集系统 |
| 12．服务类属实投诉 | 年度 | 0次 | 查询95598业务支持系统 |

## 5.2　考评办法

### 5.2.1　工作单积分考核细则（权重）

1. 考评细则

| 序号 | 项目 | 积分标准 | 工单数量 | 工单总积分 | 工单考评得分 | 备注 |
|---|---|---|---|---|---|---|
| 1 | 线路巡视 | 每天 50 分 | | | | |
| 2 | 隐患消缺 | 每天 50 分 | | | | |
| 3 | 故障抢修 | 每天 30 分 | | | | |
| 4 | 运行维护 | 每天 30 分 | | | | |
| 5 | 抄表、催费、用电检查 | 每天 50 分 | | | | |
| 6 | 专业管理信息系统维护 | 每月 100 分 | | | | |
| 7 | 临时性工作 | 每次 5～30 分 | | | | |
| 8 | 低压居民安装 | 每户 10 分 | | | | |
| 9 | 低压非居民安装 | 每户 20 分 | | | | |
| 10 | 临时用电装拆 | 每户 20 分 | | | | |
| 11 | 表计更换、集中器 | 每户 10 分 | | | | |
| 12 | 客户服务（故障）报修 | 每户 20 分 | | | | |
| 13 | 值班室值班 | 每天 30 分 | | | | |
| 合计 | | | | | | |

注　1. 工单积分评价采取标准分 1000 分总控，特殊情况可酌情考虑增加工作单绩效额度，将千分制工单积分折算为百分制工单积分。

2. 工单积分=工单 1 分值×积分系数+工单 2 分值×积分系数+…；工单绩效得分=工单总积分×0.1（折算为百分制，权重系数）。

2. 工作积分系数

<table>
<tr><th>序号</th><th>系数项</th><th colspan="2">标准</th><th>备注</th></tr>
<tr><td rowspan="3">1</td><td rowspan="3">工作角色系数</td><td>负责人：</td><td>1.2</td><td rowspan="11">各单位根据班组情况自行确定工作角色系数、工作难度系数、工作时间系数、工作成效系数</td></tr>
<tr><td>主要操作人：</td><td>1.0</td></tr>
<tr><td>辅助操作人：</td><td>0.7</td></tr>
<tr><td rowspan="8">2</td><td rowspan="8">工作难度系数</td><td>危险地区：</td><td>1.5</td></tr>
<tr><td>山区：</td><td>1.3</td></tr>
<tr><td>丘陵地区：</td><td>1.2</td></tr>
<tr><td>工作地点＜10km：</td><td>1.05</td></tr>
<tr><td>工作地点＞10km：</td><td>1.1</td></tr>
<tr><td>恶劣天气：</td><td>1.2</td></tr>
<tr><td>正常天气：</td><td>1.0</td></tr>
<tr><td>登杆作业：</td><td>1.2</td></tr>
</table>

续表

| 序号 | 系数项 | 标准 | | 备注 |
|---|---|---|---|---|
| 3 | 工作时间系数 | 正常工作日： | 1.0 | 各单位根据班组情况自行确定工作角色系数、工作难度系数、工作时间系数、工作成效系数 |
| | | 周六、周日： | 1.1 | |
| | | 法定节假日： | 1.2 | |
| | | 晚 24:00 前： | 1.1 | |
| | | 晚 24:00 后： | 1.2 | |
| | | 4 小时之内完成的工作 | 0.5 | |
| 4 | 工作成效系数 | 优秀或非常满意： | 1.1 | |
| | | 合格或满意： | 1.0 | |
| | | 不合格或不满意： | 0 | |

### 5.2.2 目标任务考评细则（权重）

1. 关键指标考评部分（权重 0.3）

| 序号 | 考核指标与要求 | 指标值 | 评分标准 | 标准分 | 考核得分 |
|---|---|---|---|---|---|
| 1 | 不发生违反“十个不准”的事件 | 0 | 完成得 10 分，未完成不得分 | 10 | |
| 2 | 台区同期线损合格率 | 100% | 同期线损合格率每降低 0.1 个百分点扣 1 分 | 10 | |
| 3 | 用电信息采集覆盖率 | 100% | 用电信息采集覆盖率每降低 0.1 个百分点扣 2 分 | 10 | |
| 4 | 补抄及时率、正确率 | 100% | 台区补抄及时率、正确率每降低 0.1 个百分点扣 2 分 | 10 | |
| 5 | 百户话务量 | ≤4 起 | 每增加 1 起扣 0.5 分 | 10 | |
| 6 | 投诉、举报 | 0 | 发生有责任的属实性投诉、举报 1 次扣 6 分 | 10 | |
| 7 | 电价执行正确率 | 100% | 每发现一户电价执行错误扣 1 分 | 10 | |
| 8 | 电费回收率 | 100% | 未按公司规定电费结零日结清电费扣 5 分 | 10 | |
| 9 | 公用配电台区剩余电流动作保护装置安装率 100%、投运率 100%、正确动作率 100% | 100% | 发现 1 台未安装或未投运扣 1 分；灵敏可靠率每降低 1%扣 1 分 | 10 | |
| 10 | 设备完好率 | 100% | 每降低 1 个百分点扣 2 分 | 10 | |
| 合计 | | | | 100 | |

2. 重点工作任务考评部分（权重 0.7）

| 管理类别 | 重点工作任务 | 考核内容及要求 | 评分标准 | 标准分 | 考核得分 |
|---|---|---|---|---|---|
| 一、基础保障扎实 | （一）基础资料管理 | 严格落实国家电网公司或省（市）公司供电所资料精简有关要求，及各类资料和记录通用模板；建立供电所资料目录准入机制；推广基础资料电子化 | 1. 是否执行国家电网有限公司、省（市）公司供电所资料精简有关模板，未执行，扣 30 分。<br>2. 台区经理手工记录及电子资料，是否存在弄虚作假，蓄意造假扣 15 分 | 50 | |
| | （二）信息系统应用 | 按照国家电网公司信息系统推广要求，营销 SG186 业务应用系统、用电信息采集系统、PMS 系统、供电所综合业务监控平台等统推至供电所的信息系统得到全面应用 | 应掌握营销 SG186 业务应用系统、用电信息采集系统、PMS 系统、供电所综合业务监控平台应用，一项都未能熟练应用的扣 30 分 | 30 | |

续表

| 管理类别 | 重点工作任务 | 考核内容及要求 | 评分标准 | 标准分 | 考核得分 |
|---|---|---|---|---|---|
| 一、基础保障扎实 | （三）所容所貌管理 | 供电所环境卫生（办公室、会议室、食堂、宿舍、浴室、院落、库房等）符合整洁要求 | 台区经理工位上出现脏乱差，每次扣 5 分 | 20 | |
| | （四）会议管理 | 定期组织召开月（季）度、周工作例会，会议内容形成会议记录 | 1. 按时召开所月（季）工作例会，缺席一次扣 10 分。<br>2. 按时召开班组周工作例会，缺席一次扣 5 分 | 30 | |
| 二、安全管控严密 | （五）安全管理责任制 | 供电所与所内员工按年度、分岗位签订针对不同岗位的安全生产责任书，制定个人安全目标的控制措施 | 是否签订本岗位供电所年度安全目标责任书，未签订扣 40 分 | 40 | |
| | （六）法律法规和安全规章制度 | 将有关标准、规范、规程发放到相关岗位 | 对照台区经理岗位职责，发现台区经理岗位专业标准、规范、规程不一致的，扣 10 分 | 10 | |
| 三、业务协同运行 | （七）计量管理 | 1. 实现智能电能表覆盖率 99%、自动抄表核算率 98%、采集成功率 98.5%，按规定开展计量装置巡视工作，针对异常天气、采集大面积离线等情况开展特巡工作。重点巡视计量装置是否运行正常、计量箱门是否损坏、计量封印是否完整、接线是否松动或有烧痕、采集终端外置天线是否损坏、采集终端运行环境是否满足现场安全工作需要、控制回路接线是否正常、电能表或采集终端是否有报警异常等情况，并做好巡视记录，面对计量故障或缺陷鼓励采用照相取证管理 | 1. 登录 SG186 系统，查询计算智能电表覆盖率百分比，扣分=(99–智能电能表覆盖率×100)×10×1，智能电能表覆盖率≥99%不扣分。<br>2. 登录 SG186 系统，查询计算自动抄表核算率百分比，扣分=(98–自动抄表核算率×100)×10×1，自动抄表核算率≥98%不扣分。<br>3. 登录用电信息采集系统，查询计算抄表成功率百分比，扣分=(98.5–采集成功率×100)×10×1，采集成功率≥98.5%不扣分。—引用必备条件日均采集成功率，降低不足 0.1%不扣分。每项最多扣 5 分 | 30 | |
| | | | 1. 是否按照要求开展计量装置巡视工作，未按照要求开展的扣 20 分。<br>2. 发现故障、缺陷未填写电能计量装置缺陷记录，未执行照相取证管理的次数，每次扣 2 分 | 20 | |
| | | 2. 计量故障、差错处理按照调查程序和“四不放过”的原则开展故障调查处理工作。电能表故障现象录入准确率 100% | 1. 是否存在未按照“四不放过”的原则开展故障调查处理工作，未按照执行的扣 20 分。<br>2. 发现故障现象未录入或录入不准确，每次扣 5 分 | 30 | |
| | （八）线损管理 | 1. 按照线损规范化管理要求开展线损管理工作，线损指标管理科学，指标责任分解到人，完成上级主管部门下达的考核指标。东部地区供电所 0.4kV 线损率≤5%，中西部地区供电所 0.4kV 线损率≤7%。完善线损考核办法，设立线损考核指标和激励指标，严格考核和兑现奖惩，严禁所有考核指标相同，严禁以包代管、严禁全奖全罚，实行按月统计、按月考核、按规定兑现奖惩。负责 10kV 业务的供电所，10kV 线损率完成上级主管部门下达的考核指标 | 1. 是否按照月度降损计划，开展管理降损或技术降损，未执行扣 30 分。<br>2. 台区月线损，低于指标值不扣分，每高出 1%指标值扣 10 分 | 40 | |
| | | 2. 台区同期线损各项指标达到国家电网公司要求，台区线损合格率≥90%，台区同期线损在线监测率≥90%，台区同期线损自动监测率≥95%，台区模型配置率≥99% | 1. 台区同期线损合格率为 90%，未达到 90%，每少 1%扣 1 分。<br>2. 台区同期线损在线监测率为 90%，未达到 90%，每少 1%扣 1 分。<br>3. 台区同期线损自动监测率为 95%，未达到 95%，每少 1%扣 1 分。<br>4. 台区模型配置率为 99%，未达到 99%，每少 1%扣 1 分 | 20 | |

续表

| 管理类别 | 重点工作任务 | 考核内容及要求 | 评分标准 | 标准分 | 考核得分 |
|---|---|---|---|---|---|
| 三、业务协同运行 | （八）线损管理 | 3. 建立线损异常治理机制，按月开展月度线损和同期线损分析，重点对高损、负损等异常线路和台区进行分析，制定切实可行的降损措施，并组织落实 | 1. 是否有线损、同期线损分析内容，没有扣5分。<br>2. 出现高负损台区，未开展降损措施，每台区扣5分，最多扣20分 | 20 | |
| | （九）营业普查管理 | 1. 按年度计划或供电所的工作实际定期开展营业普查工作 | 是否按照供电所营业普查工作计划开展营业普查工作，未开展扣30分，开展不全面扣10分 | 30 | |
| | | 2. 集中开展营业普查，重点对各种营业基础资料进行核对，对《供用电合同》履行情况、计量装置运行情况、违约用电及窃电行为进行检查，违约用电窃电依法依规查处 | 登录SG186系统抽查客户资料，与现场检查发现系统客户档案信息（用电性质、电价执行、光力定比、计量信息）与实际不符的户用户，每户扣10分 | 20 | |
| | | | 现场检查是否发现窃电、违约用电行为，发现扣20分 | 20 | |
| | | | 是否常态开展反窃电工作，未开展扣20分 | 20 | |
| 四、人员一专多能 | （十）岗位管理 | 供电所人员熟知本岗位职责，熟知岗位职责内专业管理要求；按照专业工作要求，熟练应用信息化系统 | 台区经理，不熟悉岗位职责的扣10分；不熟知本岗位职责内专业管理要求的扣10分 | 30 | |
| | | | 台区经理，要求其操作使用专业系统（PMS系统、营销SG186、用电信息采集系统和乡镇供电所综合业务监控平台等），指定功能操作不熟练的扣10分 | 30 | |
| | （十一）人员考勤管理 | 供电所人员应严格履行请销假制度。工作期间严禁饮酒和从事与工作无关事项 | 是否按照上级要求执行请销假制度，未按照执行扣20分 | 20 | |
| | | | 出现国家电网公司总部、省、市公司明察暗访通报，现场发现饮酒、赌博、玩游戏等与工作无关事项的，扣20分 | 20 | |
| | （十二）绩效考核管理 | 严格落实上级绩效考核要求 | 是否与供电所签订绩效合约（或责任书），未签订扣30分 | 30 | |
| | （十三）台区经理制管理 | 1. 全面实行配电运维、设备管理、台区营销管理和客户服务于一体的“台区经理制”，台区维护设备划分到位，建立台区经理基础台账 | 是否建立台区基础管理台账，基础台账缺一项扣10分 | 40 | |
| | | 2. 台区经理《安规》考试合格，通过配电营业工技能鉴定，或通过配电类和营销类技能鉴定，初期条件不具备的，可按照配电运维、营销服务人员“1+1”组合的方式配备台区经理 | 1.《安规》考试不合格，扣20分。<br>2. 未取得配电营业工技能鉴定证书，或仅通过配电类（营销类）单项技能鉴定，扣5分 | 30 | |
| | | 3. 建立合理台区经理网格图，网格分布合理、台区经理就近划片管理 | 是否熟悉台区地理位置网格图，不熟悉扣10分 | 30 | |
| 五、服务一次到位 | （十四）业扩管理 | 业扩报装工作严格按照国家电网公司及省公司业扩报装管理相关文件执行 | 是否未严格执行首问负责制、一次性告知或告知不到位造成用户多次往返的，发生一次扣10分 | 20 | |
| | （十五）电费电价管理 | 严格执行电价政策，杜绝搭车收费，电价更新及时、宣传到位 | 按照用电类别，抽查10户客户档案，登录SG186系统核对，同时到现场进行检查用户用电情况，检查现场用电性质与系统是否相符。电价执行错误扣10分，用电性质与系统不符扣5分 | 40 | |
| | （十六）投诉管理 | 1. 投诉举报万户比例=投诉举报件次/（总户数/10000）。由于供电所管理不到位或所内职工因工作失误、工作行为不规范、与客户沟通不当或其他原因导致用户不满，出现的投诉举报。每发生一次95598接到的投诉举报事件视为1件次 | 查询年度属实投诉和行风类举报数量，每发生一次扣10分 | 30 | |

续表

| 管理类别 | 重点工作任务 | 考核内容及要求 | 评分标准 | 标准分 | 考核得分 |
|---|---|---|---|---|---|
| 五、服务一次到位 | （十六）投诉管理 | 2. 不发生计量装置安装串户和错接线的客户投诉 | 发生计量装置安装串户和错接线的属实责任投诉，每发生一次扣 5 分 | 30 | |
| | | 3. 不发生计量装置申校超时的客户投诉 | 发生计量装置申校超时造成的客户属实责任投诉，每发生一次扣 5 分 | 30 | |
| | | 4. 抢修到场时限符合要求，不发生抢修服务态度投诉 | 发生抢修到场超时限，每发生一次扣 5 分；发生抢修服务态度属实投诉，每发生一次扣 10 分 | 30 | |
| | | 5. 不发生电压质量投诉 | 发生电压质量属实投诉，每发生一次扣 5 分 | 20 | |
| | | 6. 不发生营业服务类投诉 | 发生营业服务类属实投诉，每发生一次扣 40 分 | 40 | |
| | （十七）“互联网+”营销运维及新型业务 | 1. 推行“互联网+”营销服务，推广线上渠道应用，重点推进“掌上电力”“电 e 宝”等自有渠道应用 | 是否推广“互联网+”营销业务线上办理，未推广的扣 10 分 | 20 | |
| | | 2. 推广基于移动作业平台的营销微应用群，全面实现客户服务、电费催收、业扩报装、用电检查、计量装拆、电能替代等现场作业功能，推进取消纸质工单流转，提高现场综合服务能力和效率 | 是否使用移动作业终端开展相关工作，未使用开展扣 20 分 | 20 | |
| | | 3. 熟悉电动汽车充电设施建设与服务相关政策信息和业务办理知识 | 现场咨询台区经理电动汽车充电设施建设与服务相关政策信息和业务办理知识，不熟悉的扣 10 分 | 20 | |
| | | 4. 熟悉低压分布式电源并网相关政策信息和业务办理知识，相关业务办理流程规范，实现供电所低压分布式电源并网服务咨询、受理、并网的一站式办理 | 现场咨询台区经理低压分布式电源并网相关政策信息和业务办理知识，有不熟悉的扣 10 分 | 20 | |
| | | 5. 掌握电能替代工作规则，了解支持电能替代相关政策和电能替代相关技术，开展电能替代宣传推广活动 | 1. 现场咨询台区经理电能替代工作规则，不熟悉扣 10 分。<br>2. 台区经理是否开展电能替代宣传推广活动，未开展扣 10 分 | 20 | |
| 合计 | | | | 1000 | |

**注**　重点工作任务考评部分满分 1000 分，折算为 100 分制考核。

## 5.3　附加项（通用）

| 类别 | 总分 | 单项分值 | 加分项目 | 考评办法 |
|---|---|---|---|---|
| 加分项 | 4 | 1 | 先进个人加分 | 国家级先进每个加 1 分；省部级或公司级先进每个加 0.5 分；地市级或省公司级先进每个加 0.2 分；最多加分不超过 1 分 |
| | | 1 | 全年无属实投诉个人 | 加 1 分 |
| | | 1 | 形成星级供电所建设典型经验并得到推广应用 | 由国家电网有限公司认定并推广应用的，主要撰稿人加 1 分，其余加 0.5 分；由省公司认定并推广应用的，主要撰稿人加 0.5 分，其余加 0.3 分；由市公司认定并推广应用的，主要撰稿人加 0.2 分，其余加 0.1 分；最多加分不超过 1 分 |

续表

| 类别 | 总分 | 单项分值 | 加分项目 | 考评办法 |
|---|---|---|---|---|
| 加分项 | 4 | 1 | 在安全生产、效率效益提升和创新管理方面业绩突出（如市场开拓、节能降损、电能替代，农村新兴业务供电保障服务、基于地域特征的农村安全用电管理，城乡供电服务均等化等），得到公司总部和省公司、地市公司文件认可；取得国家发明专利或国家级、省级奖励的科技项目等 | 国家级文件和专利每个加 1 分；省部级或公司级文件和专利每个加 0.5 分；地市级或省公司级文件和专利每个加 0.2 分；最多加分不超过 1 分 |
| 减分项 | | | 上单位检查发现的问题及时整改落实 | 发现一次不整改扣 1 分，同时扣本单位季度抽查 0.5 分；<br>发现二次不整改扣 2 分，同时扣本单位季度抽查 1 分 |

# 第 6 章　供电所综合柜员星级评价办法

## 6.1　必备条件（通用）

| 项目 | 考评项 | 频次 | 星级规范值 | 考评办法 |
| --- | --- | --- | --- | --- |
| 必备条件 | 1. “全能型”供电所建设 | 月度 | 1. 检查员工是否集中管理、集中派工。<br>2. 末端融合的工作流程制度执行情况 | 否决项：不执行集中管理、不服从集中派工的；不能按末端融合的工作流程制度开展工作的，取消评选资格 |
| | 2. 不发生七级及以上电网事件、设备事件和信息系统事件；不发生八级及以上人身事件；不发生电气误操作事故；不发生火灾事故 | 月度 | 因人员责任发生七级及以上电网事件、设备事件和信息系统事件；八级及以上人身事件；电气误操作事故；火灾事故的，发生一次得 0 分 | 否决项：发生一次取消评选资格 |
| | 3. 不发生行风突发事件；不发生因供电所人员服务不到位引起的新闻媒体曝光及造成重大社会负面影响的事件。不发生负主要责任的农村群众触电伤亡事故；不发生同等及以上责任交通事故 | 月度 | 因人员行为引起行风突发事件；因人员服务不到位引起的新闻媒体曝光及造成重大社会负面影响的事件。因人员责任负主要责任的农村群众触电伤亡事故；发生同等及以上责任交通事故的，发生一次得 0 分 | 否决项：发生一次取消评选资格 |
| | 4. 不发生人员违法违纪事件 | 月度 | 0 次 | 否决项：发生一次取消评选资格 |
| | 5. 电费回收率 | 年度 | 99.95% | 查询营销 SG186 业务应用系统 |
| | 6. 低压业扩报装服务规范率 | 年度 | 100% | 查询营销 SG186 业务应用系统以及业扩报装投诉工单 |
| | 7. 服务类属实投诉 | 年度 | 0 次 | 查询 95598 业务支持系统 |

## 6.2　考评办法

### 6.2.1　工作单积分考评细则（权重）

1. 考评细则

| 序号 | 项目 | 积分标准 | 工单数量 | 工单总积分 | 工单考评得分 | 备注 |
| --- | --- | --- | --- | --- | --- | --- |
| 1 | 低压居民安装业扩工单 | 每户 20 分 | | | | |
| 2 | 低压非居民安装业扩工单 | 每户 20 分 | | | | |
| 3 | 临时用电装拆业扩工单 | 每户 20 分 | | | | |
| 4 | 表计更换工单 | 每户 20 分 | | | | |
| 5 | 线上缴费推广 | 每天 20 分 | | | | |
| 6 | 移动平台新业务应用推广 | 每天 20 分 | | | | |

续表

| 序号 | 项目 | 积分标准 | 工单数量 | 工单总积分 | 工单考评得分 | 备注 |
|---|---|---|---|---|---|---|
| 7 | 供电服务指挥平台、三合一掌机工单处理情况 | 每天 20 分 | | | | |
| 8 | 采集终端运行、更换、在线率情况 | 每天 30 分 | | | | |
| 9 | 用电信息采集系统线损异常台区处理情况 | 每天 20 分 | | | | |
| 10 | 用电信息采集系统费控工单执行情况 | 每天 20 分 | | | | |
| 11 | 用电信息采集系统用户抄通、覆盖情况 | 每天 20 分 | | | | |
| 12 | 客户档案资料收集、整理、归档工作 | 每天 20 分 | | | | |
| 13 | 临时性工作 | 每次 5～30 分 | | | | |
| 14 | 值班室值班 | 每天 30 分 | | | | |
| 合计 | | | | | | |

注 1. 工单积分评价采取标准分 1000 分总控，将千分制工单积分折算为百分制工单积分。

2. 工单积分=工单 1 分值×积分系数+工单 2 分值×积分系数+…；工单绩效得分=工单总积分×0.1（折算为百分制，权重系数）。

## 2. 工作积分系数

| 序号 | 系数项 | 标准 | | 备注 |
|---|---|---|---|---|
| 1 | 工作角色系数 | 负责人： | 1.2 | 各单位根据班组情况自行确定工作角色系数、工作难度系数、工作时间系数、工作成效系数 |
| | | 主要操作人： | 1.0 | |
| | | 辅助操作人： | 0.7 | |
| 2 | 工作难度系数 | 危险地区： | 1.5 | |
| | | 山区： | 1.3 | |
| | | 丘陵地区： | 1.2 | |
| | | 工作地点＜10km： | 1.05 | |
| | | 工作地点＞10km： | 1.1 | |
| | | 恶劣天气： | 1.2 | |
| | | 正常天气： | 1.0 | |
| | | 登杆作业： | 1.2 | |
| 3 | 工作时间系数 | 正常工作日： | 1.0 | |
| | | 周六、周日： | 1.1 | |
| | | 法定节假日： | 1.2 | |
| | | 晚 24:00 前： | 1.1 | |
| | | 晚 24:00 后： | 1.2 | |
| | | 4h 之内完成的工作 | 0.5 | |
| 4 | 工作成效系数 | 优秀或非常满意： | 1.1 | |
| | | 合格或满意： | 1.0 | |
| | | 不合格或不满意： | 0 | |

## 6.2.2 目标任务考评细则（权重）

### 1. 关键指标考评部分（权重 0.3）

| 序号 | 考核指标或要求 | 指标值 | 评分标准 | 标准分 | 考核得分 |
|---|---|---|---|---|---|
| 1 | 不发生违反“十个不准”的事件 | 0 | 完成得 10 分，未完成不得分 | 20 | |
| 2 | 不发生营业厅服务行为事件 | 0 | 每发生 1 起服务行为事件，扣 10 分 | 20 | |
| 3 | 供用电合同签订率、有效率、达标率 | 100% | 签订率、有效率、达标率，每降低 0.1 个百分点扣 1 分 | 10 | |
| 4 | 收费零差错 | 0 | 每发生 1 起扣 5 分 | 10 | |
| 5 | 投诉、举报 | 0 | 发生有责任的属实性投诉、举报 1 次扣 10 分 | 10 | |
| 6 | 用户系统档案准确率 | 100% | 每发现一户档案错误扣 1 分 | 15 | |
| 7 | 业扩报装资料归档完好率 | 100% | 每降低 0.1 个百分点扣 1 分 | 15 | |
| 合计 | | | | 100 | |

### 2. 重点工作任务考评部分（权重 0.7）

| 管理类别 | 管理项目 | 建设规范 | 考评规范 | 标准分 | 考核得分 |
|---|---|---|---|---|---|
| 一、基础保障扎实 | （一）基础资料管理 | 严格落实国家电网公司或省（市）公司供电所资料精简有关要求，及各类资料和记录通用模板；建立供电所资料目录准入机制；推广基础资料电子化 | 1. 是否执行国家电网公司、省（市）公司供电所资料精简有关模板，未执行扣 30 分。<br>2. 综合柜员手工记录及电子资料，是否存在弄虚作假，蓄意造假每项扣 5 分 | 50 | |
| | （二）信息系统应用 | 按照国家电网公司信息系统推广要求，营销 SG186 业务应用系统、用电信息采集系统、PMS 系统、供电所综合业务监控平台等统推至供电所的信息系统得到全面应用 | 应掌握营销 SG186 业务应用系统、用电信息采集系统、PMS 系统、供电所综合业务监控平台应用，未能熟练应用的每项扣 10 分 | 30 | |
| | （三）所容所貌管理 | 卫生责任区符合整洁要求 | 综合柜员负责的卫生责任区脏乱差的，每个责任区扣 5 分 | 30 | |
| | （四）会议管理 | 按时参加月（季）度、周工作例会，会议内容形成会议记录；按时参加班组周工作例会 | 1. 按时参加所月（季）工作例会，缺席一次扣 10 分。<br>2. 按时参加班组周工作例会，缺席一次扣 10 分 | 30 | |
| 二、人员一专多能 | （五）岗位管理 | 熟知本岗位职责，熟知岗位职责内专业管理要求；按照专业工作要求，熟练应用信息化系统 | 1. 不熟悉岗位职责的，扣 20 分；不熟知岗位职责内专业管理要求的，扣 20 分 | 40 | |
| | | | 2. 按照岗位需要，不能熟练应用专业系统（PMS 系统、营销 SG186、用电信息采集系统和乡镇供电所综合业务监控平台等）开展专业管理工作的，每项块扣 10 分 | 30 | |
| | （六）人员考勤管理 | 供电所人员应严格履行请销假制度。工作期间严禁饮酒和从事与工作无关事项 | 1. 未落实请销假制度的，每次扣 10 分 | 50 | |
| | | | 2. 工作期间发现有饮酒、玩麻将、玩游戏、看与工作无关视频等违规的，每次扣 50 分 | 50 | |
| | （七）综合柜员制管理 | 营业厅实行综合柜员制，融合业务咨询、受理、查询、缴费等职能，实现“一口对外”和“一站式”服务 | 营业厅未实行综合柜员制，扣 10 分；综合柜员不具备办理、查询、缴费等综合类业务办理能力的，每人次扣 10 分 | 50 | |

续表

| 管理类别 | 管理项目 | 建设规范 | 考评规范 | 标准分 | 考核得分 |
| --- | --- | --- | --- | --- | --- |
| 三、服务一次到位 | （八）业扩管理 | 1. 业扩报装工作严格按照国家电网有限公司及省公司业扩报装管理相关文件执行 | 1. 未严格执行首问负责制、一次性告知或告知不到位造成用户多次往返的，扣10分；未按最新用电业务办理告知书办理的，扣10分 | 50 | |
| | | | 2. 未按照工作流程及时限办结工作的，如现场进度未与系统同步，存在超短、超期工单等，每户扣5分，最多扣30分；未使用最新报装资料的，扣20分 | 50 | |
| | | 2. 业扩档案资料按照《国家电网公司电力客户档案管理规定》执行，由专人负责、执行“一户一档”管理，档案信息与系统信息和用户现场信息保持一致。低压非居民客户和居民客户资料按户号顺序等方式归档存放，批量用户的公共资料集中存放在批量用户档案盒，实现定置查询 | 1. 未执行“一户一档”管理的，每户扣10分 | 50 | |
| | | | 2. 受理业扩报装资料（不含供用电合同）不完整的，每户扣5分，最多扣30分；档案资料、系统信息与用户实际信息不符的，每户扣5分，最多扣20分 | 50 | |
| | | | 3. 档案室未分类、未按顺序存放业扩资料的每户扣5分 | 30 | |
| | | 3. 供用电合同按《国家电网公司供用电合同管理细则》执行，签订率100%、有效率100%、规范率100%，并且不超签订期限，低压用户不超过10年、临时用户不超3年 | 缺少供用电合同或供用电合同无效的，每户扣10分；超签订期限的，每户扣5分 | 50 | |
| | （九）营业厅日常管理 | 1. 营业厅各项设施齐全，以客户需求为导向，设置新型业务体验区 | 各项设施不齐全的，每项扣10分；有客户需求未设置新型业务体验区的，扣5分 | 30 | |
| | | 2. 标识标牌管理符合《国家电网公司标识应用手册》要求，营业厅外有营业厅标牌、门楣、营业时间牌、灯箱，营业厅内有业扩办理流程、电价公示、“三个十条”等公示牌 | 标识标牌缺失或不符合《国家电网公司品牌推广应用手册》要求的，每项扣2分 | 30 | |
| | | 3. 营业厅人员仪表仪态规定：应保持妆容适宜，员工应妆容简洁、自然，着装要整齐、清洁，工作时间内应穿着统一配发的工装，并按规范佩戴工号牌 | 仪表仪态、服务行为、柜台接待服务、业务办理规定不满足上述规定的，每次扣10分 | 30 | |
| | | 4. 营业厅人员服务行为规定：不得在营业厅内吃东西，严禁在办公区域内吸烟，不得在工作区做与工作无关的事情；有客户正在办理业务或等待办理业务时，不允许接打手机，办公业务使用办公电话处理。无特殊情况，不允许非营业厅岗位人员在工作区内活动；严禁酒后上岗 | 仪表仪态、服务行为、柜台接待服务、业务办理规定不满足上述规定的，每次扣5分 | 40 | |
| | | 5. 营业厅人员柜台接待服务规定：在工作中严格执行“首问负责制”“限时办结制”；当有客户来办理业务时，应遵循“先外后内”的原则，即立即停下内部事务，马上接待客户。下班时如仍有正在处理中的业务应照常办理；若仍有等候办理业务的客户，必须全部办理完毕后方可下班，不得找借口拒绝 | | | |

续表

| 管理类别 | 管理项目 | 建设规范 | 考评规范 | 标准分 | 考核得分 |
|---|---|---|---|---|---|
| 三、服务一次到位 | （九）营业厅日常管理 | 6. 业务办理规定：业务受理、营业收费、咨询查询、投诉举报满足服务规范要求 | 仪表仪态、服务行为、柜台接待服务、业务办理规定不满足上述规定的，每次扣 5 分 | 40 | |
| | | 7. 宣传资料管理规定：每日对外营业前后应整理宣传资料，对放置区低于额定量的宣传资料应及时补足，保证宣传资料齐全、摆放整齐有序 | 营业厅宣传资料、触摸屏系统管理、自助售电管理、便民服务设施管理不满足上述规定的，每处扣 1 分，最多扣 30 分 | 30 | |
| | | 8. 自助终端管理规定：应设置人员管理，负责自助终端设备的日常维护，更换打印纸和票据，日常擦拭保养等。出现故障时要张贴故障公告，指引客户采用其他方式购电。每日巡视自助终端的运行情况，并进行记录。发现异常情况及时处理 | | | |
| | | 9. 便民服务设施管理规定：应设置人员管理，保持便民设施在营业时段内处于可用的状态，对外营业前检查各项便民设施是否完好，当发现设备故障或数量不足时，应及时维修、更换或补充 | | | |
| | | 10. 营业厅必须在明显位置摆放客户意见簿或意见箱 | 营业厅没有客户意见簿或意见箱扣 10 分；客户意见未及时处理和答复，每发现一起扣 5 分 | 30 | |
| | | 11. 不发生营业服务类投诉 | 本年度发生营业服务类属实投诉的，每次扣 50 分 | 50 | |
| | （十）“互联网+”营销运维及新型业务 | 1. 推行“互联网+”营销服务，推广线上渠道应用，重点推进“掌上电力”“电 e 宝”等自有渠道应用 | 未按要求开展“互联网+”营销服务宣传推广及应用工作，扣 10 分；不能熟练使用“掌上电力”“电 e 宝”等 App，每项扣 5 分，最多扣 10 分 | 20 | |
| | | 2. 推广基于移动作业平台的营销微应用群，全面实现客户服务、电费催收、业扩报装、用电检查、计量装拆、电能替代等现场作业功能，推进取消纸质工单流转，提高现场综合服务能力和效率 | 利用移动作业终端办理现场作业工作量占比低于年度要求的，每降低 5%扣 5 分 | 30 | |
| | | 3. 熟悉电动汽车充电设施建设与服务相关政策信息和业务办理知识 | 不熟悉电动汽车充电设施建设与服务相关政策信息和业务办理知识，每次扣 10 分 | 20 | |
| | | 4. 熟悉低压分布式电源并网相关政策信息和业务办理知识，相关业务办理流程规范，实现供电所低压分布式电源并网服务咨询、受理、并网的一站式办理 | 不熟悉低压分布式电源并网相关政策信息和业务办理知识，每次扣 5 分；受理的低压分布式电源并网业务流程不规范，每户扣 2 分，最多扣 10 分 | 20 | |
| | | 5. 掌握电能替代工作规则，了解支持电能替代相关政策和电能替代相关技术，开展电能替代宣传推广活动 | 不熟悉电能替代工作规则，扣 10 分；未开展电能替代宣传推广活动，扣 20 分 | 30 | |
| 合计 | | | | 1000 | |

## 6.3 附加项（通用）

| 类别 | 总分 | 单项分值 | 加分项目 | 考评办法 |
| --- | --- | --- | --- | --- |
| 加分项 | 5 | 1 | 先进集体加分 | 国家级先进每人加 1 分；省部级或公司级先进每人加 0.5 分；地市级或省公司级先进每人加 0.2 分；最多加分不超过 1 分 |
| | | 1 | 先进个人加分 | 国家级先进每个加 1 分；省部级或公司级先进每个加 0.5 分；地市级或省公司级先进每个加 0.2 分；最多加分不超过 1 分 |
| | | 1 | 全年无属实投诉个人 | 加 1 分 |
| | | 1 | 形成星级供电所建设典型经验并得到推广应用 | 由国家电网有限公司认定并推广应用的，主要撰稿人加 1 分，其余加 0.5 分；由省公司认定并推广应用的，主要撰稿人加 0.5 分，其余加 0.3 分；由市公司认定并推广应用的，主要撰稿人加 0.2 分，其余加 0.1 分；最多加分不超过 1 分 |
| | | 1 | 在安全生产、效率效益提升和创新管理方面业绩突出（如市场开拓、节能降损、电能替代，农村新兴业务供电保障服务、基于地域特征的农村安全用电管理，城乡供电服务均等化等），得到公司总部和省公司、地市公司文件认可；取得国家发明专利或国家级、省级奖励的科技项目等 | 国家级文件和专利每个加 1 分；省部级或公司级文件和专利每个加 0.5 分；地市级或省公司级文件和专利每个加 0.2 分；最多加分不超过 1 分 |
| 减分项 | | | 上级单位检查发现的问题及时整改落实 | 发现一次不整改扣 1 分，同时扣本单位季度抽查 0.5 分；<br>发现二次不整改扣 2 分，同时扣本单位季度抽查 1 分 |

# 第 7 章　供电所综合事务员评价办法

## 7.1　必备条件

| 项目 | 考评项 | 频次 | 星级规范值 | 考评办法 |
|---|---|---|---|---|
| 必备条件 | 1. “全能型”供电所建设 | 月度 | 1. 检查员工是否集中管理、集中派工。<br>2. 末端融合的工作流程制度执行情况 | 否决项：不执行集中管理、不服从集中派工的；不能按末端融合的工作流程制度开展工作的，取消评选资格 |
| | 2. 不发生七级及以上电网事件、设备事件和信息系统事件；不发生八级及以上人身事件；不发生电气误操作事故；不发生火灾事故 | 月度 | 因人员责任发生七级及以上电网事件、设备事件和信息系统事件；八级及以上人身事件；电气误操作事故；火灾事故的，发生一次得 0 分 | 否决项：发生一次取消评选资格 |
| | 3. 不发生行风突发事件；不发生因服务不到位引起的新闻媒体曝光及造成重大社会负面影响的事件。不发生负主要责任的农村群众触电伤亡事故；不发生同等及以上责任交通事故 | 月度 | 因人员行为引起行风突发事件；因人员服务不到位引起的新闻媒体曝光及造成重大社会负面影响的事件。因人员责任负主要责任的农村群众触电伤亡事故；发生同等及以上责任交通事故的，发生一次得 0 分 | 否决项：发生一次取消评选资格 |
| | 4. 不发生违法违纪事件 | 月度 | 0 次 | 否决项：发生一次取消评选资格 |
| | 5. 服务类属实投诉 | 年度 | 0 次 | 查询 95598 业务支持系统 |

## 7.2　考评办法

### 7.2.1　工作单积分考评细则（权重）

1. 考评细则

| 序号 | 项目 | 积分标准 | 工单数量 | 工单总积分 | 工单考评得分 | 备注 |
|---|---|---|---|---|---|---|
| 1 | 组织编写月度总结与计划 | 每月 50 分 | | | | |
| 2 | 协助做好绩效管理 | 每月 50 分 | | | | |
| 3 | 协助做好标准化管理 | 每月 50 分 | | | | |
| 4 | 协助做好考勤管理 | 每月 50 分 | | | | |
| 5 | 协助做好人力资源管理 | 每月 50 分 | | | | |
| 6 | 协助做好后勤管理 | 每月 50 分 | | | | |
| 7 | 协助做好班组建设等各类活动创建 | 每次 50 分 | | | | |
| 8 | 跟踪分析各类指标，并提出提升建议 | 每天 20 分 | | | | |
| 9 | 值班室值班 | 每天 30 分 | | | | |
| 10 | 临时性工作 | 每次 5～30 分 | | | | |
| | 合计 | | | | | |

注　1. 工单积分评价采取标准分 1000 分总控，将千分制工单积分折算为百分制工单积分。

2. 工单积分=工单 1 分值×积分系数+工单 2 分值×积分系数+…；工单绩效得分=工单总积分×0.1（折算为百分制，权重系数）。

2. 工作积分系数

| 序号 | 系数项 | 标准 | | 备注 |
|---|---|---|---|---|
| 1 | 工作角色系数 | 负责人： | 1.2 | 综合事务员统一工作角色系数为 1.0，工作难度系统为 1.0。根据实际情况自行确定工作时间系数、工作成效系数 |
| | | 主要操作人： | 1.0 | |
| | | 辅助操作人： | 0.7 | |
| 2 | 工作难度系数 | 危险地区： | 1.5 | |
| | | 山区： | 1.3 | |
| | | 丘陵地区： | 1.2 | |
| | | 工作地点，＜10km： | 1.05 | |
| | | 工作地点，＞10km： | 1.1 | |
| | | 恶劣天气： | 1.2 | |
| | | 正常天气： | 1.0 | |
| | | 登杆作业： | 1.2 | |
| 3 | 工作时间系数 | 正常工作日： | 1.0 | |
| | | 周六、周日： | 1.1 | |
| | | 法定节假日： | 1.2 | |
| | | 晚 24:00 前： | 1.1 | |
| | | 晚 24:00 后： | 1.2 | |
| | | 4 小时之内完成的工作 | 0.5 | |
| 4 | 工作成效系数 | 优秀或非常满意： | 1.1 | |
| | | 合格或满意： | 1.0 | |
| | | 不合格或不满意： | 0 | |

### 7.2.2 目标任务考评细则（权重）

1. 关键指标考评部分（权重 0.3）

| 序号 | 考核指标与要求 | 指标值 | 评分标准 | 标准分 | 考核得分 |
|---|---|---|---|---|---|
| 1 | 配合做好对各类信息系统的维护 | 0 | 完成得 20 分，未完成不得分 | 20 | |
| 2 | 协助做好供电所人员、考核、后勤等管理 | 0 | 完成得 10 分，未完成不得分 | 10 | |
| 3 | 不发生违反“十个不准”的事件 | 0 | 完成得 10 分，未完成不得分 | 10 | |
| 4 | 各类资料收集、整理、归档管理 | 0 | 完成得 30 分，未完成不得分 | 30 | |
| 5 | 确保各类资料的真实性、正确性 | 0 | 完成得 30 分，未完成不得分 | 30 | |
| 6 | 不发生投诉、举报 | 0 | 发生有责任的属实性投诉、举报 1 次扣 10 分 | 10 | |
| 合计 | | | | 100 | |

## 2. 重点工作任务考评部分（权重0.7）

| 项目 | 考核内容及要求 | 评分标准 | 标准分 | 考核得分 |
|---|---|---|---|---|
| 1 | 劳动纪律：不发生违反《公司员工考勤管理办法》的违规行为。严格服从工作安排 | 上班时未签到一次扣1分，上班迟到早退一次扣1分，上班时间做与工作无关事情一次扣1分；未按规定办理请休假手续的一次扣2分 | 5 | |
| 2 | 抢修值班：不发生违反《供电所抢修管理办法》；执行7×24小时抢修值班制度，及时接收抢修工作任务，实行一体化抢修 | 值班人员值班期间随意外出，离岗、脱岗、漏岗扣1分；值班期间饮酒、玩游戏等与工作无关的事扣2分；抢修过程中出现班组推诿扯皮每人扣3分；未及时派发工作任务，每次扣2分；每发生一次抢修属实投诉本项不得分 | 5 | |
| 3 | 组织开展目标与计划管理工作 | 目标与计划制定不全，每项扣1分；制定目标与计划不合理的，每项扣1分 | 6 | |
| 4 | 定期参加供电所组织的召开月（季）度、周工作例会 | 未按时参加所务会议的，一次扣1分 | 5 | |
| 5 | 严格按照要求熟练掌握应用信息系统 | 不能熟练掌握应用信息系统的，扣6分 | 6 | |
| 6 | 各种法律、规程、标准的收集、整理、归档 | 法律、规程、标准收集不全的，一项扣1分；未按要求进行收集、整理、归档的，一项扣1分 | 6 | |
| 7 | 各类文件、通知的收集、整理、归档 | 文件、通知收集不全的，一项扣1分；未按要求进行整理、归档的，一项扣1分 | 6 | |
| 8 | 各类内部制度、技术台账资料、原始资料的收集、整理、归档 | 各类内部制度、技术台账资料、原始资料收集不全的，一项扣1分；未按要求进行整理、归档的，一项扣1分 | 6 | |
| 9 | 全员绩效管理系统数据检查、统计、分析、上报 | 未按要求进行绩效管理系统数据检查、统计、分析、上报的，一项扣1分 | 6 | |
| 10 | 跟踪分析各类指标完成情况，及时向所长提出指标提升建议 | 跟踪指标不及时的，每项扣一分；指标提升建议没有可操作性的，一次扣1分 | 6 | |
| 11 | 做好乡镇供电所环境卫生、文明生产和食堂后勤等工作 | 负责的环境卫生、文明生产和食堂后勤等工作不合格的，每项扣1分 | 4 | |
| 12 | 按时上报其他相关报表、数据，提供各专业岗位所需的相关资料 | 未按时上报报表、数据的，每项扣1分；未提供相关资料的，每项扣1分 | 6 | |
| 13 | 落实日常考勤管理，做好每月考勤统计、上报工作 | 未按要求落实日常考勤的，每人次扣0.5分；未及时统计、上报的，每次扣1分 | 4 | |
| 14 | 后勤管理工作 | 后勤工作未通过检查的，每项扣1分 | 3 | |
| 15 | 服从所长、班长工作安排；协同完成供电所安排的各项工作任务 | 不服从安排者一次扣1分，1项工作任务未完成扣1分 | 4 | |
| 16 | 落实绩效考核制度，与供电所签订绩效合约，完成绩效合约中的考核指标与要求 | 未签订绩效合约的，扣2分；绩效合约中所列考核指标与要求有一项未完成的，扣1分 | 6 | |
| 17 | 按划分的卫生责任区，每日清扫并保持环境卫生整洁 | 发现责任区1处卫生不达标的，扣1分 | 2 | |
| 18 | 执行国网公司资料精简有关要求，按职责分工维护、存放保管各类基础资料 | 未按职责分工及时填写或更新资料台账的，1项扣1分，填写不规范，每处扣1分 | 5 | |
| 19 | 积极参加供电所或上级组织的各类培训 | 未按时参加1次供电所或上级组织的各类培训，扣1分 | 4 | |
| 20 | 完成上级交办的其他工作 | 未按时完成上级交办的其他工作的，每次扣1分 | 5 | |
| 合计 | | | 100 | |

## 7.3 附加项（通用）

| 类别 | 总分 | 单项分值 | 加分项目 | 考评办法 |
|---|---|---|---|---|
| 加分项 | 5 | 1 | 先进集体加分 | 国家级先进每人加 1 分；省部级或公司级先进每人加 0.5 分；地市级或省公司级先进每人加 0.2 分；最多加分不超过 1 分 |
| | | 1 | 先进个人加分 | 国家级先进每个加 1 分；省部级或公司级先进每个加 0.5 分；地市级或省公司级先进每个加 0.2 分；最多加分不超过 1 分 |
| | | 1 | 全年无属实投诉个人 | 加 1 分 |
| | | 1 | 形成星级供电所建设典型经验并得到推广应用 | 由国网公司认定并推广应用的，主要撰稿人加 1 分，其余加 0.5 分；由省公司认定并推广应用的，主要撰稿人加 0.5 分，其余加 0.3 分；由市公司认定并推广应用的，主要撰稿人加 0.2 分，其余加 0.1 分；最多加分不超过 1 分 |
| | | 1 | 在安全生产、效率效益提升和创新管理方面业绩突出（如市场开拓、节能降损、电能替代，农村新兴业务供电保障服务、基于地域特征的农村安全用电管理，城乡供电服务均等化等），得到公司总部和省公司、地市公司文件认可；取得国家发明专利或国家级、省级奖励的科技项目等 | 国家级文件和专利每个加 1 分；省部级或公司级文件和专利每个加 0.5 分；地市级或省公司级文件和专利每个加 0.2 分；最多加分不超过 1 分 |
| 减分项 | | | 上级单位检查发现的问题及时整改落实 | 发现一次不整改扣 1 分，同时扣本单位季度抽查 0.5 分；<br>发现二次不整改扣 2 分，同时扣本单位季度抽查 1 分 |

# 第 8 章　供电所信息管理员评价办法

## 8.1　必备条件（通用）

| 项目 | 考评项 | 频次 | 星级规范值 | 考评办法 |
| --- | --- | --- | --- | --- |
| 必备条件 | 1. “全能型”供电所建设 | 月度 | 1. 检查员工是否集中管理、集中派工。<br>2. 末端融合的工作流程制度执行情况 | 否决项：不执行集中管理、不服从集中派工的；不能按末端融合的工作流程制度开展工作的，取消评选资格 |
| | 2. 不发生七级及以上电网事件、设备事件和信息系统事件；不发生八级及以上人身事件；不发生电气误操作事故；不发生火灾事故 | 月度 | 因人员责任发生七级及以上电网事件、设备事件和信息系统事件；八级及以上人身事件；电气误操作事故；火灾事故的，发生一次得 0 分 | 否决项：发生一次取消评选资格 |
| | 3. 不发生行风突发事件；不发生因供电所人员服务不到位引起的新闻媒体曝光及造成重大社会负面影响的事件。不发生负主要责任的农村群众触电伤亡事故；不发生同等及以上责任交通事故 | 月度 | 因人员行为引起行风突发事件；因人员服务不到位引起的新闻媒体曝光及造成重大社会负面影响的事件。因人员责任负主要责任的农村群众触电伤亡事故；发生同等及以上责任交通事故的，发生一次得 0 分 | 否决项：发生一次取消评选资格 |
| | 4. 不发生人员违法违纪事件 | 月度 | 0 次 | 否决项：发生一次取消评选资格 |

## 8.2　考评办法

### 8.2.1　工作单积分考评细则（权重）

1. 考评细则

| 序号 | 项　目 | 积分标准 | 工单数量 | 工单总积分 | 工单考评得分 | 备注 |
| --- | --- | --- | --- | --- | --- | --- |
| 1 | 信息设备巡视 | 每次 50 分 | | | | |
| 2 | 信息隐患消缺 | 每次 50 分 | | | | |
| 3 | 信息故障抢修 | 每次 30 分 | | | | |
| 4 | 信息运行维护 | 每次 30 分 | | | | |
| 5 | 专业管理信息系统维护 | 每月 100 分 | | | | |
| 6 | 安全培训 | 每起 10 分 | | | | |
| 7 | 值班室值班 | 每天 30 分 | | | | |
| 8 | 临时性工作 | 每次 5～30 分 | | | | |
| 合计 | | | | | | |

**注**　1. 工单积分评价采取标准分 1000 分总控，将千分制工单积分折算为百分制工单积分。

2. 工单积分=工单 1 分值×积分系数+工单 2 分值×积分系数+…；工单绩效得分=工单总积分×0.1（折算为百分制，权重系数）。

## 2. 工作积分系数

| 序号 | 系数项 | 标准 | | 备注 |
|---|---|---|---|---|
| 1 | 工作角色系数 | 负责人： | 1.2 | 各单位根据班组情况自行确定工作角色系数、工作难度系数、工作时间系数、工作成效系数 |
| | | 主要操作人： | 1.0 | |
| | | 辅助操作人： | 0.7 | |
| 2 | 工作难度系数 | 危险地区： | 1.5 | |
| | | 山区： | 1.3 | |
| | | 丘陵地区： | 1.2 | |
| | | 工作地点，＜10km： | 1.05 | |
| | | 工作地点，＞10km： | 1.1 | |
| | | 恶劣天气： | 1.2 | |
| | | 正常天气： | 1.0 | |
| | | 登杆作业： | 1.2 | |
| 3 | 工作时间系数 | 正常工作日： | 1.0 | |
| | | 周六、周日： | 1.1 | |
| | | 法定节假日： | 1.2 | |
| | | 晚 24:00 前： | 1.1 | |
| | | 晚 24:00 后： | 1.2 | |
| | | 4 小时之内完成的工作 | 0.5 | |
| 4 | 工作成效系数 | 优秀或非常满意： | 1.1 | |
| | | 合格或满意： | 1.0 | |
| | | 不合格或不满意： | 0 | |

### 8.2.2 目标任务考评细则（权重）

## 1. 关键指标考评部分（权重 0.3）

| 序号 | 考核指标与要求 | 指标值 | 评分标准 | 标准分 | 考核得分 |
|---|---|---|---|---|---|
| 1 | 不发生违反“十个不准”的事件 | 0 | 完成得 20 分，未完成不得分 | 20 | |
| 2 | 全面贯彻执行国家有关计算机软件保护、信息安全等法规，完成系统应用率 100% | 100% | 每降低 0.1 个百分点扣 1 分 | 20 | |
| 3 | 用电信息采集覆盖率 | 100% | 用电信息采集覆盖率每降低 0.1 个百分点扣 2 分 | 10 | |
| 4 | 补抄及时率、正确率 | 100% | 台区补抄及时率、正确率每降低 0.1 个百分点扣 2 分 | 10 | |
| 5 | 负责计算机设施、系统设备、信息通信设施的运行管理 | 100% | 发生有责任的事件 1 次扣 10 分 | 10 | |
| 6 | 及时对员工信息安全进行培训教育 | 100% | 每发现未培训一次扣 1 分 | 10 | |
| 7 | 负责对机房、信息通信设施的正常巡视，配合专业管理部门进行安全检查，负责信息通信设施检修现场的安全 | 100% | 未按公司规定进行巡视、检查的每次扣 5 分，现场安全出问题的分数为 0 | 20 | |
| 合计 | | | | 100 | |

## 2. 重点工作任务考评部分（权重 0.7）

| 序号 | 项目 | | 考核内容及要求 | 评分标准 | 标准分 | 考核得分 |
|---|---|---|---|---|---|---|
| （一） | 基础工作过硬 | 1.1 | 劳动纪律：不发生违反《公司员工考勤管理办法》的违规行为。严格服从工作安排 | 上班时未签到一次扣 1 分，上班迟到早退一次扣 1 分，上班时间做与工作无关事情一次扣 1 分；未按规定办理请休假手续的一次扣 2 分 | 2 | |
| | | 1.2 | 抢修值班：不发生违反《供电所抢修管理办法》；执行 7×24 小时抢修值班制度，及时接收抢修工作任务，实行一体化抢修 | 发现值班人员值班期间随意外出，离岗、脱岗、漏岗扣 1 分，发现饮酒、玩游戏等与工作无关的事扣 2 分；抢修过程中出现班组推诿扯皮扣 3 分，未及时派发工作任务，每次扣 2 分。每发生一次抢修属实投诉本项不得分 | 3 | |
| | | 1.3 | 所有不需要办理工作票、抢修单的作业，均应使用派工单。并严格执行派工单制度 | 无派工单私自工作扣 4 分；未及时执行派工单扣 2 分；派工单遗失扣 1 分；无客户评价扣 2 分；客户差评扣 2 分 | 4 | |
| | | 1.4 | 定期参加供电所组织的召开月（季）度、周工作例会 | 未按时参加所务会议的，一次扣 1 分 | 2 | |
| | | 1.5 | 国家电网公司已推广至供电所的信息系统，严格按照要求熟练应用 | 不能熟练应用信息系统（PMS、营销 SG186、用电信息采集系统）的，每人扣 3 分 | 3 | |
| | | 1.6 | 未完成供电所下达的安全生产、营销服务指标的，要制定个人提升措施并落实 | 未按提升措施计划开展工作的，一项扣 1 分、提升效果不明显扣 2 分 | 3 | |
| | | 1.7 | 服从所长、班长工作安排；多人作业时，按照网格化供电服务小组，协同完成供电所安排的各项工作任务 | 不服从安排者一次扣 0.5 分，员工之间发生不协调、不团结现象一次扣 0.5 分 | 2 | |
| | | 1.8 | 落实绩效考核制度，与供电所签订绩效合约，完成绩效合约中得考核指标与要求 | 未签订绩效合约的，扣 2 分；绩效合约中所列考核指标与要求有一项未完成的，扣 1 分 | 2 | |
| | | 1.9 | 按划分的卫生责任区，每日清扫并保持环境卫生整洁 | 每发现一处责任区卫生不达标的，扣责任人 0.5 分 | 2 | |
| | | 1.10 | 执行国网公司资料精简有关要求，按职责分工维护、存放保管各类基础资料 | 未按职责分工及时填写或更新资料台账的，每处扣责任人 1 分，填写不规范，每处扣责任人 1 分 | 2 | |
| | | 1.11 | 积极参加供电所或上级组织的各类培训 | 未按时参加供电所或上级组织的各类培训的，一次扣 1 分 | 2 | |
| | | 1.12 | 完成上级交办的其他工作 | 未按时完成上级交办的其他工作的，扣 0.5 分 | 3 | |
| （二） | 安全管理精准 | 2.1 | 按年度签订岗位安全责任书；制定个人安全目标控制措施 | 未按年度签订岗位安全责任书的，扣 0.5 分，个人安全目标控制措施落实不到位的，每项扣 1 分 | 5 | |
| | | 2.2 | 每周按时参加安全活动。安全活动未参加的，要及时补学安全活动内容 | 未按时参加安全活动且未补学的，一次扣 0.5 分 | 5 | |
| | | 2.3 | 积极开展消防、交通、应急及保电等各项工作；消防责任明确，消防器材齐全、定期开展检查 | 未签订消防责任状的，每人扣 2 分；未每月对消防器材进行检查的，少一次扣 1 分 | 6 | |
| | | 2.4 | 严格执行入库、出库手续，保持账、卡、物一致，出库使用与日常工作开展对应一致 | 备品备件使用与日常工作开展不对应的，扣 0.5 分 | 6 | |
| | | 2.5 | 利用信息系统开展信息安全监测工作 | 未及时发现存在安全隐患用户的，每户扣 1 分 | 8 | |
| （三） | 信息管理可靠 | 3.1 | 严肃信息安全，采取有效的管理措施，保护办公网络中的信息安全，做好机房、信息通信设施的日常巡视 | 信息安全每起事故扣 5 分，未巡视设备每发现 1 起扣 1 分 | 8 | |

续表

| 序号 | 项目 | | 考核内容及要求 | 评分标准 | 标准分 | 考核得分 |
|---|---|---|---|---|---|---|
| （三） | 信息管理可靠 | 3.2 | 配合专业管理部门对机房、信息通信设施建设及系统检查、维护 | 未检查、维护每起扣3分 | 8 | |
| | | 3.3 | 开展员工信息安全教育，及时传达上级各类信息安全文件和事件通报，杜绝内网外联事件 | 未开展安全教育、传达通报每次扣1分，每发生违规外联1次得0分 | 8 | |
| | | 3.4 | 参与计算机内网终端违规外联事件的调查，跟踪处理结果，完成处理流程的闭环管理 | 未形成闭环管理的得0分 | 8 | |
| | | 3.5 | 收集信息通信事故处理中操作记录和日志等证据，及时向领导和上级部门上报事故情况 | 未收集证据每次扣1分，未及时汇报事故情况每次扣2分 | 8 | |
| 合计 | | | | | 100 | |

**注** 本表中“及时”是指当天发现，不晚于第二天处理。

## 8.3 附加项（通用）

| 类别 | 总分 | 单项分值 | 加分项目 | 考评办法 |
|---|---|---|---|---|
| 加分项 | 5 | 1 | 先进集体加分 | 国家级先进每人加1分；省部级或公司级先进每人加0.5分；地市级或省公司级先进每人加0.2分；最多加分不超过1分 |
| | | 1 | 先进个人加分 | 国家级先进每个加1分；省部级或公司级先进每个加0.5分；地市级或省公司级先进每个加0.2分；最多加分不超过1分 |
| | | 1 | 全年无属实投诉个人 | 加1分 |
| | | 1 | 形成星级供电所建设典型经验并得到推广应用 | 由国家电网有限公司认定并推广应用的，主要撰稿人加1分，其余加0.5分；由省公司认定并推广应用的，主要撰稿人加0.5分，其余加0.3分；由市公司认定并推广应用的，主要撰稿人加0.2分，其余加0.1分；最多加分不超过1分 |
| | | 1 | 在安全生产、效率效益提升和创新管理方面业绩突出（如市场开拓、节能降损、电能替代，农村新兴业务供电保障服务、基于地域特征的农村安全用电管理，城乡供电服务均等化等），得到公司总部和省公司、地市公司文件认可；取得国家发明专利或国家级、省级奖励的科技项目等 | 国家级文件和专利每个加1分；省部级或公司级文件和专利每个加0.5分；地市级或省公司级文件和专利每个加0.2分；最多加分不超过1分 |
| 减分项 | | | 上级单位检查发现的问题及时整改落实 | 发现1次不整改扣1分，同时扣本单位季度抽查0.5分；<br>发现2次不整改扣2分，同时扣本单位季度抽查1分 |

# 第 9 章　供电所系统监控员评价办法

## 9.1　必备条件（通用）

| 考评项 | 频次 | 星级规范值 | 考评办法 |
|---|---|---|---|
| 1.“全能型”供电所建设 | 月度 | 1. 检查员工是否集中管理、集中派工。<br>2. 末端融合的工作流程制度执行情况 | 否决项：不执行集中管理、不服从集中派工的；不能按末端融合的工作流程制度开展工作的，取消评选资格 |
| 2. 不发生七级及以上电网事件、设备事件和信息系统事件；不发生八级及以上人身事件；不发生电气误操作事故；不发生火灾事故 | 月度 | 因人员责任发生七级及以上电网事件、设备事件和信息系统事件；八级及以上人身事件；电气误操作事故；火灾事故的，发生一次得 0 分 | 否决项：发生一次取消评选资格 |
| 3. 不发生行风突发事件；不发生因供电所人员服务不到位引起的新闻媒体曝光及造成重大社会负面影响的事件。不发生负主要责任的农村群众触电伤亡事故；不发生同等及以上责任交通事故 | 月度 | 因人员行为引起行风突发事件；因人员服务不到位引起的新闻媒体曝光及造成重大社会负面影响的事件。因人员责任负主要责任的农村群众触电伤亡事故；发生同等及以上责任交通事故的，发生一次得 0 分 | 否决项：发生一次取消评选资格 |
| 4. 不发生人员违法违纪事件 | 月度 | 0 次 | 否决项：发生一次取消评选资格 |
| 5. 95598 故障报修到达现场及时率 | 月度 | 100% | 查询 PMS 系统或营销 SG186 业务应用系统 |
| 6. 低压业扩报装服务规范率 | 年度 | 100% | 查询营销 SG186 业务应用系统以及业扩报装投诉工单 |
| 7. 日均采集成功率 | 年度 | 99% | 查询用电信息采集系统 |
| 8. 费控执行成功率 | 年度 | 99% | 查询用电信息采集系统 |

## 9.2　考评办法

### 9.2.1　工作单积分考评细则（权重）

1. 考评细则

| 序号 | 项目 | 积分标准 | 工单数量 | 工单总积分 | 工单考评得分 | 备注 |
|---|---|---|---|---|---|---|
| 1 | 移动作业终端线路巡视工单完成情况 | 每天 30 分 | | | | |
| 2 | 移动作业终端隐患消缺工单完成情况 | 每天 50 分 | | | | |
| 3 | 移动作业终端故障抢修工单完成情况 | 每天 30 分 | | | | |
| 4 | 客户服务（故障）报修工单完成情况 | 每户 20 分 | | | | |

续表

| 序号 | 项目 | 积分标准 | 工单数量 | 工单总积分 | 工单考评得分 | 备注 |
|---|---|---|---|---|---|---|
| 5 | 用电检查工单完成情况 | 每天 30 分 | | | | |
| 6 | 营配对应率核查完成情况 | 每户 30 分 | | | | |
| 7 | 低压居民安装及增容工单完成情况 | 每户 20 分 | | | | |
| 8 | 低压非居民安装及增容工单完成情况 | 每户 20 分 | | | | |
| 9 | 临时用电表计装拆工单完成情况 | 每户 20 分 | | | | |
| 10 | 表计故障更换工单完成情况 | 每户 20 分 | | | | |
| 11 | 营销稽查系统工单完成情况 | 每天 30 分 | | | | |
| 12 | PMS 系统低电压、重过载、三相不平衡台区治理情况 | 每天 30 分 | | | | |
| 13 | 周转柜运行、维护以及表资产库存核查完成情况 | 每天 30 分 | | | | |
| 14 | 计量挖掘平台中压线损监控 | 每天 20 分 | | | | |
| 15 | 供电服务指挥平台、移动作业终端工单处理情况 | 每天 20 分 | | | | |
| 16 | 采集终端在线率监测 | 每天 30 分 | | | | |
| 17 | 用电信息采集系统线损异常台区治理情况 | 每天 20 分 | | | | |
| 18 | 用电信息采集系统费控工单执行情况监控 | 每天 20 分 | | | | |
| 19 | 用电信息采集系统用户抄通、覆盖完成情况 | 每天 20 分 | | | | |
| 20 | 采集闭环管控系统工单处理情况 | 每天 20 分 | | | | |
| 合计 | | | | | | |

**注** 1. 工单积分评价采取标准分 1000 分总控，将千分制工单积分折算为百分制工单积分。

2. 工单积分=工单 1 分值×积分系数+工单 2 分值×积分系数+…；工单绩效得分=工单总积分×0.1（折算为百分制，权重系数）。

## 2. 工作积分系数

| 序号 | 系数项 | 标准 | | 备注 |
|---|---|---|---|---|
| 1 | 工作角色系数 | 负责人： | 1.2 | 各单位根据班组情况自行确定工作角色系数、工作难度系数、工作时间系数、工作成效系数 |
| | | 主要操作人： | 1.0 | |
| | | 辅助操作人： | 0.7 | |
| 2 | 工作难度系数 | 危险地区： | 1.5 | |
| | | 山区： | 1.3 | |
| | | 丘陵地区： | 1.2 | |
| | | 工作地点，＜10km： | 1.05 | |

续表

| 序号 | 系数项 | 标准 | 备注 |
|---|---|---|---|
| 2 | 工作难度系数 | 工作地点，＞10km:　1.1 | |
| | | 恶劣天气:　1.2 | |
| | | 正常天气:　1.0 | |
| | | 登杆作业:　1.2 | |
| 3 | 工作时间系数 | 正常工作日:　1.0 | |
| | | 周六、日:　1.1 | |
| | | 法定节假日:　1.2 | 各单位根据班组情况自行确定工作角色系数、工作难度系数、工作时间系数、工作成效系数 |
| | | 晚 24:00 前:　1.1 | |
| | | 晚 24:00 后:　1.2 | |
| | | 4 小时之内完成的工作　0.5 | |
| 4 | 工作成效系数 | 优秀或非常满意:　1.1 | |
| | | 合格或满意:　1.0 | |
| | | 不合格或不满意:　0 | |

### 9.2.2　目标任务考评细则（权重）

1. 关键指标考评部分（权重 0.3）

| 序号 | 考核指标与要求 | 指标值 | 评分标准 | 标准分 | 考核得分 |
|---|---|---|---|---|---|
| 1 | 不发生违反“十个不准”的事件 | 0 | 完成得 10 分，未完成不得分 | 10 | |
| 2 | 台区同期线损合格率 | 100% | 同期线损合格率每降低 0.1 个百分点扣 1 分 | 10 | |
| 3 | 用电信息采集覆盖率 | 100% | 用电信息采集覆盖率每降低 0.1 个百分点扣 2 分 | 15 | |
| 4 | 补抄及时率、正确率 | 100% | 台区补抄及时率、正确率每降低 0.1 个百分点扣 2 分 | 10 | |
| 5 | 费控执行成功率 | 100% | 每降低 0.1%扣 0.6 分 | 15 | |
| 6 | 费控小时级复电成功率 | 0 | 每降低 0.1%扣 0.5 分 | 10 | |
| 7 | 电价执行正确率 | 100% | 每发现一户电价执行错误扣 1 分 | 10 | |
| 8 | 对本供电所信息系统应用进行指导 | 0 | 完成得 20 分，未完成每人次扣 1 分 | 20 | |
| 合计 | | | | 100 | |

2. 重点工作任务考评部分（权重 0.7）

| 序号 | 项目 | | 考核内容及要求 | 评分标准 | 标准分 | 考核得分 |
|---|---|---|---|---|---|---|
| （一） | 基础工作过硬 | 1.1 | 劳动纪律：不发生违反《公司员工考勤管理办法》的违规行为。严格服从工作安排 | 上班时未签到一次扣 1 分，上班迟到早退一次扣 1 分，上班时间做与工作无关事情一次扣 1 分；未按规定办理请休假手续的一次扣 2 分 | 6 | |
| | | 1.2 | 所有不需要办理工作票、抢修单的作业，均应使用派工单。并严格执行派工单制度 | 无派工单私自工作扣 4 分；未及时执行派工单扣 2 分；派工单遗失扣 1 分；无客户评价扣 2 分；客户差评扣 2 分 | 10 | |

续表

| 序号 | 项目 | | 考核内容及要求 | 评分标准 | 标准分 | 考核得分 |
|---|---|---|---|---|---|---|
| （一） | 基础工作过硬 | 1.3 | 定期参加供电所组织的召开月（季）度、周工作例会 | 未按时参加所务会议的，一次扣2分 | 8 | |
| | | 1.4 | 国家电网公司已推广至供电所的信息系统，严格按照要求熟练应用 | 不能熟练应用信息系统（PMS、营销SG186、用电信息采集系统）的，每人扣4分 | 12 | |
| | | 1.5 | 完成供电所下达的各项指标，并制定个人提升措施并落实 | 未按提升措施计划开展工作的，一项扣1分、提升效果不明显扣2分 | 4 | |
| | | 1.6 | 服从所长、班长工作安排；多人作业时，按照网格化供电服务小组，协同完成供电所安排的各项工作任务 | 不服从安排者一次扣0.5分，员工之间发生不协调、不团结现象一次扣1分 | 4 | |
| | | 1.7 | 落实绩效考核制度，与供电所签订绩效合约，完成绩效合约中得考核指标与要求 | 未签订绩效合约的，扣2分；绩效合约中所列考核指标与要求有一项未完成的，扣1分 | 3 | |
| | | 1.8 | 按划分的卫生责任区，每日清扫并保持环境卫生整洁 | 每发现一处责任区卫生不达标的，扣责任人0.5分 | 2 | |
| | | 1.9 | 执行国网公司资料精简有关要求，按职责分工维护、存放保管各类基础资料 | 未按职责分工及时填写或更新资料台账的，每处扣责任人1分，填写不规范，每处扣责任人2分 | 10 | |
| | | 1.10 | 积极参加供电所或上级组织的各类培训 | 未按时参加供电所或上级组织的各类培训的，一次扣1分 | 5 | |
| | | 1.11 | 完成上级交办的其他工作 | 未按时完成上级交办的其他工作的，扣0.5分 | 3 | |
| （二） | 安全管理精准 | 2.1 | 按年度签订岗位安全责任书；制定个人安全目标控制措施 | 未按年度签订岗位安全责任书的，扣0.5分，个人安全目标控制措施落实不到位的，每项扣1分 | 2 | |
| | | 2.2 | 每周按时参加安全活动。安全活动未参加的，要及时补学安全活动内容 | 未按时参加安全活动且未补学的，一次扣1分 | 4 | |
| | | 2.3 | 结合设备运维、监测、试验或检修、施工、安全性评价或安全标准化查评、安全检查、专项隐患排查、在线监测和状态评估等工作排查安全隐患。发现隐患应立即采取控制措施并及时上报 | 未按安全性评价和隐患排查治理工作要求，多方式开展安全隐患排查工作，不得分。职责范围内安全隐患未立即采取控制措施或及时上报的，每条扣0.2分；安全隐患未按计划及时整改，每条扣0.2分 | 5 | |
| | | 2.4 | 深化PMS系统应用，提升配电运检精益化管理水平，做好公用配电台区重过载治理工作 | 未通过PMS系统及时发现重过载台区的，每台扣1分；发现重过载台区未及时上报的，每次扣1分 | 8 | |
| | | 2.5 | 积极开展配电变压器三相负荷在线监测和现场测试，及时调整不平衡台区并形成相关记录 | 未按月开展配电变压器负荷检测的，一次扣1分；发现三相负荷不平衡未及时分析原因的，扣2分；长期处于不平衡状态或有规律的不平衡台区未及时调整的，每次扣3分 | 3 | |
| | | 2.6 | 利用信息系统开展“低电压”实时或负荷高峰时段监测工作 | 未及时发现低电压用户的，扣1分；高峰时段台区用户存在电压不合格未及时整改的，扣1分；对季节性“低电压”未采取措施扣1分 | 3 | |
| （三） | 系统监控精益 | 3.1 | 分岗位专人负责数据筛查分析，及时、准确、完整进行数据维护 | 每发生一次误派工作任务扣1分，专业分析报告不认真每次扣1分，数据维护不及时每处扣1分 | 2 | |
| | | 3.2 | 专人负责用电信息采集系统运行监控，及时派单进行电采异常信息处理 | 未指定专人监控扣1分，电采异常信息未及时发现或处理每次扣0.5分 | 2 | |
| | | 3.3 | 对营销MIS、MDS等现场数据进行及时、准确、完整采集 | 未及时、准确、完整采集数据，每设备单元扣1分 | 2 | |

续表

| 序号 | 项目 | | 考核内容及要求 | 评分标准 | 标准分 | 考核得分 |
|---|---|---|---|---|---|---|
| （三） | 系统监控精益 | 3.4 | 开展电能替代、服务分布式电源、推广“互联网+”电子服务渠道应用等新型业务 | 日常巡视、维护、检修工作未使用手机 App 运检业务，扣 0.5 分；不熟悉分布式电源、电能替代、电动汽车充电设施建设与服务相关政策中一项，扣 1 分；未使用“掌上电力”“电 e 宝”等 App 开展营销服务的，扣 2 分 | 2 | |
| 合计 | | | | | 100 | |

注　本表中“及时”是指当天发现，不晚于第二天处理。

## 9.3　附加项（通用）

| 类别 | 总分 | 单项分值 | 加分项目 | 考评办法 |
|---|---|---|---|---|
| 加分项 | 5 | 1 | 先进集体加分 | 国家级先进每人加 1 分；省部级或公司级先进每人加 0.5 分；地市级或省公司级先进每人加 0.2 分；最多加分不超过 1 分 |
| | | 1 | 先进个人加分 | 国家级先进每个加 1 分；省部级或公司级先进每个加 0.5 分；地市级或省公司级先进每个加 0.2 分；最多加分不超过 1 分 |
| | | 2 | 形成星级供电所建设典型经验并得到推广应用 | 由国网公司认定并推广应用的，主要撰稿人加 1 分，其余加 0.5 分；由省公司认定并推广应用的，主要撰稿人加 0.5 分，其余加 0.3 分；由市公司认定并推广应用的，主要撰稿人加 0.2 分，其余加 0.1 分；最多加分不超过 2 分 |
| | | 1 | 在安全生产、效率效益提升和创新管理方面业绩突出（如市场开拓、节能降损、电能替代，农村新兴业务供电保障服务、基于地域特征的农村安全用电管理，城乡供电服务均等化等），得到公司总部和省公司、地市公司文件认可；取得国家发明专利或国家级、省级奖励的科技项目等 | 国家级文件和专利每个加 1 分；省部级或公司级文件和专利每个加 0.5 分；地市级或省公司级文件和专利每个加 0.2 分；最多加分不超过 1 分 |
| 减分项 | | | 上单位检查发现的问题及时整改落实 | 发现一次不整改扣 1 分，同时扣本单位季度抽查 0.5 分；<br>发现二次不整改扣 2 分，同时扣本单位季度抽查 1 分 |

# 第 2 篇

## 供电所员工星级评价应用样张

# 第10章　供电所员工星级评价应用样张目录索引

| 序号 | 资料名称 | 存放方式和地点 | 负责人 | 章节编号 |
|---|---|---|---|---|
| 1 | 安全生产、营销服务分析 | 电子存档，存放综合班 | 安全质量员、运检技术员、客户服务员 | 11.1 |
| | | | | 12.2 |
| | | | | 13.1 |
| 2 | 安全工器具台账 | 手工填写，存放安全工器具室 | 安全质量员 | 11.2 |
| 3 | 安全工器具试验和出入库记录 | 手工填写，存放安全工器具室 | 安全质量员 | 11.3 |
| 4 | 供电所岗位安全责任制 | 电子存档，存放安全质量员办公室 | 安全质量员 | 11.4 |
| 5 | 供电所所长安全生产责任书 | 手工填写，存放所长办公室 | 安全质量员 | 11.5 |
| 6 | 安全质量员生产责任书 | 手工填写，存放所长办公室 | 安全质量员 | 11.6 |
| 7 | 运检技术员生产责任书 | 手工填写，存放所长办公室 | 安全质量员 | 11.7 |
| 8 | 客户服务员安全生产责任书 | 手工填写，存放所长办公室 | 安全质量员 | 11.8 |
| 9 | 台区经理安全生产责任书 | 手工填写，存放所长办公室 | 安全质量员 | 11.9 |
| 10 | 综合柜员安全生产责任书 | 手工填写，存放所长办公室 | 安全质量员 | 11.10 |
| 11 | 安全活动记录 | 手工填写，存放安全质量员办公室；活动内容、影像资料上传安监管理一体化平台 | 安全质量员 | 11.11 |
| 12 | ××供电公司“两措”计划 | 电子存档，存放安全质量员办公室 | 安全质量员、运检技术员 | 11.12 |
| | | | | 12.6 |
| 13 | 供电所“两措”计划完成情况表 | 手工填写，存放安全质量员办公室 | 安全质量员、运检技术员 | 11.13 |
| | | | | 12.7 |
| 14 | 供电所应急装备清单 | 电子存档，存放安全质量员办公室 | 安全质量员 | 11.14 |
| 15 | 供电所现场处置方案 | 电子存档，存放安全质量员办公室 | 安全质量员 | 11.15 |
| 16 | 重要时期保电预案 | 电子存档，存放安全质量员办公室 | 安全质量员 | 11.16 |
| 17 | 400V现场标准化作业指导卡 | 手工填写，存放安全质量员办公室 | 安全质量员 | 11.17 |
| 18 | 班前班后会记录 | 手工填写，存放安全质量员办公室 | 安全质量员 | 11.18 |
| 19 | 工作票、操作票统计分析和考核记录 | 手工填写，存放安全质量员办公室 | 安全质量员 | 11.19 |
| 20 | 安全性评价自查总结 | 电子存档，存放安全质量员办公室 | 安全质量员 | 11.20 |
| 21 | 安全性评价评表 | 电子存档，存放安全质量员办公室 | 安全质量员 | 11.21 |
| 22 | 电力设施保护活动记录 | 手工填写，存放安全质量员办公室 | 安全质量员 | 11.22 |
| 23 | 应急演练 | 纸质存档，影像资料记录，存放运检技术员办公室 | 安全质量员 | 11.23 |
| 24 | 乡镇供电所图数治理星级创建活动计划表 | 电子存档，存放各班组办公室 | 运检技术员 | 12.1 |
| 25 | 施工工器具台账 | 手工填写，存放施工工器具室 | 安全质量员、运检技术员 | 12.3 |

续表

| 序号 | 资料名称 | 存放方式和地点 | 负责人 | 章节编号 |
|---|---|---|---|---|
| 26 | 施工工器具试验和出入库记录 | 手工填写，存放施工工器具室 | 安全质量员、运检技术员 | 12.4 |
| 27 | 备品备件台账、出入库记录 | 手工填写，存放备品备件室 | 运检技术员 | 12.5 |
| 28 | 线路、设备巡视记录 | 手工填写，存放班组办公室 | 运检技术员、台区经理 | 12.8<br>14.1 |
| 29 | 设备检修停电计划 | 电子存档，存放在运检技术员 | 运检技术员 | 12.9 |
| 30 | 线路、设备检修停电记录 | 电子存档，存放在运检技术员 | 运检技术员 | 12.10 |
| 31 | 电压测试月分析记录 | 手工填写，存放班组办公室 | 运检技术员、台区经理 | 12.11<br>14.5 |
| 32 | 台区剩余电流动作保护器台账 | 电子存档，存放班组办公室 | 运检技术员、台区经理 | 12.12<br>14.6 |
| 33 | 台区剩余电流动作保护器装置测试、运行记录 | 纸质存档，存放班组办公室 | 运检技术员、台区经理 | 12.13<br>14.7 |
| 34 | 月度降损计划 | 电子存档，存放运检技术员办公室 | 运检技术员 | 12.14 |
| 35 | 台区线损管理资料 | 电子存档，存放运检技术员办公室班组班办公室 | 运检技术员 | 12.15 |
| 36 | 配电线路交跨台账 | 电子存档，存放班组办公室 | 运检技术员、台区经理 | 12.16<br>14.10 |
| 37 | 三相负荷不平衡测试及调整记录 | 手工填写，存放班组办公室 | 运检技术员、台区经理 | 12.17<br>14.11 |
| 38 | 接地电阻测量记录 | 电子存档，存放在运检技术员 | 运检技术员 | 12.18 |
| 39 | 红外线测温记录 | 电子存档，存放在运检技术员 | 运检技术员 | 12.19 |
| 40 | 低压接线图 | 电子存档，存放值班室 | 运检技术员 | 12.20 |
| 41 | 低压配电线路设备台账 | 电子存档，存放值班室 | 运检技术员 | 12.21 |
| 42 | 自备电源（分布式电源）客户统计台账 | 电子存档，存放在运检技术员 | 运检技术员、客户服务员 | 12.22<br>13.6 |
| 43 | 供电所属地化巡视计划 | 手工填写，存放安全质量员办公室 | 运检技术员 | 12.23 |
| 44 | 计量装置排查治理记录 | 手工填写，存放班组办公室 | 客户服务员、台区经理 | 13.2<br>14.9 |
| 45 | 封印领用记录 | 手工填写，存放班组班办公室 | 客户服务员 | 13.3 |
| 46 | 低压线损考核实施方案 | 电子存档，存放在客户服务员 | 客户服务员 | 13.4 |
| 47 | 供电所营业普查工作资料台账 | 手工填写，存放班组办公室 | 客户服务员、台区经理 | 13.5 |
| 48 | 缺陷登记与处理汇总表 | 手工填写，存放班组办公室；设备缺陷需保留影像资料，并上传 PMS 系统 | 台区经理 | 14.2 |
| 49 | 电力设施保护区内违章整改通知单 | 手工填写，存放档案室一户一档 | 台区经理 | 14.3 |
| 50 | 电力设施保护属地化管理目标责任书 | 手工填写，存放班组办公室 | 台区经理 | 14.4 |
| 51 | 家用剩余电流动作保护器知识告知书 | 纸质存档，存放档案室，于合同一起存放 | 台区经理 | 14.8 |

续表

| 序号 | 资料名称 | 存放方式和地点 | 负责人 | 章节编号 |
|---|---|---|---|---|
| 52 | 台区经理网格图 | 上墙图版，存放班组办公室 | 台区经理 | 14.12 |
| 53 | 营业厅客户意见簿 | 纸质存档，存放营业厅 | 综合柜员 | 15.1 |
| 54 | 营业厅晨、晚例会管理制度 | 纸质存档，存放营业厅 | 综合柜员 | 15.2 |
| 55 | 供电所人员花名册 | 电子存档，存放综合班 | 综合事务员 | 16.1 |
| 56 | 供电所党支部生活记录本 | 手工填写，存放党员活动室 | 综合事务员 | 16.2 |
| 57 | 所务、会议记录 | 手工填写，存放综合班 | 综合事务员 | 16.3 |
| 58 | 所容所貌自检表 | 手工填写，存放综合班 | 综合事务员 | 16.4 |
| 59 | 工作计划及总结 | 电子存档，存放综合班 | 综合事务员 | 16.5 |
| 60 | 供电所所长绩效合约 | 手工填写，存放综合班办公室 | 综合事务员 | 16.6 |
| 61 | 供电所安全质量员绩效合约 | 手工填写，存放综合班办公室 | 综合事务员 | 16.7 |
| 62 | 供电所客户服务员绩效合约 | 手工填写，存放综合班办公室 | 综合事务员 | 16.8 |
| 63 | 供电所运检技术员绩效合约 | 手工填写，存放综合班办公室 | 综合事务员 | 16.9 |
| 64 | 供电所综合柜员绩效合约 | 手工填写，存放综合班办公室 | 综合事务员 | 16.10 |
| 65 | 供电所台区经理绩效合约 | 手工填写，存放综合班办公室 | 综合事务员 | 16.11 |
| 66 | 供电所综合事务员绩效合约 | 手工填写，存放综合班办公室 | 综合事务员 | 16.12 |
| 67 | 供电所月度绩效考核积分统计表 | 手工填写，存放综合班办公室 | 综合事务员 | 16.13 |
| 68 | 供电所班组培训计划 | 手工填写，存放综合班办公室 | 综合事务员 | 16.14 |
| 69 | 职工培训档案 | 纸质存档，存放综合班办公室 | 综合事务员 | 16.15 |
| 70 | 供电所班组培训记录 | 手工填写，存放综合班办公室 | 综合事务员 | 16.16 |
| 71 | 派工单统计分析 | 电子存档，存放综合班办公室 | 综合事务员 | 16.17 |
| 72 | 台区经理制台账 | 电子存档，存放综合班办公室 | 综合事务员 | 16.18 |
| 73 | 安规考试及技能鉴定证书 | 手工填写，纸质存档，存放所长办公室 | 综合事务员 | 16.19 |
| 74 | 值班记录 | 电子存档，存放值班室 | 综合事务员 | 16.2 |
| 75 | 机房、信息通信设施巡视记录 | 纸质存档，存放在信息系统管理员 | 信息系统管理员 | 17.1 |
| 76 | 供电所信息系统实名制统计表 | 电子存档，存放在信息系统管理员 | 信息系统管理员 | 17.2 |
| 77 | 供电所电脑实名制统计表 | 电子存档，存放在信息系统管理员 | 信息系统管理员 | 17.3 |
| 78 | 供电所违规外联事件上报表 | 电子存档，存放在信息系统管理员 | 信息系统管理员 | 17.4 |
| 79 | 信息系统监控记录 | 电子存档，存放在系统监控员处 | 系统监控员 | 18.1 |

# 第 11 章　供电所安全质量员星级应用样张

## 11.1 （资料编号 1）安全生产、营销服务分析

### 安全生产、营销服务分析

1. 填写说明

本记录为“国家电网公司信息化条件下乡镇供电所资料精简格式样张”要求的必备资料，样张供参考。

2. 填写内容

检查和分析当月指标完成情况，结合实际，按需填写。

3. 填写方式

本记录以电子文档方式记录并保存，存放在综合班。

4. 填写要求

（1）本记录由安全质量员、运检技术员、客户服务员填写，经所长审核确认；

（2）本记录更新周期　月；

（3）此文本为电子文本，存放在综合班办公室。

### ××供电所
### ××年××月安全生产、营销服务分析

1. 主要经济指标完成情况分析

| 序号 | 目标名称 | 年计划考核指标 | 季度计划考核指标 | 本月完成 | 本季完成 | 累计完成 |
|---|---|---|---|---|---|---|
| 1 | 供电量（万 kWh） | | | | | |
| 2 | 售电量（万 kWh） | | | | | |
| 3 | 400V 综合线损率（%） | | | | | |
| 4 | 电费回收率（%） | | | | | |
| 5 | 售电均价（元/MWh） | | | | | |
| 分析记录 | | 1. | | | | |
| | | 2. | | | | |

## 2. 供电所安全生产分析

| 序号 | 目标名称 | 季度计划 | 本月完成 | 分析记录 |
| --- | --- | --- | --- | --- |
| 1 | 配电台区设施巡视执行率（%） | | | |
| 2 | 配电台区设施消缺执行率（%） | | | |
| 3 | 检修计划完成情况（%） | | | |
| 4 | 低压工作票合格率（%） | | | |
| 5 | 剩余电流动作保护器完好率（%） | | | |

## 3. 供电服务分析

| 序号 | 目标名称 | 本月发生（完成） | 累计发生（完成） | 分析记录 |
| --- | --- | --- | --- | --- |
| 1 | 客户投诉受理情况（户） | | | |
| 2 | 低压客户业扩服务时间达标率（%） | | | |
| 3 | 故障报修到达现场及时率（%） | | | |
| 4 | D 类电压合格率（%） | | | |

## 4. 专业指标分析

（1）400V 各公用变压器台区线损率完成情况。

| 序号 | 台区名称 | 台区容量 | 合计供电量 | 合计售电量 | 损失电量 | 线损率 | 线损指标 | 线损责任人 |
| --- | --- | --- | --- | --- | --- | --- | --- | --- |
| 1 | | | | | | | | |
| 2 | | | | | | | | |
| 3 | | | | | | | | |
| 4 | | | | | | | | |
| 5 | | | | | | | | |
| 6 | | | | | | | | |
| 7 | | | | | | | | |
| 8 | | | | | | | | |
| 9 | | | | | | | | |
| 10 | | | | | | | | |
| 11 | | | | | | | | |
| 12 | | | | | | | | |
| 13 | | | | | | | | |
| 14 | | | | | | | | |
| 15 | | | | | | | | |
| 16 | | | | | | | | |
| 17 | | | | | | | | |
| … | | | | | | | | |
| 合计 | | | | | | | | |

（2）400V业扩报装完成情况：

1）本月新增用户×户；

2）批量新装用户×户；

3）改类用户×户；

4）更名用户×户；

5）销户用户×户。

本月未发生超期，超短工单。

5. 计量装置采集情况

| 整体日采集成功率统计 | | | | | | | | | | | | | | |
|---|---|---|---|---|---|---|---|---|---|---|---|---|---|---|
| | | 考核用户 | | | | 低压用户 | | | | 整体 | | | | |
| 序号 | 单位 | 应采集数 | 日采集成功数 | 日采集成功率 | 月均采集成功率 | 应采集数 | 日采集成功数 | 日采集成功率 | 月均采集成功率 | 应采集数 | 日采集成功数 | 日采集成功率 | 日采集成功率（调节后） | 月均采集成功率 |
| 1 | | | | | | | | | | | | | | |

6. 计量装置巡视情况

……

7. 供电所用电检查情况

……

8. 供电所营业普查情况

……

9. 供电所优质服务情况

……

10. 本月存在的问题及下一步采取的工作措施

……

## 11.2 （资料编号2）安全工器具台账

# 安全工器具台账

1. 填写说明

本台账为“国家电网公司信息化条件下乡镇供电所资料精简格式样张”要求的必备资料，由“安全工器具台账”及“安全工器具检查记录”组成，需严格按配电设施建设、管理要求，记录安全工器具校验、检测、出入库情况。

2. 填写内容

根据供电所安全工器具保存、检验、检查实际情况进行填写。

3. 填写方式

安全工器具台账、安全工器具检查记录均以手工填写的方式记录并保存，存放在安全工器具室。

4. 填写要求

（1）本台账对工器具名称、电压等级或规格型号、编号、存放场所、上次检验日期、检验周期、下次检验日期、保管人和日常检查情况进行记录；

（2）更新时间：安全工器具台账在工器具更新、检验后记录。

## 安全工器具台账

| 名称 | 电压等级或规格型号 | 编号 | 存放场所 | 检验日期 | 检验周期 | 下次检验日期 | 保管人 |
|---|---|---|---|---|---|---|---|
| | | | | | | | |
| | | | | | | | |
| | | | | | | | |
| | | | | | | | |
| | | | | | | | |
| | | | | | | | |
| | | | | | | | |
| | | | | | | | |

## 安全工器具检查记录

| 名称 | 电压等级或规格型号 | 编号 | 存放场所 | 检查日期 | 检查情况 | 检查人 |
|---|---|---|---|---|---|---|
| | | | | | | |
| | | | | | | |
| | | | | | | |
| | | | | | | |
| | | | | | | |
| | | | | | | |
| | | | | | | |
| | | | | | | |

## 11.3 （资料编号 3）安全工器具试验和出入库记录

# 安全工器具试验和出入库记录

### 1. 填写说明

本记录为“国网公司信息化条件下乡镇供电所资料精简格式样张”要求的必备资料，由“安全工器具试验报告”“安全工器具出入库记录”组成。

### 2. 填写内容

（1）安全工器具试验，该项由试验单位提供，供电所存档；

（2）安全工器具出入库记录，根据实际情况进行填写。

### 3. 填写方式

本记录手工填写方式记录并保存，存放在安全工器具室。

### 4. 填写要求

本记录更新周期：日常。

# 国网××供电公司××供电所安全工器具出入库记录

部门：××供电所　　　　　　　　项目用途：

| 序号 | 工具名称 | 规格 | 领用数 | 编号 | 单位 | 退回数 | 备注 | 序号 | 工具名称 | 规格 | 领用数 | 编号 | 单位 | 退回数 | 备注 |
|---|---|---|---|---|---|---|---|---|---|---|---|---|---|---|---|
| | | | | | | | | | | | | | | | |
| | | | | | | | | | | | | | | | |
| | | | | | | | | | | | | | | | |
| | | | | | | | | | | | | | | | |
| | | | | | | | | | | | | | | | |
| | | | | | | | | | | | | | | | |
| | | | | | | | | | | | | | | | |
| | | | | | | | | | | | | | | | |
| | | | | | | | | | | | | | | | |
| | | | | | | | | | | | | | | | |
| | | | | | | | | | | | | | | | |
| | | | | | | | | 领用人： | | 保管员： | | | 日期： | | |
| | | | | | | | | 退回人： | | 保管员： | | | 日期： | | |

## 11.4 （资料编号 4）供电所岗位安全责任制

# 供电所岗位安全责任制

### 1. 填写说明

本记录为“国网公司信息化条件下乡镇供电所资料精简格式样张”要求的必备资料，由各个岗位的安全责任制组成。

2. 填写方式

按照实际岗位职责对应手工填写，以纸质文档的方式，存放在综合班办公室。

3. 填写要求

本记录更新周期：年。

# ××供电公司
# 供电所岗位安全责任制

一、供电所所长安全生产职责

1. 所长是本所的安全第一责任人，对本所人员在生产作业过程中的安全和健康负责；对所辖设备的安全运行负责。

2. 负责制定并组织实施控制异常和未遂的安全目标，应用安全性评价、危险点分析和预控等方法，及时发现问题和异常，采取合理安全措施。

3. 组织实行标准化作业，对生产现场安全措施的合理性、可靠性、完整性负责。

4. 贯彻执行安全规程规定和标准，及时对现场规程提出修改建议，及时制止违章违纪行为；组织学习事故通报，吸取教训，采取措施，防止同类事故重复发生。

5. 主持召开好班前、班后会和每周一次的所安全日活动，并督促做好安全活动记录。

6. 监督工作负责人做好每项工作任务（倒闸操作、检修、施工、试验等）事先的技术交底和安全措施交底工作，并做好记录。

7. 对全体工作人员进行经常性的安全思想教育；协助做好岗位安全技术培训、新入职员工、变换工种人员的安全教育培训；积极组织人员参加急救培训，做到人人能进行现场急救。

8. 组织开展和参加定期安全检查、“安全生产月”和专项安全检查活动，落实上级下达的各项反事故技术措施。

9. 经常检查本所工作场所（每天不少于一次）的工作环境、安全设施、设备工器具的安全状况，对发现的隐患做到及时登记上报和处理，对本所人员正确使用劳动防护用品进行监督检查。

10. 支持安全员履行自己的职责，对本所发生的事故、障碍、异常、未遂、违章，及时登记上报，并组织分析原因，总结教训，落实改进措施。

11. 依法做好电力设施的保护工作，负责做好交通、防火、防盗等安全工作。

二、供电所副所长安全生产职责

1. 辅助所长制定并组织实施控制异常和未遂的安全目标，应用安全性评价、危险点分析和预控等方法，及时发现问题和异常，采取合理安全措施。

2. 组织实行标准化作业，对生产现场安全措施的合理性、可靠性、完整性负责。

3. 贯彻执行安全规程规定和标准，及时对现场规程提出修改建议，及时制止违章违纪行为；组织学习事故通报，吸取教训，采取措施，防止同类事故重复发生。

4. 辅助所长组织每周一次的所安全日活动，并督促做好安全活动记录。

5. 监督工作负责人做好每项工作任务（倒闸操作、检修、施工、试验等）事先的技术交底和安全措施交底工作，并做好记录。

6. 对全体工作人员进行经常性的安全思想教育；协助做好岗位安全技术培训、新入职员工、变换工种人员的安全教育培训；积极组织人员参加急救培训，做到人人能进行现场急救。

7. 组织开展和参加定期安全检查、“安全生产月”和专项安全检查活动，落实上级下达的各项反事故技术措施。

8. 经常检查本所工作场所（每天不少于一次）的工作环境、安全设施、设备工器具的安全状况，对发现的隐患做到及时登记上报和处理，对本所人员正确使用劳动防护用品进行监督检查。

9. 支持安全员履行自己的职责，对本所发生的事故、障碍、异常、未遂、违章等及时登记上报，并组织分析原因，总结教训，落实改进措施。

10. 依法做好电力设施的保护工作，负责做好交通、防火、防盗等安全工作。

**三、供电所安全质量员安全生产职责**

1. 协助所长组织学习规章制度和上级有关安全文件，并带头遵守；督导本所人员严格执行安全生产规程规定和规章制度，及时纠正违章和不安全行为。

2. 协助所长搞好安全生产，应用安全性评价、危险点分析和预控等方法，及时发现问题和异常，采取合理安全措施；组织好安全日或安全活动。

3. 开展经常性的安全检查活动，检查“二票三制”等规章制度的执行情况，检查安全工器具的完好及设备的完好情况，针对存在的问题，制定整改措施，并协助所长组织落实。

4. 协助所长对发生的事故或不安全事件等，按“四不放过”的原则认真对待，查明原因，分清责任，提出整改措施。

5. 做好本所的安全资料整理工作，为所安全管理提供真实可靠的安全生产资料。

6. 负责本所安全工器具的使用和管理，建立安全工器具管理办法及台账，保证工器具的正确使用、保管和定期检验。

7. 督促本所职工正确使用安全用具和劳动保护用品。

8. 依法做好电力设施的保护工作，负责做好交通、防火、防盗等安全工作。

9. 完成所长安排的各项临时性工作。

## 四、供电所运检技术员安全生产职责

1. 负责所安全生产技术方面的工作。

2. 对生产现场安全措施的合理性、可靠性、完整性等进行审查，检查安全技术措施及规章制度的贯彻执行情况，及时制止违章违纪行为，协助所长做好各项安全技术管理工作。

3. 组织执行危险点分析和预控、标准化作业，切实落实各项现场安全措施。

4. 负责编制设备大修等项目分项检修（施工）项目的安全措施和技术交底工作。

5. 根据设备、技术、工艺的不同要求，及时提出现场规程、图纸资料或设备系统、检修（施工）工艺、运行规程的补充或修改意见。

6. 参加定期的运行分析、事故预想及反事故演习。

7. 做好所安全技术资料、台账、图纸的管理工作。

8. 参加各类安全检查，组织安全技术培训、规程制度的学习与考试工作。

## 五、供电所客户服务员安全生产职责

1. 认真贯彻执行国家有关安全生产的方针、政策、法律法规和电力行业有关安全生产的规程、标准和制度。

2. 严格执行安全生产规章制度。

3. 健全安全生产管理的各种资料、台账、记录。

4. 严格界定设备的产权分界点，依据产权归属明确各方的安全责任。

5. 宣传《中华人民共和国电力法》《电力供应与使用条件》《电力设施保护条例》等法律法规和电力行业的规章制度，做好安全用电知识的普及工作。

6. 根据《用电检查管理办法》的规定，定期或不定期地对供电区域内的客户安全用电进行检查。对检查中发现的问题以书面形式通知客户，并督促限期整改。

7. 完成所长安排的各项临时性工作。

## 六、供电所内勤班（组）安全生产职责

1. 认真贯彻执行国家有关安全生产的方针、政策、法律法规和电力行业有关安全生产的规程、标准和制度。

2. 严格执行安全生产规章制度。

3. 健全安全生产管理的各种资料、台账、记录。

4. 按照安全管理办法和上级精神做好安全工作，加强人员的安全管理，参加安全活动，供电所安全例会。

5. 负责做好交通、防火、防盗等安全工作。

## 七、供电所外勤班（组）安全生产职责

1. 认真贯彻执行国家有关安全生产的方针、政策、法律法规和电力行业有关安全生产的规程、标准和制度。

2. 严格执行安全生产规章制度。

3. 健全安全生产管理的各种资料、台账、记录。

4. 按照安全管理办法和上级精神做好安全工作，加强人员和设备的安全管理，定期开展安全活动，参加供电所安全例会，做好防汛及农忙季节的安全供电工作。

5. 依法做好电力设施的保护工作，负责做好交通、防火、防盗等安全工作。

6. 按规定做好一级剩余电流动作保护器的运行管理工作，负责开展季节性安全检查及各种临时用电的安全工作。

7. 负责辖区内低压设备的安全运行管理、检修和维护工作。

8. 负责本供电所辖区内各种抢修服务工作，严格落实服务承诺。

9. 负责辖区内的用电宣传，搞好优质服务工作。

10. 按照供电所值班制度要求，做好值班工作。

### 11.5 （资料编号 5）供电所所长安全生产责任书

## 供电所所长安全生产责任书

**1. 填写说明**

本记录为“国网公司信息化条件下乡镇供电所资料精简格式样张”要求的必备资料，由各个岗位的安全责任制组成。

**2. 填写方式**

按照实际岗位职责对应手工填写，以纸质文档的方式，存放在综合班办公室。

**3. 填写要求**

本记录更新周期：年。

## ××供电公司
## ××年供电所所长安全生产责任书

为了贯彻落实《中华人民共和国安全生产法》《国家电网公司安全工作规程》及上级有关安全生产的指示精神，进一步明确各单位的安全责任，全面强化安全管理职能，提高各单位的安全管理水平和整体素质，以更好地适应电力体制改革新形势的需要。按照安全工作逐级负责的原则，经公司安委会研究决定，对供电所签订××年安全生产责任书如下：

**一、主要安全工作目标**

1. 不发生电力生产重伤及以上人身事故；

2. 不发生电力生产以外的其他重伤及以上人身事故；

3. 不发生七级及以上电网、设备、信息安全事件；

4. 不发生误操作、误整定、误接线等有人员责任的安全事件；

5. 不发生一般及以上火灾事故；

6. 不发生公司负同等责任及以上的重大交通事故；

7. 不发生对公司和社会造成较大影响的安全事件；

8. 不发生安全事件相关信息的迟报、漏报、瞒报事件。

**二、实现安全生产目标的措施**

1. 全年实现无本单位责任引起的一类障碍和因违章引起的生产人身轻伤事故；

2. 贯彻落实上级和本单位下发的安全文件、通报、简报和各种安全会议精神，认真执行安全生产的各种规程、制度，有措施有落实；

3. 制定本单位年度安全生产工作目标、计划和措施，负责与班组成员全员签订安全目标责任书；

4.“三率”情况完好，其差错率为零；

5. 低压工作票开票率、合格率达 100%；

6. 加强配电设备管理，搞好设备及线路巡视（含过境线路）检查和设备定级工作，农村触电死亡事故率≤0.4 次/（千千米·年），“两措”计划完成率 100%；

7. 每年参与部室组织的一次反事故演习，搞好事故分析，做到“四不放过”；每月按时进行 4 次安全活动，并做好记录；

8. 按规定开展反习惯性违章纠察活动，负责建立本单位个人违章档案，全年不发生“三违”现象和责任事故；

9. 加强用户供用电安全管理，认真做好用电监察工作，对分管配电设备安全负全面责任，不发生由于检查不到位造成的 10kV 及以上电网越级跳闸停电事故；

10. 组织开展季节性安全自查工作，对查出的设备缺陷及不安全因素，要限期整改，确保系统安全稳定运行；

11. 每季度对本班组进行一次安全知识和安全技术的培训、考试，每年开展不少于一次的“心肺复苏法”触电急救培训工作；

12. 对所管车辆要半年抽检一次，发现隐患和重大缺陷要停止行驶，限期处理，负责所管车辆发生的生产和非生产性大、小事故及时上报部室；

13. 按规定做好建设一流安全管理工作；

14. 对本单位的安全工器具按规定保管和使用；

15. 严禁在线路下建房、植树、取土、堆放柴草等，保证线路安全距离符合要求，确保线路安全运行。与线下违章建房用户签订协议，杜绝新的线下违章植树、违章建房。

**三、奖惩**

安全生产责任奖惩参照省公司、市公司规定和本单位的《安全生产工作奖惩规定》等制度执行。

**四、附则**

本责任书经双方签字后生效。

执行期：××年 1 月 1 日至××年 12 月 31 日止。

本责任书在执行期内，若责任单位安全第一责任人变更，本责任书仍然维持有效。

本责任书一式两份，部室保存一份，责任班组保存一份。

主管领导 （签字） 责任人 （签字）

签订日期： 年 月 日

## 11.6 （资料编号 6）安全质量员安全生产责任书

# 安全质量员安全生产责任书

**1. 填写说明**

本记录为“国网公司信息化条件下乡镇供电所资料精简格式样张”要求的必备资料，由各个岗位的安全责任制组成。

**2. 填写方式**

按照实际岗位职责对应手工填写，以纸质文档的方式，存放在综合班办公室。

**3. 填写要求**

本记录更新周期：年。

# ××供电公司
# ××年供电所安全质量员安全生产责任书

为了全面落实××年安全生产目标，进一步明确责任人在“保人身、保电网、保设备”方面的安全责任，让员工真正落实各自的工作任务，切实负起岗位职责，增强工作责任心，扎扎实实做好安全基础工作，以促进安全生产责任制的进一步落实和安全生产机制的进一步完善以及圆满地完成安全目标。供电所（甲方）与安全质量员（乙方）签订安全生产责任书如下：

**一、安全生产目标**

1. 不发生电力生产重伤及以上人身事故；

2. 不发生电力生产以外的其他重伤及以上人身事故；

3. 不发生七级及以上电网、设备、信息安全事件；

4. 不发生误操作、误整定、误接线等有人员责任的安全事件；

5. 不发生一般及以上火灾事故；

6. 不发生公司负同等责任及以上的重大交通事故；

7. 不发生对公司和社会造成较大影响的安全事件；

8. 不发生安全事件相关信息的迟报、漏报、瞒报事件。

**二、实现安全生产目标的措施**

1. 坚持“安全第一、预防为主”的方针，认真贯彻国家有关安全生产的方针、政策、法律、法规和上级主管部门颁发的规章制度；

2. 编制低压电力设施巡视、消缺工作计划和工作目标。监督本所各岗位安全责任制的落实，监督各项安全生产规章制度、安全措施、反事故措施的落实，确保安全目标顺利完成；

3. 组织开展本所的安全教育培训，主动学习安全工作规程制度，掌握本岗位所需的安全业务技能知识；

4. 严格执行“两票”管理制度，协助所长定期或不定期地召开安全工作例会，分析安全形势，研究安全工作，制定并落实安全管理办法，认真开展安全考核；

5. 抓好安全工作，按照“四不放过”的原则，参与事故调查，并做好事故的调查、统计和上报工作；

6. 组织开展每周的安全活动，要严格执行会议精神或者积极提出合理性建议；参加事故预想及反事故演习；

7. 做好劳动保护和安全工器具的管理工作；

8. 组织开展供电所辖区安全用电宣传，及时规范客户不安全用电行为；

9. 严格执行《中华人民共和国道路交通安全法》，杜绝违章驾驶行为，例如：超速、酒后驾车、疲劳驾车、无证驾车等行为；

10. 严格执行公司车辆管理制度，落实摩托车限速措施，监督同事的违章行为，并接受同事及公司的监督，认真做好车辆日常保养、维护工作；

11. 严格执行公司消防管理制度及部门的消防管理办法，贯彻落实消防管理措施。

**三、奖惩**

按照××供电公司《安全生产奖惩规定》《供电所业绩动态考核实施细则》以及有关条款进行考核。

**四、附则**

1. 本责任书经双方签字后生效，执行期限为××年1月1日至××年12月31日。

2. 本责任书在签字人任期内有效。签字人离任后，由继任人补签。

3. 本责任书一式两份，签字人双方各执一份。

所长：　　　　　　　　　　责任人：

签订日期：　　　　　年　月　日

### 11.7 （资料编号 7）运检技术员安全生产责任书

## 运检技术员安全生产责任书

**1. 填写说明**

本记录为“国网公司信息化条件下乡镇供电所资料精简格式样张”要求的必备资料，由各个岗位的安全责任制组成。

**2. 填写方式**

按照实际岗位职责对应手工填写，以纸质文档的方式，存放在综合班办公室。

**3. 填写要求**

本记录更新周期：年。

## ××供电公司
## ××年供电所运检技术员安全生产责任书

为了全面落实××年安全生产目标，进一步明确责任人在“保人身、保电网、保设备”方面的安全责任，让员工真正落实各自的工作任务，切实负起岗位职责，增强工作责任心，扎扎实实做好安全基础工作，以促进安全生产责任制的进一步落实和安全生产机制的进一步完善以及圆满地完成安全目标。供电所（甲方）与运检技术员（乙方）签订安全生产责任书如下：

**一、安全生产目标**

1. 不发生电力生产重伤及以上人身事故；
2. 不发生电力生产以外的其他重伤及以上人身事故；
3. 不发生七级及以上电网、设备、信息安全事件；
4. 不发生误操作、误整定、误接线等有人员责任的安全事件；
5. 不发生一般及以上火灾事故；
6. 不发生公司负同等责任及以上的重大交通事故；
7. 不发生对公司和社会造成较大影响的安全事件；

8. 不发生安全事件相关信息的迟报、漏报、瞒报事件。

二、实现安全生产目标的措施

1. 认真贯彻国家有关安全生产的方针、政策、法律、法规和电力行业有关生产的技术规程、标准制度，建立生产技术管理责任制；

2. 认真开展管理片区线路、设备运行维护，及时发现存在的计量装置缺陷和隐患，对客户侧用电安全定期不定期进行检查，发现危急人身、电网安全的客户侧安全隐患及时向相关产权人填发《隐患整改通知书》；

3. 认真开展剩余电流动作保护器测试工作，确保安装投运率 100%，并做好农村安全用电宣传工作，确保不发生农村触电伤亡事故；

4. 接受公司、部门、所内组织的安全教育培训，主动学习安全工作规程制度，掌握本岗位所需的安全业务技能知识；

5. 认真执行《电气操作导则》《电气工作票技术规范》等规程制度及有关规定，杜绝无票工作或无票操作行为，杜绝违章行为；

6. 参加每周的安全活动，要严格执行会议精神或者积极提出合理性建议；参加定期的安全运行分析、事故预想及反事故演习；

7. 工作前认真对所使用的安全工器具进行检查，杜绝发生使用不合格安全工器具的行为；

8. 组织开展供电所辖区安全用电宣传，及时规范客户不安全用电行为；

9. 严格执行《中华人民共和国道路交通安全法》，杜绝违章驾驶行为，例如：超速、酒后驾车、疲劳驾车、无证驾车等行为；

10. 严格执行公司车辆管理制度，落实摩托车限速措施，监督同事的违章行为，并接受同事及公司的监督，认真做好车辆日常保养、维护工作；

11. 严格执行公司消防管理制度及部门的消防管理办法，贯彻落实消防管理措施。

三、奖惩

按照××供电公司《安全生产奖惩规定》《供电所业绩动态考核实施细则》以及有关条款进行考核。

四、附则

1. 本责任书经双方签字后生效，执行期限为××年 1 月 1 日至××年 12 月 31 日。

2. 本责任书在签字人任期内有效。签字人离任后，由继任人补签。

3. 本责任书一式两份，签字人双方各执一份。

所长：　　　　　　　　责任人：

签订日期：　　　　年　月　日

## 11.8 （资料编号 8）客户服务员安全生产责任书

# 客户服务员安全生产责任书

1. 填写说明

本记录为“国网公司信息化条件下乡镇供电所资料精简格式样张”要求的必备资料，由各个岗位的安全责任制组成。

2. 填写方式

按照实际岗位职责对应手工填写，以纸质文档的方式，存放在综合班办公室。

3. 填写要求

本记录更新周期：年。

# ××供电公司
# ××年供电所客户服务员安全生产责任书

为了全面落实××年安全生产目标，进一步明确责任人在“保人身、保电网、保设备”方面的安全责任，让员工真正落实各自的工作任务，切实负起岗位职责，增强工作责任心，扎扎实实做好安全基础工作，以促进安全生产责任制的进一步落实和安全生产机制的进一步完善以及圆满地完成安全目标。供电所（甲方）与客户服务员（乙方）签订安全生产责任书如下：

一、安全生产目标

1. 不发生电力生产重伤及以上人身事故；

2. 不发生电力生产以外的其他重伤及以上人身事故；

3. 不发生七级及以上电网、设备、信息安全事件；

4. 不发生误操作、误整定、误接线等有人员责任的安全事件；

5. 不发生一般及以上火灾事故；

6. 不发生公司负同等责任及以上的重大交通事故；

7. 不发生对公司和社会造成较大影响的安全事件；

8. 不发生安全事件相关信息的迟报、漏报、瞒报事件。

二、实现安全生产目标的措施

1. 认真执行公司及供电所有关标准、制度和文件要求，严格执行电力行业一切规章制度，将安全工作摆到一切工作的前面，尽全力确保目标的实现；

2. 全面落实电力营销管理制度，制定用电检查和营业普查工作计划，督促专业班按计划开展安全工作；

3. 接受公司、部门、所内组织的安全教育培训，主动学习安全工作规程制度，掌握本岗位所需的安全业务技能知识；

4. 认真按照电能计量装置管理规定，指导所辖范围内的低压电能计量装置的巡视检查，维护工作；

5. 参加每周的安全活动，要严格执行会议精神或者积极提出合理性建议；参加定期的安全运行分析、事故预想及反事故演习；

6. 严格执行《中华人民共和国道路交通安全法》，杜绝违章驾驶行为，例如：超速、酒后驾车、疲劳驾车、无证驾车等行为；

7. 严格执行公司消防管理制度及部门的消防管理办法，贯彻落实消防管理措施。

**三、奖惩**

按照××供电公司《安全生产奖惩规定》《供电所业绩动态考核实施细则》以及有关条款进行考核。

**四、附则**

1. 本责任书经双方签字后生效，执行期限为××年1月1日至××年12月31日。

2. 本责任书在签字人任期内有效签字人离任后，由继任人补签。

3. 本责任书一式两份，签字人双方各执一份。

所长：　　　　　　　　　　责任人：

签订日期：　　　　　年　月　日

### 11.9 （资料编号9）台区经理安全生产责任书

## 台区经理安全生产责任书

**1. 填写说明**

本记录为“国网公司信息化条件下乡镇供电所资料精简格式样张”要求的必备资料，由各个岗位的安全责任制组成。

**2. 填写方式**

按照实际岗位职责对应手工填写，以纸质文档的方式，存放在综合班办公室。

**3. 填写要求**

本记录更新周期：年。

# ××供电公司
# ××年供电所台区经理安全生产责任书

为了全面落实××年安全生产目标，进一步明确责任人在“保人身、保电网、保设备”方面的安全责任，让员工真正落实各自的工作任务，切实负起岗位职责，增强工作责任心，扎扎实实做好安全基础工作，以促进安全生产责任制的进一步落实和安全生产机制的进一步完善以及圆满地完成安全目标。供电所（甲方）与台区经理（乙方）签订安全生产责任书如下：

一、安全生产目标

1. 不发生人身轻伤事故；

2. 不发生各类习惯性违章现象；

3. 不发生一般考核事故；

4. 不发生负同等以上责任农村触电伤亡事故；

5. 不发生因巡视不到位引起的线路、设备障碍；

6. 不发生一般误操作事故和误碰事故；

7. 不发生本人负有责任的生产性交通事故；

8. 不发生本人负有责任的办公场所以及生产场所火警事故；

9. 不发生本人负有责任的电气设备火警事故。

二、实现安全生产目标的措施

1. 认真执行公司及供电所有关标准、制度和文件要求，严格执行电力行业一切规章制度，将安全工作摆到一切工作的前面，尽全力确保目标的实现；

2. 认真开展管理片区线路、设备运行维护，及时发现存在的计量装置缺陷和隐患，对客户侧用电安全定期不定期进行检查，发现危急人身、电网安全的客户侧安全隐患及时向相关产权人填发《隐患整改通知书》；

3. 认真开展剩余电流动作保护器测试工作，确保安装投运率 100%，并做好农村安全用电宣传工作，确保不发生农村触电伤亡事故；

4. 接受公司、部门、所内组织的安全教育培训，主动学习安全工作规程制度，确保本岗位所需的安全业务技能知识；

5. 认真执行《电气操作导则》《电气工作票技术规范》等规程制度及有关规定，杜绝无票工作或无票操作行为，杜绝违章行为；

6. 参加每周的安全活动，要严格执行会议精神或者积极提出合理性建议；参加定期的安全运行分析、事故预想及反事故演习；

7. 工作前认真对所使用的安全工器具进行检查，杜绝发生使用不合格安全工器具的行为；

8. 组织开展供电所辖区安全用电宣传，及时规范客户不安全用电行为；

9. 严格执行《中华人民共和国道路交通安全法》，杜绝违章驾驶行为，例如：超速、酒后驾车、疲劳驾车、无证驾车等行为；

10. 严格执行公司车辆管理制度，落实摩托车限速措施，监督同事的违章行为，并接受同事及公司的监督，认真做好车辆日常保养、维护工作；

11. 严格执行公司消防管理制度及部门的消防管理办法，贯彻落实消防管理措施。

三、奖惩

按照××供电公司《安全生产奖惩规定》《供电所业绩动态考核实施细则》以及《国网××供电公司安全风险抵押金考核管理办法》的有关条款进行考核。

四、附则

1. 本责任书经双方签字后生效，执行期限为××年1月1日至××年12月31日。

2. 本责任书在签字人任期内有效。签字人离任后，由继任人补签。

3. 本责任书一式两份，签字人双方各执一份。

所长：　　　　　　　　　　责任人：

签订日期：　　　　　年　月　日

## 11.10 （资料编号10）综合柜员安全生产责任书

# 综合柜员安全生产责任书

**1. 填写说明**

本记录为“国网公司信息化条件下乡镇供电所资料精简格式样张”要求的必备资料，由各个岗位的安全责任制组成。

**2. 填写方式**

按照实际岗位职责对应手工填写，以纸质文档的方式，存放在综合班办公室。

**3. 填写要求**

本记录更新周期：年。

# ××供电公司<br>××年供电所综合柜员安全生产责任书

为了全面落实××年安全生产目标，进一步明确责任人在“保人身、保电网、保设备”方面的安全责任，让员工真正落实各自的工作任务，切实负起岗位职责，增强工作责任心，扎扎实实做好安全基础工作，以促进安全生产责任制的进一步落实和安全生产机制的进一步完善以及圆满地完成安全目标。供电所（甲方）与综合柜员（乙方）签订安全生产责任书如下：

**一、安全生产目标**

1. 不发生人身轻伤事故；

2. 不发生各类习惯性违章现象；

3. 不发生一般考核事故；

4. 不发生负同等以上责任农村触电伤亡事故；

5. 不发生因巡视不到位引起的计量装置障碍；

6. 不发生一般误操作事故和误碰事故；

7. 不发生本人负有责任的生产性交通事故；

8. 不发生本人负有责任的办公场所以及生产场所火警事故；

9. 不发生本人负有责任的电气设备火警事故。

**二、实现安全生产目标的措施**

1. 认真执行公司及供电所有关标准、制度和文件要求，严格执行电力行业一切规章制度，将安全工作摆到一切工作的前面，尽全力确保目标的实现；

2. 认真开展管理片区计量装置运行维护，及时发现存在的计量装置缺陷和隐患，及时整改；

3. 接受公司、部门、所内组织的安全教育培训，主动学习安全工作规程制度，确保本岗位所需的安全业务技能知识；

4. 认真执行《电气操作导则》《电气工作票技术规范》等规程制度及有关规定，杜绝无票工作或无票操作行为，杜绝违章行为；

5. 参加每周的安全活动，要严格执行会议精神或者积极提出合理性建议；参加定期的安全运行分析、事故预想及反事故演习；

6. 工作前认真对所使用的安全工器具进行检查，杜绝发生使用不合格安全工器具的行为；

7. 严格执行《中华人民共和国道路交通安全法》，杜绝违章驾驶行为，例如：超速、酒后驾车、疲劳驾车、无证驾车等行为；

8. 严格执行公司车辆管理制度，落实摩托车限速措施，监督同事的违章行为，并接受同事及公司的监督，认真做好车辆日常保养、维护工作；

9. 严格执行公司消防管理制度及部门的消防管理办法，贯彻落实消防管理措施。

**三、奖惩**

按照××供电公司《安全生产奖惩规定》《供电所业绩动态考核实施细则》以及《国网××

供电公司安全风险抵押金考核管理办法》的有关条款进行考核。

**四、附则**

1. 本责任书经双方签字后生效，执行期限为××年1月1日至××年12月31日。
2. 本责任书在签字人任期内有效。签字人离任后，由继任人补签。
3. 本责任书一式两份，签字人双方各执一份。

所长：　　　　　　　　责任人：

签订日期：　　　　年　月　日

## 11.11 （资料编号11）安全活动记录

# 安全活动记录

**1. 填写说明**

本记录依据《国家电网公司安全工作规程》编制。

本记录为“国网公司信息化条件下乡镇供电所资料精简格式样张”要求的必备资料。

**2. 填写内容**

主要记录供电所安全活动开展情况，包括安全活动内容、本周安全生产情况回顾（本周安全生产情况、安全检查情况、隐患整改情况、不安全因素等）、下周安全工作要点（预控措施、重点检查项目、建议等）、个人发言记录、上级评价。其中安全活动内容包括安全生产标准、制度、贯彻上级文件、会议精神，事故通报，异常、违章分析及本供电所实际应吸取的教训和应采取的防范措施，安全专项活动。

**3. 填写方式**

本记录可以以纸质文本方式记录也可以使用录音、录像等方式记录，但其中参加人员以及上级评价等内容必须手工填写、纸质记录，存放在安全质量员办公室。

**4. 填写要求**

本记录要求供电所每周记录1次，由供电所负责填写。

活动内容、录音录像等资料要及时上传安监管理一体化平台。

本记录执行情况纳入供电所各项先进评比与考核，并由公司供电所安全管理职能部门负责管理。

# 安全活动记录（样张）

单　位：________________

供电所：________________

国网××公司

××××年

# 安全活动记录

| 日期 | 年 月 日 | 应参加人数 人 | 实到 人 |
|---|---|---|---|
| 主持人： | | 记录人： | |

一、参加活动人员（可附页）：

| | | | | | |
|---|---|---|---|---|---|
| | | | | | |
| | | | | | |
| | | | | | |
| | | | | | |
| | | | | | |
| | | | | | |

二、其他部门或上级参加人员：

| | | | | | |
|---|---|---|---|---|---|
| | | | | | |

三、缺席活动人员：

四、缺席人员补阅

| 姓名 | 补阅时间<br>（ 年 月 日） | 姓名 | 补阅时间<br>（ 年 月 日） | 姓名 | 补阅时间<br>（ 年 月 日） |
|---|---|---|---|---|---|
| | | | | | |
| | | | | | |
| | | | | | |

五、安全活动内容

□学习安全生产标准/制度、贯彻上级文件、会议精神

□学习事故通报

□异常、违章分析及供电所实际应吸取的教训和应采取的防范措施

□安全专项活动

□其他

| |
|---|
| 六、本周安全生产情况回顾（本周安全生产情况、安全检查情况、隐患整改情况、不安全因素等） |
| 七、下周安全工作要点（预控措施、重点检查项目、建议等） |
| 八、个人发言记录 |
| 九、上级评价<br><br>上级领导或安全员签名： |

## 11.12 （资料编号 12）x x 供电公司“两措”计划

# “两措”计划管理办法

1. 填写说明

本记录为“国网公司信息化条件下乡镇供电所资料精简格式样张”要求的必备资料，样张供参考。可根据单位实际工作进行滚动更改。

2. 填写要求

本记录由电子存档，并保存在安全质量员办公室。

# 国网× ×供电公司<br>“两措”计划管理办法

一、反事故措施和安全技术劳动保护措施计划的目的

（1）“反事故措施”（简称“反措”）是有计划、有重点地组织反事故的重要方法，是提高设备可靠性的重大技术改进措施，是消除威胁生产的设备重大隐患的方法。

（2）“反措”的目的是为了在有限的人力、物力和财力的条件下，优先保证那些对消除重大不安全因素，有突出作用、明显效果的反事故组织措施和技术措施得以实现。

（3）“安全技术劳动保护措施”（简称“安措”）是保证人身生产安全的重要方法，是消除职业病和人身安全的重要措施。

（4）“安措”的目的主要是有计划地改善劳动条件，改造、更新各种安全工器具消除生产中危及人身安全的因素，防止职业病和人身安全的重要措施。

二、“两措”的依据

1.“反措”

（1）上级颁发的反事故技术措施和事故通报；

（2）有关提高设备可靠性的重大技术改进措施；

（3）事故报告中提出但尚未落实的重要对策；

（4）消除威胁生产安全的设备重大隐患和缺陷的计划；

（5）上级有关安全生产的指示、要求等；

（6）防汛、抗震、防台风等应急预案所需项目，可作为制定和修订“反措”计划的依据。

2.“安措”

（1）防止人身伤亡事故的对策；

（2）防尘、防毒、防触电等治理措施；

（3）改善劳动条件，防止职业病和防人身触电的措施。

三、“两措计划”的编制

（1）年度反事故措施计划应有分管生产领导组织，运维检修部为主，各有关部门参加编制反事故措施计划，要把反事故措施计划纳入技改计划。

（2）编制年度大修、更新改造和教育培训计划时，对“反措”计划是结合本企业情况，落实“反措”和防止事故对策的反事故重点工作，因此计划的每个项目都应有执行人、完成期限、所需器材、资金、人工等内容。

（3）安全技术劳动保护措施计划由分管安全工作领导组织，安全质量监察部为主，各有关部门参加，应根据项目安全施工措施编制年度安全措施计划。

（4）“安措”计划项目的确定需经公司工会同意后实施。

（5）公司应优先安排“两措”计划所需资金，“安措”计划所需资金每年从更新改造费用或其他生产费用中提取。

四、“两措”管理

（1）安全监察质量部要对“两措”计划进行经常监督，主管领导或总工程师定期组织“两措”计划全面检查分析，各单位负责人应每月检查“两措”计划的实施情况，并保证“两措”计划的落实。

（2）安全监察质量部每半年对“两措”进行一次检查，对存在的问题应及时向主管领导汇报。并记入“两措”记录。

（3）公司安委会年底对“两措”计划进行全面的检查并写出总结。

（4）对于没有完成“两措”计划的单位要结合工作实际，说明情况及时上报，因单位原因没有按时完成“两措”计划的要进行通报批评。

### 11.13 （资料编号 13）供电所“两措”计划完成情况表

## 安全技术劳动保护措施计划完成情况、反事故技术措施计划完成情况填写说明

1. 填写要求

（1）本台账由供电所安全质量员填写，供电所负责人审核，公司领导、安质部及相关部门负责检查考核；

（2）措施完成情况每月检查一次，每半年进行一次汇总，应存放在安全质量员办公室；

（3）供电所严格按照县供电企业年初下达的安、反措计划相关文件落实完成本所的工作内容；

（4）本记录为“国网公司信息化条件下乡镇供电所资料精简格式样张”要求的必备资料。

2. 填写方式

手工记录。

**3. 填写周期**

月。

**4. 存放地点**

安全质量员办公室。

## 安全技术劳动保护措施计划完成情况

| 序号 | 措施内容 | 计划完成时间 | 负责人 | 实际完成时间 | 检查人 |
|---|---|---|---|---|---|
| 1 | | | | | |
| 2 | | | | | |
| 3 | | | | | |
| 4 | | | | | |
| 5 | | | | | |
| 6 | | | | | |
| 7 | | | | | |
| 8 | | | | | |
| 9 | | | | | |
| 10 | | | | | |
| 11 | | | | | |
| 12 | | | | | |
| 13 | | | | | |
| 上半年计划______项，实际完成______项，完成率______% | | | | | |
| 全年计划______项，实际完成______项，完成率______% | | | | | |

# 反事故技术措施计划完成情况

| 序号 | 措施内容 | 计划完成时间 | 负责人 | 实际完成时间 | 检查人 |
|---|---|---|---|---|---|
| 1 | | | | | |
| 2 | | | | | |
| 3 | | | | | |
| 4 | | | | | |
| 5 | | | | | |
| 6 | | | | | |
| 7 | | | | | |
| 8 | | | | | |
| 9 | | | | | |
| 10 | | | | | |
| 11 | | | | | |
| 12 | | | | | |
| 13 | | | | | |
| 14 | | | | | |
| 15 | | | | | |
| 16 | | | | | |
| 上半年计划______项，实际完成______项，完成率______% | | | | | |
| 全年计划______项，实际完成______项，完成率______% | | | | | |

## 11.14 （资料编号 14）供电所应急装备清单

# 供电所应急装备清单

**1. 填写说明**

本记录为“国网公司信息化条件下乡镇供电所资料精简格式样张”要求的必备资料。样张供参考。

**2. 填写内容**

根据所内实际应急装备数量进行填写。

生产日期格式为：××××年××月，例：2018 年 03 月。

**3. 填写要求**

电子存档，并存放在安全质量员办公室。

## ××供电所应急装备清单

| 序号 | 设备名称 | 型号 | 产地 | 数量 | 生产日期 | 备注 |
|---|---|---|---|---|---|---|
| 1 | | | | | | |
| 2 | | | | | | |
| 3 | | | | | | |
| 4 | | | | | | |
| 5 | | | | | | |
| 6 | | | | | | |
| 7 | | | | | | |
| 8 | | | | | | |
| 9 | | | | | | |
| 10 | | | | | | |
| 11 | | | | | | |
| 12 | | | | | | |
| 13 | | | | | | |
| 14 | | | | | | |
| 15 | | | | | | |
| 16 | | | | | | |

## 11.15 （资料编号 15）供电所现场处置方案

# 供电所现场处置方案

**1. 填写说明**

本方案为供电所的必备资料，样张供参考。可根据单位实际工作进行滚动更改。

**2. 填写要求**

本记录由电子存档，并保存在安全质量员办公室。

# 国网××供电公司
# ××供电所现场处置方案

编制部门：

颁布日期：

修订日期：

# ××供电公司
# ××供电所现场处置方案

## 1. 危险分析

**1.1** 突发事件类型

……

**1.2** 突发事件危险分析

……

## 2. 应急组织与职责

**2.1** 应急组织

供电所成立应急小组，应急小组由组长、副组长和成员构成（如图 1 所示），应急小组人员联系方式见附件 1。

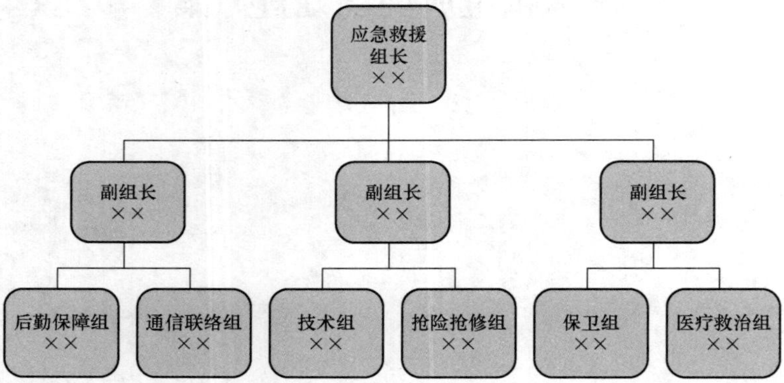


图 1 供电所应急小组

**附件 1** 应急小组人员联系方式

| 序号 | 姓名 | 职位 | 联系电话 | 备注 |
|---|---|---|---|---|
| 1 | | | | |
| 2 | | | | |
| 3 | | | | |
| 4 | | | | |
| 5 | | | | |
| 6 | | | | |
| 7 | | | | |
| 8 | | | | |
| 9 | | | | |
| 10 | | | | |

续表

| 序号 | 姓名 | 职位 | 联系电话 | 备注 |
|---|---|---|---|---|
| 11 | | | | |
| 12 | | | | |
| 13 | | | | |
| 14 | | | | |
| 15 | | | | |
| 16 | | | | |
| … | | | | |

**2.2**　应急小组职责

（1）在日常工作中，负责供电所突发事件现场处置方案的编制和修订工作，负责组织开展供电所应急培训和应急演练工作，负责组织落实突发事件预警响应工作。

（2）在突发事件发生后，负责报告突发事件初始信息，对管辖范围内的突发事件进行初步处置。

（3）在××供电公司启动应急响应后，接受责任公司应急指挥机构的协调和调度，迅速有序地开展现场应急处置，并负责报告突发事件现场应急信息。

**3. 应急处置**

**3.1**　应急处置流程

（1）在供电所应急小组接到突发事件发生信息后，由供电所应急小组组长或副组长安排应急人员赶赴事发现场，参照本方案对突发事件进行初步分析和处置。

（2）在突发事件发生20分钟内，由应急小组组长或副组长负责向××供电公司应急办公室报告。

（3）突发事件经××供电公司应急办公室分析和确认，认为未达到公司应急响应标准的，供电所应急小组按照正常工作流程处置突发事件，直至突发事件被有效控制。

（4）突发事件经公司应急办公室分析和确认，认为达到应急响应标准的，由供电所应急小组组长或副组长宣布启动本方案，供电所应急成员按要求就位。

（5）在××供电公司应急指挥机构的统一指挥下，供电所应急小组组长或副组长安排供电所人员负责联络、信息报送和后勤保障工作，安排供电所应急小组负责现场抢险处置工作，争取尽快控制事态。

（6）突发事件被有效控制后，由供电所外勤班对事故现场进行清理和恢复。

（7）经××供电公司应急指挥机构批准，由供电所应急小组组长或副组长宣布应急结束，停止本方案。

（8）本方案应急处置流程图见图1，责任公司相关部门及社会应急资源联系方式见附件1。

**3.2** 人身事故应急处置

（1）对于在人身事故中受困的人员，安排人员、协调器材进行快速解救，使其脱离危险环境。

（2）对于在人身事故中受伤的人员，应进行必要的现场急救，可拨打 120 请求现场急救支援。

（3）对于在人身事故中受伤的人员，应安排车辆或利用 120 急救车辆快速送往医院进行医疗救治，并安排人员赶赴医院进行陪护和办理相关手续。

（4）在人身事故处置中，应在责任公司应急指挥机构的统一安排下，开展伤亡人员家庭通知和安抚工作。

（5）在人身事故处置中，应组织人员封锁事故现场，防止无关人员进入，避免造成新的伤亡或影响应急处置工作。

**3.3** 供电设备事故应急处置

（1）接到供电设备事故报告后，应迅速了解和分析事故情况。

（2）根据供电设备事故情况，安排人员赶往事故现场，实施现场清理，做好事故抢修准备工作。

（3）根据供电设备事故现场情况，准备事故抢修所需材料，安排人员将所需材料运往事故现场。

（4）组织人员赶赴现场，实施故障设备更换、修复、抢险工作。

（5）故障设备更换、修复、抢险工作完成后，安排恢复送电。

（6）供电恢复后，对现场进行清理，组织人员撤离。

**3.4** 火灾事故应急处置

（1）发生火灾后，要及时使用灭火器材、设备进行扑救。

（2）安排人员控制火灾现场，及时疏散和解救火灾危险人员，移出、保护贵重物品。

（3）拨打消防报警电话“119”请求支援，并派人指引消防车迅速赶到事故现场。

**3.5** 注意事项

（1）在现场应急处置过程中，应以救人为首要应急任务，并注意保障应急人员的安全；

（2）在现场应急处置过程中，应注意避免发生次生、衍生事故，保障人身、电网和设备的安全；

（3）在现场应急处置过程中，应服从责任公司应急指挥机构的统一指挥和调度，并及时、如实地向其汇报应急处置情况；

（4）在现场应急处置过程中，要保持通信畅通；

（5）在现场应急处置过程中，后期保障工作应做到快捷、可靠、充分保障事故抢修工作的顺利开展；

（6）在现场应急处置过程中，应注意保护事故现场，为后期事故调查提供条件。

### 11.16 （资料编号16）重要时期保电预案

# 重要时期保电预案

1. 填写说明

本记录为供电所的必备资料，样张供参考。可根据单位实际工作进行修改。

2. 填写要求

本记录由电子存档，并保存在安全质量员办公室。

## ××供电所××年度春节保电方案

为全面做好××年春节电网保电工作，应对和处置因电煤紧张、电力生产事故、局部电网供应受限及自然灾害等突发情况，保证电网安全稳定运行和居民生活、农业生产、医院、学校等公共事业单位、重点用户、重要场所可靠供电，进一步提升公司系统应急能力，结合实际运行情况，特编制××供电所××年春节保电方案：

一、成立春节保电领导小组

组长：

成员：

负责做好春节期间保电工作，协调处理春节期间电网运行过程中出现的各类异常及突发事件；负责做好与政府、媒体、上级电网的沟通工作；负责审查春节保电预案及发布春节保电工作启动和终止，确保电网安全稳定运行和电力可靠有序供应。

二、保电制度

1. 在保电期间，发现事故隐患，供电所值班人员要立即处理，并将情况报告保电领导小组，以便采取措施，防止事故扩大。

2. 如发生停电事故，保电成员要在组长统一指挥下，按照事故预案要求迅速分工，快速查找故障点，尽快恢复线路和设备的正常运行。

3. 供电所在查找故障过程中，视无电线路为带电线路，严格执行安规和相关规章制度。

……

三、保电措施

1. ××月××日前，供电所要对全所线路和设备进行一次特殊巡视检查，发现隐患认真记录，分类整理，并迅速报告保电领导小组。并对部分农混变压器进行一次负荷测试，发现严重超负荷运行的变压器，迅速报告保电领导小组。

2. ××月××日前，供电所要对所内备品备件，进行一次检查，及时补充备品备件，并对隐患所需材料、设备进行汇总，及时填写材料表报送公司进行审批，保证充足供应。

3. 春节期间供电所必须24小时值班，严格执行值班制度，值班人员要坚守岗位，严禁脱岗，交接班内容应详细清楚，电话内容要记录详细，一旦发生故障，立即通知保电领导小组进行抢修，尽快恢复供电。

4. 春节期间供电所各台区经理要加强负荷监测工作，特别是三十、初一的晚上，发现异常立即上报，并采取措施。

……

××供电所

××年××月××日

# ××供电所××年“五一”劳动节保供电方案

忙忙碌碌的“五一”劳动节又要来到了，为了做好“五一”劳动节期间的安全供用电工作，保证人民群众安全、愉快地渡过“五一”。结合本地的用电管理情况，为加强“五一”劳动节安全供用电工作，确保可靠供电，现制定××供电所××年“五一”劳动节保供电方案。

一、成立“五一”劳动节保供电方案领导小组，加强“五一”劳动节期间安全供用电工作的领导。

组长：

成员：

二、统一思想，提高认识，确保“五一”劳动节安全、可靠供用电。

“五一”劳动节期间，全体人员要统一思想，提高认识，从讲政治、顾大局、促效益、保稳定的态度，重视和加强安全供用电工作，切实把“五一”劳动节期间安全管理和安全保卫工作摆在日常生活中，认真落实各级安全责任制，坚持“安全第一，预防为主，常备不懈，全力抢险”的方针，按照“以块为主，条条保证”和“团结协作，局部利益服从全局利益”的原则，严格要求，严格管理，健全各级安全供用电指挥体系,发挥三级安全网络的职能作用，做到预先控制和防范相结合，保证思想、组织、措施三落实，提高对灾害天气和意外事故的应变能力，确保“五一”期间生产用电和群众生活用电的可靠性。

三、认真开展“五一”劳动节前安全自查工作，落实各项防范措施。

在贯彻“谁主管，谁负责”原则的基础上，做好以下几个方面的工作。

1. 加强安全用电教育工作，“五一”劳动节前组织一次安全培训，以增强全体人员思想防范意识，深入开展以防线路及设备故障停电，防火，防盗，防破坏，防爆炸，防交通事故和遵纪守法为主要内容的安全教育活动，层层制定保供电措施，应急措施等，杜绝各类事故的发生。

2.“五一”劳动节前，结合工作实际，突出重点，对所辖的线路进行清障、对发现的隐患及缺陷及时消除或整改，责任落实到人，措施落实到位，对落实不力或造成后果的，要严肃追究责任。

3.“五一”劳动节期间，执行24小时值班制度，并要求责任落实到人。

4. 认真履行供电十项服务承诺，以客户满意为目的，大力开展优质服务工作，同时准备好备品备件，接到报修后，要及时解决或处理，有异常情况时、处理不了的要按有关规定及时向上级汇报。

5.“五一”劳动节期间严禁随意停电，若遇紧急情况必须停电时，要及时通知有关部门，做好宣传解释工作，讲清停电的原因、时间及注意事项，以减少用户的误解，若因其他原因必须停电处理的，要及时上报，经领导同意后方可停电，否则，一旦出现上访、投诉事件，经调查核实后，将对责任人严肃处理。

6. 供电所妥善保管配电柜钥匙，绝缘工器具和安全工器具按定置存放，做到随用随有，快速抢修，值班人员杜绝酒后上岗，无故串岗，临时脱岗等行为，并坚持来人登记手续，发现可疑要立即通知有关人员加强戒备，并将情况及时上报。

7. 值班人员有事请假，及时调整值班人员，接到报修电话必须三人同行，“节日”期间所内每天上午8点上报值班情况。

8. 组织故障抢修突击队，一旦发现故障及时赶赴现场，防止事故扩大或造成大面积停电现象。

……

供电所抢修突击队名单

组长：

成员：

××供电所

××年××月××日

## ××供电所
## 两会期间安全、稳定应急预案

为了认真贯彻公司安全工作会议精神，维护社会的稳定，为“两会”召开营造一个和谐稳定的社会环境，结合我所实际情况，特制定此工作预案。

**一、维稳工作目标**

加强和开展全所员工普法教育，增强法制观念，提高守法意识。建立健全应对供电所安全事故和涉稳事件、维护供电所稳定的运行机制；规范和指导应急处理工作，有效预防、积极应对、及时控制各种突发事件，维护供电所和社会的正常秩序，把不安全不稳定的因素解决在萌芽阶段，确保供电所、社会稳定和安全。

**二、具体工作措施**

（一）加强组织领导，维护供电所安全稳定

1. 成立领导小组。根据公司统一部署，成立××供电所两会期间安全稳定工作应急领导小组。

组长：

成员：

领导小组下设办公室，办公室日常事务由××负责，负责对供电所安全事故与涉稳事件应急处置工作的具体实施。

2. 明确分工，责任分解，层层落实，确保两会期间的稳定。

（二）工作原则

实行“安全第一，预防为主，全力以赴，确保稳定”的原则，实行统一领导，分工负责，努力做好供电所安全防范和维护供电所稳定的各项工作。把应急管理的各项工作落实到日常管理中，把安全事故和涉稳事件消灭在萌芽状态之下，一旦发生突发事件，保证发现、报告、处理等环节紧密衔接，并积极争取各职能部门的支持，保证对安全事故和涉稳事件得到有效控制和快速处理，最大限度地降低和控制突发事件造成的损失或危害。

（三）应急处理步骤

1. 应急准备与预防

（1）在“两会”召开前，要对台区经理队伍目前存在的问题进行一次排查工作，高度重视并认真解决群众反映强烈的问题，及时发现和消除不稳定因素。

（2）广泛开展思德教育，让广大电力职工自觉拥护党和国家的方针政策，遵纪守法，牢固树立大局意识，严密防范各种形式的破坏活动，维护社会和谐安定。

（3）加强网络管理和监控工作，预防一些不利于社会稳定的因素发生。

（4）应急领导小组收到不稳定因素等风险信息后，应密切关注事态发展，并按照预案做好应急准备和预防工作；事态严重时及时上报公司，并做好应急准备工作。

2. 处置重大群体性事件程序

（1）报告与信息通报。发生可能影响稳定的群体性或突发性重大事件后，第一时间上报应急领导小组。

（2）启动应急处置预案。领导小组集体研究认定事件确属影响稳定的群体性或突发性重大事件后，启动本应急处置预案。领导小组成员立即进入紧急状态，赶赴现场，进入应急处理程序，迅速开展综合协调、秩序维护、重点监控、信息报道等工作。

**三、善后工作**

发生安全事故或涉稳事件处置后，应急处理领导小组要进行认真分析，总结经验教训并写出书面报告。在加强正面引导的同时利用事故的经验教训对台区经理进行教育，迅速恢复供电所正常秩序。认真检查和解决工作中存在的问题，改进工作，杜绝类似事件再发生。

**四、建立报告制度和责任追究制度**

安全事故或涉稳事件处理完毕后，要以书面形式上报当地政府。

发生安全事故或突发事件时，有下列情形之一的，追究有关领导及直接责任人的责任。构成犯罪的，依法追究其刑事责任。

1. 隐瞒、缓报、谎报或阻碍他人报告的；
2. 未按规定及时采取控制措施的；
3. 不服从应急指挥部指挥的；
4. 在处理安全事故或涉稳事件中玩忽职守、失职、渎职的。

××供电所

××年××月××日

### 11.17 （资料编号 17）400V 现场标准化作业指导卡

## 乡镇供电所低压现场标准化作业指导卡填写说明

根据国家电网公司《关于在农村供电所试用现场标准化作业指导卡的通知》的文件精神，结合公司乡镇供电所低压电力现场作业特点，坚持“安全可靠、简便易行、实用实效”的原则，编制了《低压现场标准化作业指导卡汇编》一书，同时还印制了各类低压现场作业指导卡，为做好《指导卡》的试用工作，现将有关事项说明如下：

**一、《指导卡》适用生产作业的范围及分类**

根据乡镇供电所参与低压作业人员的多少、作业工作量的大小、作业风险高低，选择使用《现场标准化作业指导卡》。

**二、《指导卡》的结构内容与格式说明**

低压现场标准化作业指导卡突出对低压配电网作业中关键环节和过程的控制，注重作业流程中各类危险因素的辨识与控制。精简了叙述性文字。

结构由卡首、作业前准备、现场安全作业程序、执行情况评估 4 项内容组成。

1. 卡首

| | |
|---|---|
| 第一种作业指导卡 | |
| 单位：________________ | 编号：________________ |
| 工作负责人：________________ | 审批人：________________ |
| 工作任务：________________ | |

2. 作业前准备

（1）现场勘察。

| √ | 序号 | 勘察项目 | 备注 |
|---|---|---|---|
| | 1 | 现场电气作业条件［需要停电的线路及开头（熔断器）位置］ | |
| | 2 | 作业现场的电气环境（保留或邻近的带电部位） | |
| | 3 | 作业现场的地域环境 | |
| | 4 | 初步分析工作步骤及存在的危险点 | |
| | 5 | 初步确定施工方案及施工方法 | |

填写说明：工作负责人逐项确认现场勘察工作完成情况。

（2）人员分工。

| √ | 序号 | 分工项目 | 工作班人员 | 备注 |
|---|---|---|---|---|
| √ | 1 | 准备工器具 | | |
| | 2 | 准备材料 | | |
| | 3 | 现场施工作业 | | |
| | 4 | 竣工时负责相关工作的人员 | | |

填写说明：工作负责人安排适当的工作班人员，分配工作任务，在“工作班人员”栏中填写分项负责人及人员姓名。

（3）工器具准备。

| √ | 序号 | 工器具分类 | 责任人 | 备注 |
|---|---|---|---|---|
| | 1 | 电器停送电操作应携带充足的合格工具 | | |
| | 2 | 施工机具或大型作业器具及合格的附属用具 | | |

填写说明：在“责任人”栏中，直接填写分期责任人的姓名。

（4）材料准备。

| √ | 序号 | 材料分类 | 责任人 | 备注 |
|---|---|---|---|---|
| | | 根据工作任务，备齐主材及耗材 | | |

填写说明：在“责任人”栏中，直接填写分项责任人的姓名。

（5）工作负责人在确认“作业前准备”1～4 项完成后，进行签名。

3. 现场安全作业程序

（1）填写工作计划时间。

年　月　日　时　分至　　　年　月　日　时　分

（2）开工。

| √ | 序号 | 开工内容要求项目 | 备注 |
|---|---|---|---|
| | 1 | 停电工作，监护人员根据《电气停送电操作票》要求进行停电操作 | |
| | 2 | 设置安全措施，确认正确，完备无误 | |
| | 3 | 组织班前会，宣读工作票，交代危险点及注意事项 | |
| | 4 | 监督确认工作班人员在工作票上签字 | |

填写说明：工作负责人根据开工内容要求，逐项确认。

（3）关键作业步骤及安全措施。

| √ | 序号 | 关键作业步骤 | 危险点 | 安全措施 | 责任人 |
|---|---|---|---|---|---|
| | | | | | |

填写说明：工作负责人在现场勘察后，综合分析现场危险因素，填写作业任务过程中的关键作业步骤，明确危险点及应采取的安全措施，关键作业步骤中的责任人为“作业前准备”中明确的现场施工作业人员，工作负责人在现场对“关键作业步骤的执行”，逐项确认。

（4）竣工。

| √ | 序号 | 竣工内容要求项目 | 责任人 |
|---|---|---|---|
| | 1 | 清理工作现场 | |
| | 2 | 施工验收，填写验收记录 | |
| | 3 | 拆除现场安全措施 | |
| | 4 | 办理工作票终结 | |
| | 5 | 监护人员根据《操作票》要求进行送电操作 | |
| | 6 | 召开班后会 | |

（5）工作负责人在确认“现场安全作业程序”1～3 项已完成后，进行签名。

4. 执行情况评估

<table>
<tr><td>作业卡评估意见</td><td>实用性强</td><td></td><td>实用性一般</td><td></td><td>实用性差</td><td></td></tr>
<tr><td>序号</td><td colspan="4">存在的问题</td><td colspan="2">修改建议</td></tr>
<tr><td></td><td colspan="4"></td><td colspan="2"></td></tr>
</table>

填写说明：工作负责人在班后会或在作业后，组织分析《指导卡》使用过程中存在的问题和修改的建议，并予以填写。

## 三、《指导卡》的编写及试用流程说明

### （一）《指导卡》的编写流程

接受工作任务
填写《指导卡》卡首及计划工作时间

↓

工器具准备：需要分类准备工器具时，分列负责人，并与人员分工栏相对应

↓

编写材料分工：需要分类准备材料时，分列负责人，并与人员分工栏相对应

↓

明确作业步骤及安全措施：根据工作人员及现场勘察现场，充分考虑作业中危险环节和现场电气、地域等条件可能存在的不安全因素，逐项填写作业中的关键步骤、对应的危险点及安全措施

↓

报审批：编写的《指导卡》报审批人签发

↓

《指导卡》使用流程：《指导卡》现场进行使用

↓

填写执行情况评估：组织评估，并对《指导卡》执行中存在的问题提出修改建议

### （二）《指导卡》的使用流程

执行：开工前，工作负责人对作业前准备2~4项审核打“√”，并确认签名

↓

开工：对开工的项目逐项审核打“√”

↓

作业步骤及安全措施：对关键作业步骤逐项打“√”

↓

竣工：对竣工的项目逐项审核打“√”

## 四、试用要求

（1）各单位试用《指导卡》时，对《指导卡》的结构内容及格式等，可结合现场或管理实际进行相应的补充及调整，所编写的《指导卡》要突出农村供电所现场作业中保证安全的关键环节和程序，注意分析完善“标准作业步骤”、积累“危险点防范措施”，为全面推选农村供电所现场标准化作业打好基础。

（2）与《指导卡》同时使用的相关专业记录（如《勘察记录》《验收记录》），各单位在确保其内容完备的前提下，可直接使用原有记录。

（3）试用《指导卡》时，应注意作业前现场勘察或作业前的分析，为编写关键作业步骤、危险点及安全措施提供准确的依据；应注意关键作业步骤、危险点及安全措施与作业条件、环境间的关联，保证关键作业步骤的完备性和安全措施正确性。

# 现场标准化作业指导卡
# 【更换低压台区跌落熔丝管】

单位：××供电所

编号：××—××—×××

工作负责人：××××

审批人：所长

工作任务：更换××台区跌落熔丝管

## 一、作业前准备

1. 现场勘察

现场勘察情况简析：××台区上方有 10kV 高压带电线路，工作人员工作点距离带电位置符合安全距离，台区下堆积有杂物，需立即清理，台区临近省道，应考虑交通伤害，计划工作期间无雷雨、大风气象。

| √ | 序号 | 勘察项目 | 备注 |
|---|---|---|---|
| | 1 | 需要断开××台区干 1 号、干 2 号开关、干 1 号、干 2 号熔断器、断开总开关、拉开 10kV 跌落熔断器 | |
| | 2 | 作业现场地域平整、天气适合现场施工作业 | |
| | 3 | 已确定初步施工方案，需工作班成员 2 人 | |

2. 人员分工

| √ | 序号 | 分工项目 | 工作班人员 | 备注 |
|---|---|---|---|---|
| | 1 | 准备工器具 | 工具员 | |
| | 2 | 准备材料 | 材料员 | |

续表

| √ | 序号 | 分工项目 | 工作班人员 | 备注 |
|---|---|---|---|---|
| | 3 | 现场施工作业 | 工作票中工作班成员 | |
| | 4 | 竣工时负责相关工作的人员 | 指定竣工、验收负责人 | |

3. 工器具准备

| √ | 序号 | 工器具分类 | 责任人 | 备注 |
|---|---|---|---|---|
| | 1 | 电气停送电操作工具 | 工具员 | 接地线、个人保安线、验电器、绝缘手套、标志牌、10kV 操作杆等 |
| | 2 | 防护工具 | 工具员 | 个人常用工具及劳动防护用品（工作服、绝缘鞋、安全帽、护目镜、扳手、钳子等）、安全警示带等 |

4. 材料准备

| √ | 序号 | 材料分类 | 责任人 | 备注 |
|---|---|---|---|---|
| | 1 | 跌落保险熔丝纸管及上下端触头、高压熔丝、细尼龙绳 | 材料员 | |

确认“作业前准备”1～4 项已审核。

工作负责人（签字）：

## 二、现场安全作业程序

计划工作时间：　　　　年　月　日　时　分至　月　日　时　分

1. 开工

| √ | 序号 | 开工内容要求项目 | 备注 |
|---|---|---|---|
| | 1 | 停电工作，监护人员根据《低压操作票》要求进行停电操作 | |
| | 2 | 设置安全措施，确认正确，完备无误 | |
| | 3 | 工作负责人组织班前会，宣读工作票，交代危险点及注意事项 | |
| | 4 | 工作人员在清楚工作任务、现场安全措施、危险点等内容后，确认工作班人员在工作票上签字，得到工作负责人的允许方可开始工作 | |

2. 作业步骤及安全措施

| √ | 序号 | 作业步骤 | 危险点 | 安全措施 | 责任人 |
|---|---|---|---|---|---|
| | 1 | 摘下旧熔丝管 | 落物砸伤 | 在摘下和挂上熔丝管操作过程中，正确使用 10kV 绝缘操作杆，绝缘杆操作部分与熔丝管下触头要扣牢，下放、上举平稳，落槽准确，防止熔丝管落下伤人 | |
| | 2 | 组装新熔丝管 | | | |
| | 3 | 挂上新熔丝管 | | | |
| 其他动态条件 | | | | | |

3. 竣工

| √ | 序号 | 竣工内容要求项目 | 责任人 |
|---|---|---|---|
| | 1 | 清理工作现场 | |
| | 2 | 施工验收，填写验收记录 | |
| | 3 | 拆除现场安全措施 | |
| | 4 | 办理工作票终结 | |
| | 5 | 监护人员根据《低压操作票》要求进行送电操作 | |
| | 6 | 工作负责人召开班后会 | |

确认“现场安全作业程序”1～3 项已审核，工作负责人（签字）：______

## 三、执行情况评估

| 作业卡评估意见 | 实用性强 | | 实用性一般 | | 实用性差 | |
|---|---|---|---|---|---|---|
| 序号 | 存在的问题 | | | | 修改建议 | |
| | | | | | | |
| | | | | | | |

# 现场标准化作业指导卡
# 【配电变压器维护（清污、除锈、补油）】

单位：××供电所

编号：××—××—×××

工作负责人：××××

审批人：所长

工作任务：××台区配电变压器维护消缺

## 一、作业前准备

1. 现场勘察

现场勘察情况简析：××台区上方有 10kV 高压带电线路，工作人员工作点距离带电部位符合安全距离，台区周边地面较为平整，计划工作期间无雷雨、大风气象。登高作业应使用绝缘梯。

| √ | 序号 | 勘察项目 | 备注 |
|---|---|---|---|
| | 1 | 需要断开××台区干 1 号、干 2 号综合漏电断路器、干 1 号、干 2 号隔离开关、拉开 10kV 跌落熔断器 | |
| | 2 | 作业现场地域平整、天气适合现场施工作业 | |
| | 3 | 跌落熔断器上端带电，禁止过度登高 | |
| | 4 | 已确定初步施工方案，需工作班成员 2 人 | |

2. 人员分工

| √ | 序号 | 分工项目 | 工作班人员 | 备注 |
|---|---|---|---|---|
| | 1 | 准备工器具 | 工具员 | |
| | 2 | 准备材料 | 材料员 | |
| | 3 | 现场施工作业 | 工作票中工作班成员 | |
| | 4 | 竣工时负责相关工作的人员 | 指定竣工、验收负责人 | |

3. 工器具准备

| √ | 序号 | 工器具分类 | 责任人 | 备注 |
|---|---|---|---|---|
| | 1 | 电气停送电操作工具 | 工具员 | 接地线、验电器、绝缘手套、标示牌、10kV 操作杆等 |
| | 2 | 施工工具 | 工具员 | 大锤、绝缘梯 |
| | 3 | 防护工具 | 工具员 | 安全带、个人常用工具和劳动防护用品（工作服、绝缘鞋、安全帽、扳手、钳子等）、安全警示带等 |

4. 材料准备

| √ | 序号 | 材料分类 | 责任人 | 备注 |
|---|---|---|---|---|
| | 1 | 绝缘油（$25^{0}$）、油漆、清污铲、清污剂、钢丝刷、搽布、砂纸、毛刷等 | 材料员 | |

确认“作业前准备”1～4 项已审核，工作负责人（签字）：

## 二、现场安全作业程序

计划工作时间：　　　　年　月　日　时　分至　月　日　时　分

1. 开工

| √ | 序号 | 开工内容要求项目 | 备注 |
|---|---|---|---|
| | 1 | 停电工作，监护人员根据《低压操作票》要求进行停电操作 | |
| | 2 | 设置安全措施，确认正确，完备无误 | |
| | 3 | 工作负责人组织班前会，宣读工作票，交代危险点及注意事项 | |
| | 4 | 工作人员在清楚工作任务、现场安全措施、危险点等内容后，确认工作班人员在工作票上签字，得到工作负责人的允许方可开始工作 | |

2. 作业步骤及安全措施

| √ | 序号 | 作业步骤 | 危险点 | 安全措施 | 责任人 |
|---|---|---|---|---|---|
| | 1 | 登高作业 | 触电<br>摔伤 | 登高作业应使用绝缘梯，梯子要有人扶持，选好工作位置，工作过程中不得高举手臂，防止触及上方高压带电部位 | |
| | 2 | 清污、刷洗 | | | |
| | 3 | 涂漆、补油、消缺 | | | |
| 其他动态条件 | | | | | |

3. 竣工

| √ | 序号 | 竣工内容要求项目 | 责任人 |
|---|---|---|---|
| | 1 | 清理工作现场 | |
| | 2 | 施工验收，填写验收记录 | |
| | 3 | 拆除现场安全措施 | |
| | 4 | 办理工作票终结 | |
| | 5 | 监护人员根据《低压操作票》要求进行送电操作 | |
| | 6 | 填写消缺记录 | |
| | 7 | 工作负责人召开班后会 | |

确认“现场安全作业程序”1～3 项已审核，工作负责人（签名）：______

## 三、执行情况评估

| 作业卡评估意见 | 实用性强 | | 实用性一般 | | 实用性差 | |
|---|---|---|---|---|---|---|
| 序号 | 存在的问题 | | | | 修改建议 | |
| | | | | | | |
| | | | | | | |
| | | | | | | |

# 现场标准化作业指导卡
# 【更换台区低压电缆（引下线）】

单位：××供电所

编号：××—××—×××

工作负责人：××××

审批人：所长

工作任务：××台区 0.4kV 干 1 号线路更换低压电缆（引下线）

## 一、作业前准备

1. 现场勘察

现场勘察情况简析：××台区 0.4kV 干 1 号线路 01 号杆周围有 10kV 高压带电线路，工作人员工作点距离带电位置符合安全距离，台区周边地面较为平整，计划工作期间无雷雨、大风气象，为了保证安全登杆作业应使用绝缘梯。

| √ | 序号 | 勘察项目 | 备注 |
|---|---|---|---|
| | 1 | 需要断开××台区干 1 号、干 2 号开关、干 1 号、干 2 号熔断器、断开总开关、拉开 10kV 跌落熔断器 | |

续表

| √ | 序号 | 勘察项目 | 备注 |
|---|---|---|---|
| | 2 | 作业现场地域平整、天气适合现场施工作业 | |
| | 3 | 登高工作时应防止高空坠落、高空落物，防止倒杆伤人 | |
| | 4 | 已确定初步施工方案，需工作班成员3人，更换电缆约6m | |

2. 人员分工

| √ | 序号 | 分工项目 | 工作班人员 | 备注 |
|---|---|---|---|---|
| | 1 | 准备工器具 | 工具员 | |
| | 2 | 准备材料 | 材料员 | |
| | 3 | 现场施工作业 | 工作票中工作班成员 | |
| | 4 | 竣工时负责相关工作的人员 | 指定竣工、验收负责人 | |

3. 工器具准备

| √ | 序号 | 工器具分类 | 责任人 | 备注 |
|---|---|---|---|---|
| | 1 | 电气停送电操作工具 | 工具员 | 接地线、验电器、绝缘手套、标示牌、10kV操作杆等 |
| | 2 | 施工工具 | 工具员 | 液压钳、钢锯 |
| | 3 | 仪表类 | 工具员 | 万用表、绝缘摇表 |
| | 4 | 登高、防护工具 | 工具员 | 安全带、带绳、绝缘梯、个人常用工具及劳动防护用品（工作服、绝缘鞋、安全帽、扳手、钳子等）、安全警示带等 |

4. 材料准备

| √ | 序号 | 材料分类 | 责任人 | 备注 |
|---|---|---|---|---|
| | 1 | 低压电缆、线鼻（线夹）、导电膏、绝缘自粘带、塑料绝缘带、绑扎线 | 材料员 | |

确认“作业前准备”1～4项已审核，工作负责人（签字）：______

## 二、现场安全作业程序

计划工作时间：　　　　　年　月　日　时　分至　月　日　时　分

1. 开工

| √ | 序号 | 开工内容要求项目 | 备注 |
|---|---|---|---|
| √ | 1 | 停电工作，监护人员根据《低压操作票》要求进行停电操作 | |
| | 2 | 设置安全措施，确认正确，完备无误 | |
| | 3 | 工作负责人组织班前会，宣读工作票，交代危险点及注意事项 | |
| | 4 | 工作人员在清楚工作任务、现场安全措施、危险点等内容后，确认工作班人员在工作票上签字，得到工作负责人的允许方可开始工作 | |

2. 作业步骤及安全措施

| √ | 序号 | 作业步骤 | 危险点 | 安全措施 | 责任人 |
| --- | --- | --- | --- | --- | --- |
| | 1 | 摇测电缆 | 触电 | 电缆试验完毕，要对电缆进行充分放电 | |
| | 2 | 电缆头的制作 | 刀口划伤，机械伤害 | 在刨削电缆绝缘层时，刀口向外，防止划伤和飞刀伤人。规范使用液压钳，做好防护，防止挤伤手指 | |
| | 3 | 登高 | 误登杆塔，倒杆、坠落 | 确认线路名称、杆号正确无误，检查登高工具、登稳踏实、梯子要有人扶持防止打滑，确定杆根基础牢固；全过程系安全带 | |
| | 4 | 拆除旧电缆 | 坠物伤人 | 必须使用绳索传递，杆下严禁闲人滞留 | |
| | 5 | 安装新电缆 | 接线错误 | 注意连接电缆相色应与母线相色相同，防止相序接反和零线与相线错接 | |
| | 6 | 电缆核相 | 相序错误 | 在缆安装完毕后，应用万用表核对相序 | |

3. 竣工

| √ | 序号 | 竣工内容要求项目 | 责任人 |
| --- | --- | --- | --- |
| √ | 1 | 清理工作现场 | |
| | 2 | 施工验收，填写验收记录 | |
| | 3 | 拆除现场安全措施 | |
| | 4 | 办理工作票终结 | |
| | 5 | 监护人员根据《低压操作票》要求进行送电操作 | |
| | 6 | 工作负责人召开班后会 | |

确认“现场安全作业程序”1～3 项已审核，工作负责人（签名）：______

三、执行情况评估

| 作业卡评估意见 | 实用性强 | | 实用性一般 | | 实用性差 | |
| --- | --- | --- | --- | --- | --- | --- |
| 序号 | 存在的问题 | | | | 修改建议 | |
| | | | | | | |
| | | | | | | |
| | | | | | | |

# 现场标准化作业指导卡
# 【更换台区低压电缆（返上线）】

单位：××供电所

编号：××—××—×××

工作负责人：××××

审批人：所长

工作任务：××台区 0.4kV 干 1 号线路更换低压电缆（返上线）

## 一、作业前准备

### 1. 现场勘察

现场勘察情况简析：××台区 0.4kV 干 1 号杆周围有 10kV 高压带电线路，作业点作业人员距 10kV 引下线安全距离不够，不能保证作业人员的安全，台区周边地面较为平整，计划工作期间无雷雨、大风气象，登杆作业可使用脚扣（注：此项工作必须是在 10kV 线路有停电作业工作票的前提下适用）。

| √ | 序号 | 勘察项目 | 备注 |
|---|---|---|---|
| | 1 | 需要断开××台区干 1 号、干 2 号开关、干 1 号、干 2 号熔断器、断开总开关、拉开 10kV 跌落熔断器 | |
| | 2 | 作业现场地域平整、天气适合现场施工作业 | |
| | 3 | 登高工作时应防治高空坠落、高空落物、防止倒杆伤人 | |
| | 4 | 已确定初步施工方案，需工作班成员 3 人，更换电缆约 11m | |

### 2. 人员分工

| √ | 序号 | 分工项目 | 工作班人员 | 备注 |
|---|---|---|---|---|
| | 1 | 准备工器具 | 工具员 | |
| | 2 | 准备材料 | 材料员 | |
| | 3 | 现场施工作业 | 工作票中工作班成员 | |
| | 4 | 竣工时负责相关工作的人员 | 指定竣工、验收负责人 | |

### 3. 工器具准备

| √ | 序号 | 工器具分类 | 责任人 | 备注 |
|---|---|---|---|---|
| | 1 | 电气停送电操作工具 | 工具员 | 接地线、个人保安线、验电器、绝缘手套、标志牌、10kV 操作杆等 |
| | 2 | 施工工具 | 工具员 | 液压钳、钢锯 |
| | 3 | 仪表类 | 工具员 | 万用表、绝缘电阻表 |
| | 4 | 防护工具 | 工具员 | 安全带、脚扣、带绳、个人常用工具及劳动防护用品（工作服、绝缘鞋、安全帽、扳手、钳子等）、安全警示带等 |

### 4. 材料准备

| √ | 序号 | 材料分类 | 责任人 | 备注 |
|---|---|---|---|---|
| | 1 | 低压电缆、线鼻、导电膏、绝缘自粘带、塑料绝缘带、扎线 | 材料员 | |

确认“作业前准备”1～4 项已审核，工作负责人（签字）：______

## 二、现场安全作业程序

计划工作时间：　　　　　年　月　日　时　分至　月　日　时　分

### 1. 开工

| √ | 序号 | 开工内容要求项目 | 备注 |
| --- | --- | --- | --- |
| | 1 | 停电工作，监护人员根据《低压操作票》要求进行停电操作 | |
| | 2 | 设置安全措施，确认正确，完备无误 | |
| | 3 | 工作负责人组织班前会，宣读工作票，交代危险点及注意事项 | |
| | 4 | 工作人员在清楚工作任务、现场安全措施、危险点等内容后，确认工作班人员在工作票上签字，得到工作负责人的允许方可开始工作 | |

### 2. 作业步骤及安全措施

| √ | 序号 | 作业步骤 | 危险点 | 安全措施 | 责任人 |
| --- | --- | --- | --- | --- | --- |
| | 1 | 摇测电缆 | 触电 | 电缆试验完毕，要对电缆进行充分放电 | |
| | 2 | 电缆头的制作 | 刀口划伤，机械伤害 | 在刨削电缆绝缘层时，刀口向外，防止划伤和飞刀伤人。规范使用液压钳，做好防护，防止挤伤手指 | |
| | 3 | 登高 | 误登杆塔，倒杆、坠落 | 确认线路名称、杆号正确无误，检查登高工具、登稳踏实、梯子要有人扶持防止打滑，确定杆根基础牢固；全过程系安全带 | |
| | 4 | 拆除旧电缆 | 坠物伤人 | 必须使用绳索传递，杆下严禁闲人滞留 | |
| | 5 | 安装新电缆 | 接线错误 | 注意连接电缆相色应与母线相色相同，防止相序接反和零线与相线错接 | |
| | 6 | 电缆核相 | 相序错误 | 在缆安装完毕后，应用万用表核对相序 | |

### 3. 竣工

| √ | 序号 | 竣工内容要求项目 | 责任人 |
| --- | --- | --- | --- |
| | 1 | 清理工作现场 | |
| | 2 | 施工验收，填写验收记录 | |
| | 3 | 拆除现场安全措施 | |
| | 4 | 办理工作票终结 | |
| | 5 | 监护人员根据《低压操作票》要求进行送电操作 | |
| | 6 | 工作负责人召开班后会 | |

确认“现场安全作业程序”1～3 项已审核，工作负责人（签名）：______

## 三、执行情况评估

| 作业卡评估意见 | 实用性强 | | 实用性一般 | | 实用性差 | |
| --- | --- | --- | --- | --- | --- | --- |
| 序号 | 存在的问题 | | | | 修改建议 | |
| | | | | | | |
| | | | | | | |

# 现场标准化作业指导卡
# 【更换低压台区综合配电柜】

单位：××供电所

编号：××—××—×××

工作负责人：××××

审批人：所长

工作任务：更换××台区综合配电柜

## 一、作业前准备

1. 现场勘察

现场勘察情况简析：××台区上方有10kV高压带电线路，作业人员工作点距离带电位置符合安全距离，台区下堆积有杂物，需立即清理。台区临近101省道，应考虑交通伤害、计划工作期间无雷雨、大风气象，为了保证安全登高作业应使用绝缘梯。

| √ | 序号 | 勘察项目 | 备注 |
|---|---|---|---|
| | 1 | 需要断开××台区干1号、干2号开关、干1号、干2号熔断器、断开总开关、拉开10kV跌落熔断器 | |
| | 2 | 作业现场地域平整、天气适合现场施工作业 | |
| | 3 | 登高工作时应防治高空坠落、高空落物、重物伤人 | |
| | 4 | 已确定初步施工方案，需工作班成员4人 | |

2. 人员分工

| √ | 序号 | 分工项目 | 工作班人员 | 备注 |
|---|---|---|---|---|
| | 1 | 准备工器具 | 工具员 | |
| | 2 | 准备材料 | 材料员 | |
| | 3 | 现场施工作业 | 工作票中工作班成员 | |
| | 4 | 竣工时负责相关工作的人员 | 指定竣工、验收负责人 | |

3. 工器具准备

| √ | 序号 | 工器具分类 | 责任人 | 备注 |
|---|---|---|---|---|
| | 1 | 电气停送电操作工具 | 工具员 | 接地线、验电器、绝缘手套、标志牌、10kV操作杆等 |
| | 2 | 施工工具 | 工具员 | 液压钳、钢锯、大锤、手电钻，带漏电保护功能的插座 |
| | 3 | 仪表类 | 工具员 | 接绝缘电阻表、漏电保护器测试仪 |
| | 4 | 登高、防护工具 | 工具员 | 绝缘梯、个人常用工具及劳动防护用品（工作服、绝缘鞋、安全帽、护目镜、扳手、钳子等）、安全警示带等 |

4. 材料准备

| √ | 序号 | 材料分类 | 责任人 | 备　注 |
|---|---|---|---|---|
|  | 1 | 低压电缆综合配电柜、螺丝、螺栓 | 材料员 |  |

确认“作业前准备”1～4 项已审核，工作负责人（签字）：______

二、现场安全作业程序

计划工作时间：　　　年　月　日　时　分至　月　日　时　分

1. 开工

| √ | 序号 | 开工内容要求项目 | 备注 |
|---|---|---|---|
|  | 1 | 停电工作，监护人员根据《低压操作票》要求进行停电操作 |  |
|  | 2 | 设置安全措施，确认正确、完备无误 |  |
|  | 3 | 工作负责人组织班前会，宣读工作票，交代危险点及注意事项 |  |
|  | 4 | 工作人员在清楚工作任务、现场安全措施、危险点等内容后，确认工作班人员在工作票上签字，得到工作负责人的允许方可开始工作 |  |

2. 作业步骤及安全措施

| √ | 序号 | 作业步骤 | 危险点 | 安全措施 | 责任人 |
|---|---|---|---|---|---|
|  | 1 | 旧箱拆除 | 箱体砸伤 | 工作负责人统一指挥，工作班密切配合 |  |
|  | 2 | 安装综合配电柜 | 箱体砸伤，接线错误 | 工作负责人统一指挥，工作班密切配合，接线时认清相序，防止相线、零线错误；检查计量装置是否完好，填写计量装置记录 |  |
|  | 3 | 摇测接地电阻 | 接线错误 | 正确使用接地绝缘电阻表，防止测量数据不准，填写接地电阻测量记录 |  |

3. 竣工

| √ | 序号 | 竣工内容要求项目 | 责任人 |
|---|---|---|---|
|  | 1 | 清理工作现场 |  |
|  | 2 | 施工验收，填写验收记录 |  |
|  | 3 | 拆除现场安全措施 |  |
|  | 4 | 办理工作票终结 |  |
|  | 5 | 监护人员根据《低压操作票》要求进行送电操作 |  |
|  | 6 | 工作负责人召开班后会 |  |

确认“现场安全作业程序”1～3 项已审核，工作负责人（签名）：______

## 三、执行情况评估

<table>
<tr><td colspan="2">作业卡评估意见</td><td>实用性强</td><td></td><td>实用性一般</td><td></td><td>实用性差</td><td></td></tr>
<tr><td>序号</td><td colspan="5">存在的问题</td><td colspan="2">修改建议</td></tr>
<tr><td></td><td colspan="5"></td><td colspan="2"></td></tr>
<tr><td></td><td colspan="5"></td><td colspan="2"></td></tr>
<tr><td></td><td colspan="5"></td><td colspan="2"></td></tr>
</table>

## 11.18 （资料编号 18）班前班后会记录

# 班前班后会记录

### 1. 填写说明

本记录为供电所要求的必备资料，样张供参考。

### 2. 填写内容

在已执行和合格的项目后打“√”；有问题打“×”；不相关打“－”；空格表示未执行到位。

### 3. 填写要求

根据实际工作与工作票、400V 现场标准化作业指导书和指导卡同步填写。

本记录由手工填写，并保存在安全质量员办公室。

# 班前会及班后会记录卡

单位名称：　　　　班组：　　　　执行日期：　　　年　月　日

<table>
<tr><td rowspan="2">班前会</td><td>三交（在已执行项目后打“√”；不相关打“－”；空格表示未执行到位）：<br>交任务：a. 工作票或安全施工作业票所列工作任务已宣讲清楚（　　）；b. 当日工作任务及分工明确并已交代清楚（　　）。<br>交技术：a. 工作票或安全施工作业票所列技术措施已宣讲清楚（　　）；b. 标准化作业指导卡所列工作程序和技术措施已宣讲清楚（　　）。<br>交安全：a. 工作票或安全施工作业票所列安全措施已宣讲清楚（　　）；b. 标准化作业指导卡相关内容已宣讲清楚（　　）。<br>三查（在合格项目后打“√”；有问题“×”；不相关打“－”；空格表示未执行到位）<br>查衣着：a. 两穿一戴整洁规范（　　）；b. 工作服不是化纤制品（　　）；c. 安全帽佩戴符合要求，下颏带松紧适度（　　）；d. 工作鞋符合本作业工种安全要求（　　）。<br>查二保：a. 安全帽［　］顶，三项永久性标志齐全，帽壳、帽衬、帽箍、顶衬、下颏带等附件完好无损，无老化现象（　　）；b.安全带［　］副，有规范的合格标志，安全带、二防绳及挂钩完好无损，扣环保险装置完好，操作灵活（　　）。<br>查精神状态：a. 工作班成员睡眠充足，精力充沛（　　）；b. 工作班成员情绪正常（　　）；c. 工作班成员健康状况良好，未患有不适宜本次作业的病症（　　）。<br>工作负责人：　　　　　　　　　　　　　年　月　日　时　分</td></tr>
<tr><td>三交三查确认签字：</td></tr>
</table>

续表

| | |
|---|---|
| 班后会 | 三检查（在符合要求的项目后打“√”；不相关打“—”；任一项不符合要求均不得报完工）：<br>人员任务完成情况：全体工作人员均已完成任务，并已按要求撤离工作岗位（　　）；<br>工具材料是否遗漏：所带工具材料齐全，无遗漏现象（　　）；<br>现场和设备是否清理干净：现场设备已清理干净（　　）；应撤除的接地线已拆除（　　）。<br>工作负责人：　　　　　　　　　　　　年　月　日　时　分 |
| | 工作小结（工作负责人应认真总结当日工作情况，并如实填写以下事项）：<br>遵章守纪情况（是否存在违、误现象）：<br>工作质量评价人：<br>主要工作成绩及存在的主要问题：<br>工作变动及其他需要说明的问题：<br>工作负责人：　　　　　　　　　　　　年　月　日　时　分 |

## 11.19 （资料编号 19）工作票、操作票统计分析和考核记录

# 工作票、操作票统计分析和考核记录

**1. 填写说明**

本记录为“国网公司信息化条件下乡镇供电所资料精简格式样张”要求的必备资料，样张供参考。

**2. 填写内容**

（1）工作票及操作票考核记录：

1 栏执行份数：根据本月各类票的实际执行数量填写；

2 栏合格：根据自审和复审情况，判定合格的票数量；

3 栏不合格：根据自审和复审情况，判定不合格的票数量；

4 栏不规范：根据自审和复审情况，判定票面存在不规范情况的票数量；

5 栏合格率：合格与执行份数相除；

合计：将对应的执行份数、合格、不合格、不规范数量各自相加。

（2）工作票及操作票统计分析：

1 栏日期：填写工作票及操作票中工作日期；

2 栏工作票及操作票类别：填写工作票及操作票的种类，例如第一种工作票、第二种工作票、低压工作票、操作票等；

3 栏编号：填写工作票及操作票的编号；

4 栏工作任务：填写工作票及操作票中的工作内容；

5～7 栏执行情况：根据实际情况，在“已执行”“未执行”“作废”中选择，并打钩“√”；

8～10 栏签发人、负责人、许可人：按照工作票及操作票中对应填写，如没有则空缺；

合计一总计本月工作票及操作票的数量；

合格一通过自审判定合格的工作票及操作票数量；

不合格—通过自审判定不合格的工作票及操作票数量；

合格率—合格工作票及操作票数量/工作票及操作票总数×100%；

评价分析—根据工作票及操作票执行与自审情况，对本月工作票及操作票进行评价和分析，总结好的方面，提出发现的问题和下步整改措施。

### 3. 填写要求

本台账更新周期：月；由供电所安全质量员填写，存放在安全质量员办公室。

## 工作票及操作票考核记录

部门：××供电所　　　　　　　　　　　　　　　　年　月

| 名称 | 执行份数 | 合格 | 不合格 | 不规范 | 合格率 | |
|---|---|---|---|---|---|---|
| | 1 | 2 | 3 | 4 | 5 | |
| 第一类 | | | | | | |
| 电力线路带电作业工作票 | | | | | | |
| 配电线路一种工作票 | | | | | | |
| 电缆一种工作票 | | | | | | |
| 第二类 | | | | | | |
| 施工作业票 | | | | | | |
| 配电变压器专用一种票 | | | | | | |
| 线路二种票 | | | | | | |
| 动火作业票 | | | | | | |
| 低压带电装（拆）作业票 | | | | | | |
| 电力事故应急抢修单 | | | | | | |
| 操作票 | | | | | | |
| 合计 | | | | | | |

自审负责人：________

| 名称 | 执行份数 | 合格 | 不合格 | 不规范 | 合格率 |
|---|---|---|---|---|---|
| 第一类 | | | | | |
| 电力线路带电作业工作票 | | | | | |
| 配电线路一种工作票 | | | | | |
| 电缆一种工作票 | | | | | |
| 第二类 | | | | | |
| 施工作业票 | | | | | |
| 配电变压器专用一种票 | | | | | |
| 线路二种票 | | | | | |

续表

| 名称 | 执行份数 | 合格 | 不合格 | 不规范 | 合格率 | |
|---|---|---|---|---|---|---|
| 动火作业票 | | | | | | |
| 低压带电装（拆）作业票 | | | | | | |
| 电力事故应急抢修单 | | | | | | |
| 操作票 | | | | | | |
| 合计 | | | | | | |

复审负责人：____________

# 工作票及操作票月度统计分析表

部门：××××供电所　　　　××××年××月

| 序号 | 日期 | 工作票、操作票类别 | 编号 | 工作任务 | 执行情况 | | | 签发人 | 负责人 | 许可人 |
|---|---|---|---|---|---|---|---|---|---|---|
| | | | | | 已执行 | 未执行 | 作废 | | | |
| | | | | | | | | | | |
| | | | | | | | | | | |
| | | | | | | | | | | |
| | | | | | | | | | | |
| | | | | | | | | | | |
| | | | | | | | | | | |
| | | | | | | | | | | |
| | | | | | | | | | | |
| 合计：××张 | | 合格：××张 | | 不合格：××张 | | 合格率：××% | | | | |
| 评价分析： | | | | | | | | | | |

负责人：××××　　　　填报人：××××　　　　填报时期：××××年××月××日

**注**　此表一式两份，一份次月 11 日前上报安质部，一份所内存档。

## 11.20 （资料编号 20）安全性评价自查总结

# 安全性评价自查总结

### 1. 填写说明

本记录为“国网公司信息化条件下乡镇资料精简格式样张”要求的必备资料，样张供参考。

### 2. 填写要求

根据评分表进行自查总结的分析与总结；

本记录由电子存档，并保存在安全质量员办公室。

### 3. 填写周期

按月填报。

# 国网××供电公司安全性评价自查总结

国网××供电公司

××年××月

一、××供电公司基本概况

……

二、自评价总体情况

（1）自评价工作开展情况

…………

（2）安全工作特色经验和典型做法

……

三、公司评分情况

……

四、自评价整改情况

……

## 11.21 （资料编号 21）安全性评价评分表

# 安全性评价评分表

1. 填写说明

本记录为“国网公司信息化条件下乡镇资料精简格式样张”要求的必备资料，样张供参考。

2. 填写要求

本记录由电子存档，并保存在安全质量员办公室。

3. 填写周期

按月填报

# ××供电公司安全性评价评分表

××年××月××日

| 序号 | 项目 | 标准分（分） | 实得分（分） | 得分率（%） | 序号 | 项目 | 标准分（分） | 实得分（分） | 得分率（%） |
|---|---|---|---|---|---|---|---|---|---|
| 1 | 综合安全 | 1800 | | | 4 | 工程建设安全 | 1000 | | |
| 1.1 | 安全目标管理 | 200 | | | 4.1 | 承发包、分包安全管理 | 300 | | |
| 1.2 | 安全责任制落实 | 180 | | | 4.2 | 业主方安全管理 | 150 | | |
| 1.3 | 安措管理 | 120 | | | 4.3 | 监理方安全管理 | 150 | | |
| 1.4 | 安全培训 | 250 | | | 4.4 | 施工方安全管理 | 400 | | |
| 1.5 | 安全例行工作 | 250 | | | 5 | 供用电安全 | 1000 | | |

续表

| 序号 | 项目 | 标准分（分） | 实得分（分） | 得分率（%） | 序号 | 项目 | 标准分（分） | 实得分（分） | 得分率（%） |
|---|---|---|---|---|---|---|---|---|---|
| 1.6 | 安全风险管理 | 150 | | | 5.1 | 业扩报装、计量安全 | 300 | | |
| 1.7 | 反违章工作 | 150 | | | 5.2 | 用户侧安全 | 150 | | |
| 1.8 | 隐患排查治理 | 150 | | | 5.3 | 农村用电安全 | 300 | | |
| 1.9 | 应急工作 | 200 | | | 5.4 | 双电源、自备电源安全 | 150 | | |
| 1.10 | 事故调查、安全考核与奖罚 | 150 | | | 5.5 | 分布式电源安全 | 100 | | |
| 2 | 电网安全 | 1500 | | | 6 | 作业安全 | 1500 | | |
| 2.1 | 电网规划 | 160 | | | 6.1 | 作业计划 | 100 | | |
| 2.2 | 电网结构 | 220 | | | 6.2 | 作业组织 | 200 | | |
| 2.3 | 供电可靠性 | 80 | | | 6.3 | 现场风险管控 | 200 | | |
| 2.4 | 调度控制 | 800 | | | 6.4 | 机具管理 | 700 | | |
| 2.5 | 电力通信 | 240 | | | 6.5 | 作业环境安全 | 200 | | |
| 3 | 设备安全 | 2200 | | | 6.6 | 劳动保护 | 100 | | |
| 3.1 | 变电一次设备 | 700 | | | 7 | 信息、交通、消防及防汛安全 | 1000 | | |
| 3.2 | 变电二次设备 | 300 | | | 7.1 | 信息安全 | 300 | | |
| 3.3 | 输配电架空线路 | 500 | | | 7.2 | 交通安全 | 100 | | |
| 3.4 | 电力电缆线路 | 150 | | | 7.3 | 消防安全 | 300 | | |
| 3.5 | 运维、检修管理 | 300 | | | 7.4 | 防汛安全 | 200 | | |
| 3.6 | 反事故措施 | 100 | | | 7.5 | 抗震安全 | 100 | | |
| 3.7 | 电力设施保护 | 150 | | | | 总分 | 10000 | | |

# ××供电公司安全性评价问题和整改建议表

××年××月××日

| 序号 | 项目序号 | 问题 | 标准分 | 扣分 | 实得分 | 整改建议 | 是否重点问题 |
|---|---|---|---|---|---|---|---|
| 1 | | | | | | | |
| 2 | | | | | | | |
| 3 | | | | | | | |
| 4 | | | | | | | |
| 5 | | | | | | | |
| 6 | | | | | | | |
| 7 | | | | | | | |
| 8 | | | | | | | |
| 9 | | | | | | | |
| 10 | | | | | | | |

续表

| 序号 | 项目序号 | 问题 | 标准分 | 扣分 | 实得分 | 整改建议 | 是否重点问题 |
|---|---|---|---|---|---|---|---|
| 11 | | | | | | | |
| 12 | | | | | | | |
| 13 | | | | | | | |
| 14 | | | | | | | |
| 15 | | | | | | | |
| 16 | | | | | | | |
| 17 | | | | | | | |
| 18 | | | | | | | |
| 19 | | | | | | | |
| 20 | | | | | | | |
| … | | | | | | | |

## 11.22 （资料编号 22）电力设施保护活动记录

# 电力设施保护活动记录

### 1. 填写说明

（1）本记录为供电所要求的必备资料，样张供参考。

（2）本记录由供电所人员进行电力设施保护宣传活动时专用，宣传活动记录由安全质量员负责填写。

### 2. 填写内容

（1）填写内容：活动时间、参加人员、记录人等相关内容；

（2）活动记录应字迹清楚，按宣传活动的情况准确填写记录，一般 1 次记录 1 张。

### 3. 填写方式

（1）本记录应妥善保管，不得遗失；

（2）本记录作为供电所建设必备资料，应于每月整理装订入册，存放在安全质量员办公室。

### 4. 填写要求

本记录更新周期：季度，由供电所安全质量员填写。

# ××供电所电力设施保护宣传活动记录

| | |
|---|---|
| 活动时间 | |
| 参加人员 | |
| 记录人 | |

续表

| | |
|---|---|
| 宣传方式 | |
| 宣传内容 | |
| 得到效果 | |

## 11.23 （资料编号 23）应急演练

# ××供电所××年第×季度应急演练

**1. 填写说明**

本记录为“国网公司信息化条件下乡镇资料精简格式样张”要求的必备资料，样张供参考。可根据单位实际工作进行滚动更改。

**2. 填写要求**

本记录由电子存档，并保存在安全质量员办公室。

**3. 填写周期**

按季度进行应急演练，并形成记录。

# ××供电所××年第×季度应急演练

为了建立健全电力安全应急机制，提高处置电力突发公共事件能力，检验处置和应对电网发生事故能力，按照公司安排部署，我所在××年××月××日进行了应急演练，以下是本次应急演练全过程。

演练经过：

……

需要注意的事项有：

1.

2.

……

××供电所

××年××月××日

# 第 12 章　供电所运检技术员星级应用样张

## 12.1 （资料编号 24）乡镇供电所图数治理星级创建活动计划表

### 乡镇供电所图数治理星级创建活动计划表

1. 编制说明

（1）创建活动计划由运维检修部负责编制。样张供参考。

（2）创建活动计划涵盖所有供电所，分步实施逐年提升创建星级。

2. 存放方式

供电所以电子文档方式保存，存放在各班组办公室。

### 乡镇供电所图数治理星级创建活动计划表

| 序号 | 单位 | 供电所名称 | ××××年计划达到星级 | ××××年计划达到星级 | ××××年计划达到星级 | 负责人 |
|---|---|---|---|---|---|---|
| 1 | ××供电公司 | ××供电所 | | | | |
| 2 | | | | | | |
| 3 | | | | | | |
| 4 | | | | | | |
| 5 | | | | | | |
| 6 | | | | | | |
| 7 | | | | | | |
| 8 | | | | | | |
| 9 | | | | | | |
| 10 | | | | | | |
| 11 | | | | | | |
| 12 | | | | | | |
| 13 | | | | | | |
| 14 | | | | | | |
| 15 | | | | | | |
| 16 | | | | | | |
| 17 | | | | | | |
| 18 | | | | | | |

## 12.2 （资料编号 1）安全生产、营销服务分析

# 安全生产、营销服务分析

**1. 填写说明**

（1）随月度会开展安全生产、营销服务分析工作；

（2）对季节性引发的安全问题、农村用电安全问题、现场作业安全及施工质量、限电、低电压、设备缺陷、抢报修数量类型等工作进行针对性分析，全面分析查找安全生产及配电网薄弱环节，制定应对措施；

（3）对本所电量、线损、电费、售电单价、计量采集等指标和计量巡视、电费收取、节能降损、用电检查、营业普查、优质服务（营业厅服务、现场服务、春灌保电、投诉预控）等工作进行针对性分析，查找工作中存在的不足，制定提升措施。

**2. 填写方式**

以电子文档方式记录并保存，存放在综合班办公室。

**3. 填写要求**

（1）运检技术员提供本岗位专业管理分析内容，由综合事务员汇总；

（2）更新时间：每月。

# ××供电所
# ××年××月安全生产、营销服务分析

**1. 主要经济指标完成情况分析**

| 序号 | 目标名称 | 年计划考核指标 | 季度计划考核指标 | 本月完成 | 本季完成 | 累计完成 |
|---|---|---|---|---|---|---|
| 1 | 供电量（万 kWh） | | | | | |
| 2 | 售电量（万 kWh） | | | | | |
| 3 | 400V 综合线损率（%） | | | | | |
| 4 | 电费回收率（%） | | | | | |
| 5 | 售电均价（元/MWh） | | | | | |
| 分析记录 | | 1. | | | | |
| | | 2. | | | | |

## 2. 供电所安全生产分析

| 序号 | 目标名称 | 季度计划 | 本月完成 | 分析记录 |
|---|---|---|---|---|
| 1 | 配电台区设施巡视执行率（%） | | | |
| 2 | 配电台区设施消缺执行率（%） | | | |
| 3 | 检修计划完成情况（%） | | | |
| 4 | 低压工作票合格率（%） | | | |
| 5 | 剩余电流动作保护器完好率（%） | | | |

## 3. 供电服务分析

| 序号 | 目标名称 | 本月发生（完成） | 累计发生（完成） | 分析记录 |
|---|---|---|---|---|
| 1 | 客户投诉受理情况（户） | | | |
| 2 | 低压客户业扩服务时间达标率（%） | | | |
| 3 | 故障报修到达现场及时率（%） | | | |
| 4 | D 类电压合格率（%） | | | |

## 4. 专业指标分析

（1）400V 各公用变压器台区线损率完成情况。

| 序号 | 台区名称 | 台区容量 | 合计供电量 | 合计售电量 | 损失电量 | 线损率 | 线损指标 | 线损责任人 |
|---|---|---|---|---|---|---|---|---|
| 1 | | | | | | | | |
| 2 | | | | | | | | |
| 3 | | | | | | | | |
| 4 | | | | | | | | |
| 5 | | | | | | | | |
| 6 | | | | | | | | |
| 7 | | | | | | | | |
| … | | | | | | | | |
| 合计 | | | | | | | | |

（2）400V 业扩报装完成情况。

1）本月新增用户×户；

2）批量新装用户×户；

3）改类用户×户；

4）更名用户×户；

5）销户用户×户；

本月未发生超期，超短工单。

5. 计量装置采集情况

整体日采集成功率统计

| | | 考核用户 | | | | 低压用户 | | | | 整体 | | | | |
|---|---|---|---|---|---|---|---|---|---|---|---|---|---|---|
| 序号 | 单位 | 应采集数 | 日采集成功数 | 日采集成功率 | 月均采集成功率 | 应采集数 | 日采集成功数 | 日采集成功率 | 月均采集成功率 | 应采集数 | 日采集成功数 | 日采集成功率 | 日采集成功率（调节后） | 月均采集成功率 |
| 1 | | | | | | | | | | | | | | |

6. 计量装置巡视情况

……

7. 供电所用电检查情况

……

8. 供电所营业普查情况

……

9. 供电所优质服务情况

……

10. 本月存在的问题及下一步采取的工作措施

……

## 12.3 （资料编号 25）施工工器具台账

# 施工工器具台账

1. 填写说明

本台账为“国网公司信息化条件下乡镇供电所资料精简格式样张”要求的必备资料，由“施工工器具台账”及“施工工器具检查记录”组成，需严格按配电设施建设、管理要求，记录施工工器具检测、出入库情况。

2. 填写内容

根据供电所施工工器具保存、检查实际情况进行填写。

3. 填写方式

施工工器具台账以电子文档方式记录并保存，存放在运检技术员办公室；检查记录以纸质文档方式记录并保存，存放在施工工器具室。

4. 填写要求

（1）本台账对工器具名称、规格型号、编号、存放场所、保管人和日常检查情况进行记录；

（2）更新时间：施工工器具台账在工器具更新、检验后记录。

# 施工工器具台账

| 名称 | 规格型号 | 编号 | 存放场所 | 保管人 | 备注 |
|---|---|---|---|---|---|
| | | | | | |
| | | | | | |
| | | | | | |
| | | | | | |
| | | | | | |
| | | | | | |
| | | | | | |
| | | | | | |

# 施工工器具检查记录

| 名称 | 规格型号 | 编号 | 存放场所 | 检查日期 | 检查情况 | 检查人 |
|---|---|---|---|---|---|---|
| | | | | | | |
| | | | | | | |
| | | | | | | |
| | | | | | | |
| | | | | | | |
| | | | | | | |
| | | | | | | |
| | | | | | | |

## 12.4 （资料编号 26）施工工器具试验和出入库记录

# 施工工器具试验和出入库记录

**1. 填写说明**

本记录为“国网公司信息化条件下乡镇供电所资料精简格式样张”要求的必备资料，由“施工工器具出入库记录”组成。

**2. 填写内容**

施工工器出入库记录，根据实际情况进行填写。

**3. 填写方式**

本记录以纸质方式记录并保存，存放在施工工器具室。

4. 填写要求

本记录更新周期：日常。

## 国网××供电公司××供电所施工工器具出入库记录

部门：××供电所　　　　　　　　项目用途：

| 序号 | 工具名称 | 规格 | 领用数 | 编号 | 单位 | 退回数 | 备注 | 序号 | 工具名称 | 规格 | 领用数 | 编号 | 单位 | 退回数 | 备注 |
|---|---|---|---|---|---|---|---|---|---|---|---|---|---|---|---|
| | | | | | | | | | | | | | | | |
| | | | | | | | | | | | | | | | |
| | | | | | | | | | | | | | | | |
| | | | | | | | | | | | | | | | |
| | | | | | | | | | | | | | | | |
| | | | | | | | | | | | | | | | |
| | | | | | | | | | | | | | | | |
| | | | | | | | | | | | | | | | |
| | | | | | | | | | | | | | | | |
| | | | | | | | | | | | | | | | |
| | | | | | | | | | | | | | | | |
| | | | | | | | | 领用人： | | 保管员： | | | 日期： | | |
| | | | | | | | | 退回人： | | 保管员： | | | 日期： | | |

### 12.5 （资料编号 27）备品备件台账、出入库记录

## 备品备件台账及领用记录

1. 填写说明

（1）未实现信息系统自动生成的供电所，台账采用手工编制（电子存档）方式，存放在运检技术员办公室；

（2）本台账为“国网公司信息化条件下乡镇供电所资料精简格式样张”要求的必备资料；

（3）领用记录采用手工编制（纸质存档），存放在备品备件室，样张供参考。

2. 填写内容

供电所备品备件台账表头：1～7 栏按实际填写，最高定额填写：该材料上限，最低定额填写：该材料下限；

8～19 栏按实际出入、库及库存数量填写；

20～21栏按实际日期和凭证编号填写；

22～24栏按实际出入、库及库存数量填写；

25栏填写记录人姓名；

26栏填写其他注意事项。

**3. 填写要求**

本台账填写周期：日常，由运检技术员负责填写。

# 备品备件台账及领用记录

| ××供电所备品备件台账 | | | | | | | | | | | | | |
|---|---|---|---|---|---|---|---|---|---|---|---|---|---|
| 库　　号：一 | | | | 架　　号：一 | | | | | 层　　号：一 | | | | |
| 材料名称：一 | | | | 规　　格：一 | | | | | 单　　位：一 | | | | |
| 最高定额：一 | | | | 最低定额：一 | | | | | 物料编码：一 | | | | |
| | 日期 | 1月 | 2月 | 3月 | 4月 | 5月 | 6月 | 7月 | 8月 | 9月 | 10月 | 11月 | 12月 |
| ××年 | 入库 | | | | | | | | | | | | |
| | 出库 | | | | | | | | | | | | |
| | 库存 | | | | | | | | | | | | |
| ××年 | 入库 | | | | | | | | | | | | |
| | 出库 | | | | | | | | | | | | |
| | 库存 | | | | | | | | | | | | |

| 材料出入库记录 | | | | | | | |
|---|---|---|---|---|---|---|---|
| 序号 | 日期 | 凭证编号 | 出库数量 | 入库数量 | 库存数量 | 记录人 | 备注 |
| 1 | | | | | | | |
| 2 | | | | | | | |
| 3 | | | | | | | |
| 4 | | | | | | | |
| 5 | | | | | | | |
| 6 | | | | | | | |
| 7 | | | | | | | |
| 8 | | | | | | | |
| 9 | | | | | | | |
| 10 | | | | | | | |
| 11 | | | | | | | |

## 12.6（资料编号12）××供电公司“两措”计划

# ××供电公司“两措”计划

1. 编制说明

“两措”计划由安全质量监察部负责编制。样张供参考。

2. 存放方式

供电所以电子文档方式保存，存放安全质量员办公室。

# 国网××供电公司
# “两措”计划管理办法

### 一、反事故措施和安全技术劳动保护措施计划的目的

（1）反事故措施（简称“反措”）是有计划、有重点地组织反事故的重要方法，是提高设备可靠性的重大技术改进措施，是消除威胁生产的设备重大隐患的方法。

（2）“反措”的目的是为了在有限的人力、物力和财力的条件下，优先保证那些对消除重大不安全因素，有突出作用、明显效果的反事故组织措施和技术措施得以实现。

（3）安全技术劳动保护措施（简称“安措”）是保证人身生产安全的重要方法，是消除职业病和人身安全的重要措施。

（4）“安措”的目的主要是有计划地改善劳动条件，改造、更新各种安全工器具消除生产中危及人身安全的因素，防止职业病和人身安全的重要措施。

### 二、“两措”的依据

1.“反措”

（1）上级颁发的反事故技术措施和事故通报；

（2）有关提高设备可靠性的重大技术改进措施；

（3）事故报告中提出但尚未落实的重要对策；

（4）消除威胁生产安全的设备重大隐患和缺陷的计划；

（5）上级有关安全生产的指示、要求等；

（6）防汛、抗震、防台风等应急预案所需项目，可作为制定和修订“反措”计划的依据。

2.“安措”

（1）防止人身伤亡事故的对策；

（2）防尘、防毒、防触电等治理措施；

（3）改善劳动条件，防止职业病和防人身触电的措施。

**三、“两措计划”的编制**

（1）年度反事故措施计划应由分管生产领导组织，以运维检修部为主，各有关部门参加编制反事故措施计划，要把反事故措施计划纳入技改计划。

（2）编制年度大修、更新改造和教育培训计划时，对“反措”计划结合本企业情况，落实“反措”和防止事故对策的反事故重点工作，因此计划的每个项目都应有执行人、完成期限、所需器材、资金、人工等内容。

（3）安全技术劳动保护措施计划由分管安全工作领导组织，安全质量监察部为主，各有关部门参加，应根据项目安全施工措施编制年度安全措施计划。

（4）“安措”计划项目的确定需经公司工会同意后实施。

（5）公司应优先安排“两措”计划所需资金，“安措”计划所需资金每年从更新改造费用或其他生产费用中提取。

**四、“两措”管理**

（1）安全监察质量部要对“两措”计划进行经常监督，主管领导或总工程师定期组织“两措”计划全面检查分析，各单位负责人应每月检查“两措”计划的实施情况，并保证“两措”计划的落实。

（2）安全监察质量部每半年对“两措”进行一次检查，对存在的问题应及时向主管领导汇报，并记入“两措”记录。

（3）公司安委会年底对“两措”计划进行全面的检查并写出总结。

（4）对于没有完成“两措”计划的单位要结合工作实际，说明情况及时上报，因单位原因没有按时完成“两措”计划的要进行通报批评。

## 12.7 （资料编号 13）供电所“两措”计划完成情况表

# 安全技术劳动保护措施计划完成情况、反事故技术措施计划完成情况填写说明

**1. 填写要求**

（1）本台账由供电所负责安全监督工作的人员填写，供电所负责人审核，公司领导、安质部及相关部门负责检查考核；

（2）措施完成情况每月检查一次，每半年进行一次汇总，应存放在安全质量员办公室；

（3）供电所严格按照县供电企业年初下达的安、反措计划相关文件落实完成本所的工作内容；

（4）本记录为“国网公司信息化条件下乡镇供电所资料精简格式样张”要求的必备资料。

**2. 填写方式**

手工记录。

**3. 填写周期**

月。

**4. 存放地点**

安全质量员办公室。

## 安全技术劳动保护措施计划完成情况

| 序号 | 措施内容 | 计划完成时间 | 负责人 | 实际完成时间 | 检查人 |
|---|---|---|---|---|---|
| 1 | | | | | |
| 2 | | | | | |
| 3 | | | | | |
| 4 | | | | | |
| 5 | | | | | |
| 6 | | | | | |
| 7 | | | | | |
| 8 | | | | | |
| 9 | | | | | |
| 10 | | | | | |
| 11 | | | | | |
| 12 | | | | | |
| 13 | | | | | |
| 上半年计划______项，实际完成______项，完成率______ % | | | | | |
| 全年计划______项，实际完成______项，完成率______ % | | | | | |

## 反事故技术措施计划完成情况

| 序号 | 措施内容 | 计划完成时间 | 负责人 | 实际完成时间 | 检查人 |
|---|---|---|---|---|---|
| 1 | | | | | |
| 2 | | | | | |
| 3 | | | | | |

续表

| 序号 | 措施内容 | 计划完成时间 | 负责人 | 实际完成时间 | 检查人 |
|---|---|---|---|---|---|
| 4 | | | | | |
| 5 | | | | | |
| 6 | | | | | |
| 7 | | | | | |
| 8 | | | | | |
| 9 | | | | | |
| 10 | | | | | |
| 11 | | | | | |
| 12 | | | | | |
| 13 | | | | | |
| 14 | | | | | |
| 15 | | | | | |
| 16 | | | | | |
| 上半年计划_____项，实际完成_____项，完成率_____ % | | | | | |
| 全年计划_____项，实际完成_____项，完成率_____ % | | | | | |

## 12.8 （资料编号28）线路、设备巡视记录

# 线路设备巡视记录

### 1. 填写说明

（1）本记录为“国网公司信息化条件下乡镇供电所资料精简格式样张”要求的必备资料；

（2）本记录由供电所巡视人员巡视线路（台区）时专用，现场巡视负责人填写。

### 2. 填写内容

（1）本记录一般由10kV（20kV）线路（可选）及多个台区合用；

（2）巡视记录应字迹清楚，按现场实际情况准确填写，巡视记录一般1天记录1张；巡视人员每天巡视结束后，将当天巡视情况反馈给班组长。

### 3. 填写方式

（1）本记录应妥善保管，不得遗失；

（2）本记录作为供电所建设必备资料，应于每月整理装订入册，存放在外勤班办公室。

4. 填写要求

本记录更新周期：月，存放于班组办公室。

## 线路设备巡视记录（样张）

供电所：__________ 巡视人员：__________ 巡视日期：__________ 天气：__________

| 序号 | 线路（设备） | 巡视结论 | 缺陷描述 | 缺陷类型 | 初步处理意见 |
|---|---|---|---|---|---|
| | | | | | |
| | | | | | |
| | | | | | |

### 12.9 （资料编号 29）设备检修停电计划

## 设备检修停电计划

1. 填写说明

本台账依据《国家电网公司配网检修管理规定》，由运检部负责编制并组织实施，供电所存档。

2. 填写内容

主要记录设备检修停电范围、工作内容、停电情况、停电日期时间、配合单位、影响范围等内容。

3. 填写方式

以电子版的形式记录和保存，由运检技术员负责建立和管理。

4. 填写要求

本台账更新周期：周。

## 设备检修停电计划

| 序号 | 工作单位 | 责任人 | 停电范围 | 工作内容 | 停电日期 | 停电时间 | 工作时间 | 配合单位 | 影响范围 |
|---|---|---|---|---|---|---|---|---|---|
| | | | | | | | | | |
| | | | | | | | | | |
| | | | | | | | | | |

续表

| 序号 | 工作单位 | 责任人 | 停电范围 | 工作内容 | 停电日期 | 停电时间 | 工作时间 | 配合单位 | 影响范围 |
|---|---|---|---|---|---|---|---|---|---|
| | | | | | | | | | |
| | | | | | | | | | |
| | | | | | | | | | |
| | | | | | | | | | |
| | | | | | | | | | |
| | | | | | | | | | |

批准人：　　　　　　　　　　审核人：　　　　　　　　　　填表人：

## 12.10 （资料编号 30）线路、设备检修停电记录

# 线路、设备检修停电记录

**1. 填写说明**

未实现信息系统自动生成的供电所，台账采用手工编制（电子存档）方式。系统查询方式供参考。

**2. 填写要求**

本记录更新周期：周，由运检技术员负责填写。

# 线路、设备检修停电查询流程操作说明

**一、应用系统**

生产管理系统。

**二、业务角色权限**

有生产管理系统权限的管理人员。

**三、查询流程**

1. 进入功能菜单—计划管理—月计划—配网月计划查询

功能菜单：

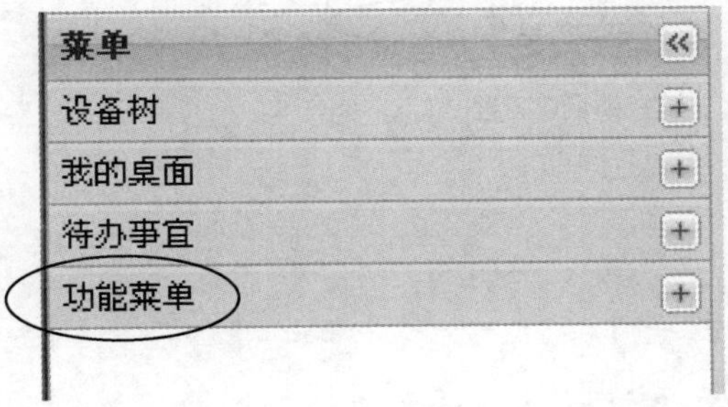

计划管理：

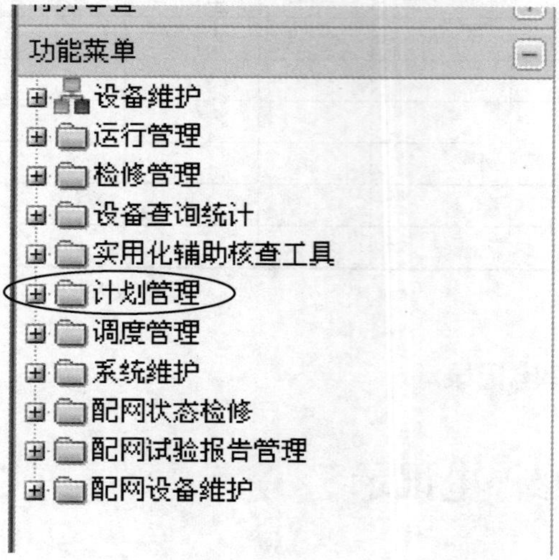


月计划：

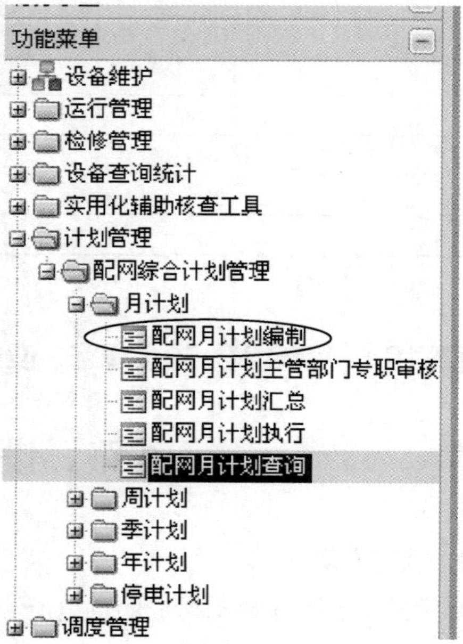


配网月计划查询：

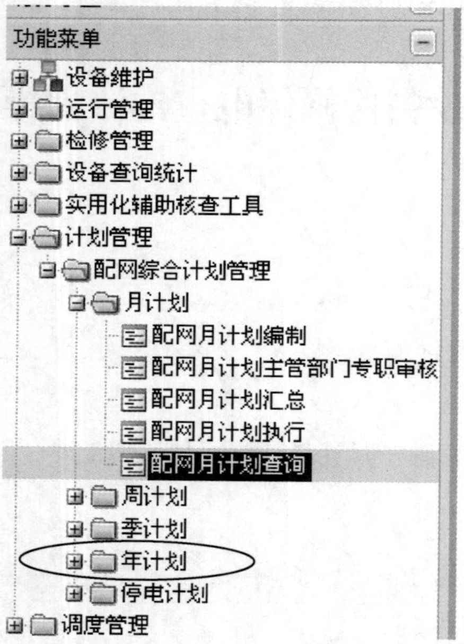

2. 配网月计划选择部门、年月份、项目名称等进行查询

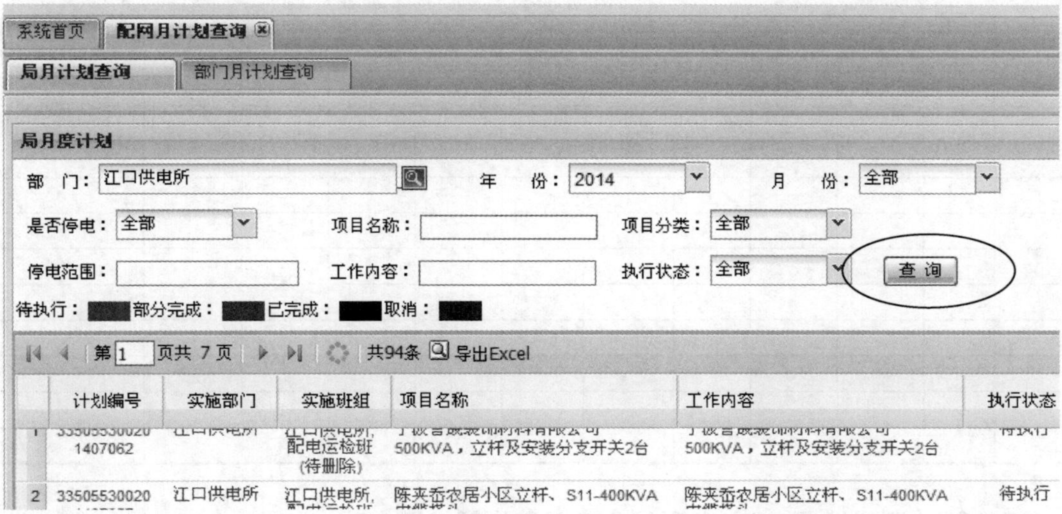


## 12.11 （资料编号 31）电压测试月分析记录

# 电压测试月分析记录

**1. 填写说明**

台账采用手工编制（电子存档）方式，存放在班组办公室。

**2. 填写要求**

（1）系统监测低电压情况：要求专人每日监测，及时发现低电压。

（2）现场测试低电压情况：通过系统监测出的低电压，要求人员及时现场进行测试。

（3）低电压分析及治理措施：现场测试与系统监测相同时，应分析低电压原因并提出治理措施。

1）对于短期出现的低电压，宜优先采取无功补偿方式治理；

2）对于长期出现的低电压，综合考虑技术经济性，按照“小容量、密布点、短半径”原则，新增配电变压器布点，缩短低压供电半径；

3）针对配电变压器平均负载率低于 25%、电压波动过大的季节性“低电压”问题，使用有载调容、调压配电变压器（按照国家电网公司重点推广新技术目录，应用比例不低于新增配电变压器 15%）。对于农村地区存在的季节性配电变压器短时严重过载的问题，可适当使用高过载配电变压器。

# 电压测试月分析记录

| 监测、测试日期 | 台区名称 | 系统监测低电压情况 | | | 监测人 | 台区名称 | 现场测试低电压情况 | | | 测试人 | 低电压分析及治理措施 |
|---|---|---|---|---|---|---|---|---|---|---|---|
| | | $U_a$ | $U_b$ | $U_c$ | | | $U_a$ | $U_b$ | $U_c$ | | |
| | | | | | | | | | | | |
| | | | | | | | | | | | |
| | | | | | | | | | | | |
| | | | | | | | | | | | |
| | | | | | | | | | | | |
| | | | | | | | | | | | |
| | | | | | | | | | | | |
| | | | | | | | | | | | |
| | | | | | | | | | | | |
| | | | | | | | | | | | |

## 12.12 （资料编号 32）台区剩余电流动作保护器台账

# 台区剩余电流动作保护器台账

**1. 填写说明**

本台账为“国网公司信息化条件下乡镇供电所资料精简格式样张”要求的必备资料，未实现信息系统自动生成的供电所，台账采用手工编制（电子存档）方式，存放在班组办公室。

**2. 填写要求**

1～2 栏填写××供电所及漏电保护器实际安装的地址；

3～8 栏按剩余电流动作保护器实际名称及参数填写；

9～10 栏填写剩余电流动作保护器漏电保护器的安装日期及日常维护的责任人，日期格式为年月日，如 2016.01.01；

11 栏填写其他注意事项。

# 台区剩余电流动作保护器台账

| 序号 | 单位 | 安装地址 | 漏保名称 | 保护形式 | 型号 | 制造厂家 | 额定电流（A） | 动作电流（A） | 安装日期 | 责任人 | 备注 |
|---|---|---|---|---|---|---|---|---|---|---|---|
| 1 | 1 | 2 | 3 | 4 | 5 | 6 | 7 | 8 | 9 | 10 | 11 |
| 2 | | | | | | | | | | | |
| 3 | | | | | | | | | | | |
| 4 | | | | | | | | | | | |
| 5 | | | | | | | | | | | |

续表

| 序号 | 单位 | 安装地址 | 漏保名称 | 保护形式 | 型号 | 制造厂家 | 额定电流（A） | 动作电流（A） | 安装日期 | 责任人 | 备注 |
|---|---|---|---|---|---|---|---|---|---|---|---|
| 6 | | | | | | | | | | | |
| 7 | | | | | | | | | | | |
| 8 | | | | | | | | | | | |
| 9 | | | | | | | | | | | |
| 10 | | | | | | | | | | | |
| 11 | | | | | | | | | | | |

## 12.13 （资料编号 33）台区剩余电流动作保护器装置测试、运行记录

# 台区剩余电流动作保护器装置测试、运行记录

### 1. 填写说明

本台账为“国网公司信息化条件下乡镇供电所资料精简格式样张”要求的必备资料，未实现信息系统自动生成的供电所，台账采用手工编制（纸质存档）方式，存放在班组办公室。样张供参考。

### 2. 填写要求

1 栏填写剩余电流动作保护器实际安装的地点；

2～4 栏填写剩余电流动作保护器的基本参数器运行记录操；

5 栏填写剩余电流动作保护器日常管理人员的姓名；

6 栏填写剩余电流动作保护器的动作时间；

7、12 栏填写实际测试日期，格式为年月日，如 2016.01.01；

8、13 栏填写测试时剩余电流动作保护器动作时的电流；

9、14 栏填写测试时剩余电流动作保护器动作时的时间；

10、15 栏填写测试结果，如运行正常、拒动等；

11、16 栏填写测试人员姓名。

# 剩余电流动作保护器装置测试、运行记录

| | | | | | | | | | |
|---|---|---|---|---|---|---|---|---|---|
| 安装地点 | 1 | 额定动作电流 | 2 | | 型号 | 3 | 制造厂名 | 4 | |
| 管理人 | 5 | 额定动作时间 | 6 | | 投运时间 | 年　月　日 | | | |
| 测试日期 | 动作电流（mA） | 动作时间（s） | 运行情况 | 测试人 | 测试日期 | 动作电流（mA） | 动作时间（s） | 运行情况 | 测试人 |
| 7 | 8 | 9 | 10 | 11 | 12 | 13 | 14 | 15 | 16 |
| | | | | | | | | | |
| | | | | | | | | | |
| | | | | | | | | | |

## 12.14 （资料编号 34）月度降损计划

# 月 度 降 损 计 划

**1. 填写说明**

（1）本记录为“国网公司信息化条件下乡镇供电所资料精简格式样张”要求的必备资料；

（2）本记录按照各省公司要求进行填写，样张供参考。

**2. 填写方式**

本记录以电子文档方式记录并保存,存放在运检技术员办公室。

**3. 填写要求**

本记录更新周期：月度，由运检技术员负责填写并存档。

## ××供电所××月降损措施计划

| 序号 | 台区名称 | 降损措施 | 责任人 | 计划完成时间 | 备注 |
|---|---|---|---|---|---|
| 1 | | | | | |
| 2 | | | | | |
| 3 | | | | | |
| 4 | | | | | |
| 5 | | | | | |
| 6 | | | | | |
| 7 | | | | | |
| 8 | | | | | |
| | | | | | |
| | | | | | |
| | | | | | |
| | | | | | |
| | | | | | |
| | | | | | |
| | | | | | |
| | | | | | |
| | | | | | |
| | | | | | |
| | | | | | |

## 12.15 （资料编号 35）台区线损管理资料

# 台区线损管理资料

**1. 填写说明**

（1）本记录为“国网公司信息化条件下乡镇供电所资料精简格式样张”要求的必备资料；

（2）本记录主要包括指标完成情况、下月降损计划以及降损工作举措等内容，样张供参考。

**2. 填写方式**

本记录以电子文档方式记录并保存，存放在运检技术办公室。

**3. 填写要求**

本记录更新周期：月，由运检技术员负责填写并存档。

# ××供电所××年×月线损分析记录

**一、指标完成情况**

1. 指标完成情况

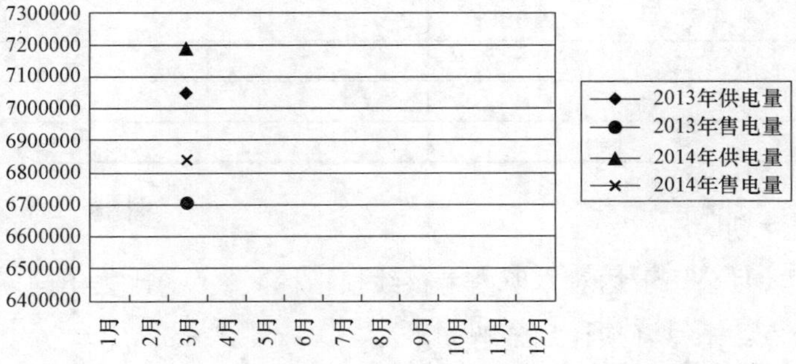


近 2 年各月线损折线图

2. 台区线损分析

×月供电量：××kWh，售电量：××kWh，线损电量××kWh，低压线损率××%。

本月全所有××个台区线损异常，其中高于××线损有××个台区，出现负线损台区有××个，有××个台区线损较大，主要原因分析如下：

（1）××台区由于用户电量载波采集不稳定造成估算用户多，造成台区线损偏大。

（2）××台区因台区表计对应关系错误，造成××个台区线损超 10%，××个台区线损出现负线损。

（3）××台区地处山区，供电半径大、线径小、用户居住四散，用电量又少，故线路损耗有些偏大。

（4）××台区线损偏高，在线路末端有一个企业用户，容量××kW，功率因数较低，只有××，造成无功电流增大，末端电压较低，线路损耗有些偏大。

| 指标 | 本月 | | | 累计 | | |
|---|---|---|---|---|---|---|
| | 本月 | 去年同期 | 同比 | 本月 | 去年同期 | 同比 |
| 供电量 | | | | | | |
| 售电量 | | | | | | |
| 线损 | | | | | | |

（5）××台区线损偏高，发现××用户越表违约用电，造成台区线损偏高×%。

（6）××台区线损偏高，发现××用户表计烧坏停走（表计接线错误、表计已装而未走营销系统流程等原因）。

（7）××台区负线损，发现公用变压器终端接线错误或公用变压器终端故障，造成××台区线损偏小。

（8）××台区线损过大或过小，主要原因为该区域用户抄表时间发现调整，或公用变压器终端抄表时间与用户抄表时间不同步。

（9）其他原因分析。

**台区线损异常分析表**

| 台区名称 | 供电量 | 售电量 | 线损率 | 原因分析 |
|---|---|---|---|---|
| | | | | |
| | | | | |
| | | | | |

## 二、下月降损计划

××××年××月公司下达对本所内考核线损指标××%，比去年同期下降××%，比上月下降××个百分点。下月降损计划分解如下。

**台区降损计划表**

| 台区名称 | 上月线损率 | 本月计划线损率 | 应下降 | 责任人 |
|---|---|---|---|---|
| | | | | |
| | | | | |
| | | | | |
| | | | | |

## 三、下月的降损工作措施

（1）采集系统运维人员对公用变压器终端和低压采集数据完整率进行跟踪监控，发现故障应及时修复，防止数据采集失败。

（2）对×台区低压线路进行改造，导线由原×型号调换为×型号，供电半径由原 500m 缩短为 250m，降低线路自然损耗。

（3）对新装用户要及时安装采集器以避免电量未采集引起线损增大。

（4）对×台区用户组一次用电检查，应用采集系统重点检查窃电、漏表、表计故障用户。

（5）对×台区下企业用户进行无功检测，对功率因数低企业要求用户安装无功补偿装置，同时实现分散补偿和集中补偿相结合，根据台区功率因数情况，在线路合适位置加装自动无功补偿装置，提高台区功率因数。

（6）对×台区表计未对应的，×责任人重新核对台区表计对应关系，对跨台区的用户要及时调整。

（7）严格控制手工抄表比例，减少抄表差错，全面推广智能电表，提高计量表计的准确率。

（8）其他降损措施。

## 乡镇供电所 0.4kV 台区低压线损完成情况表

（供电所 10kV 线路线损表借鉴本表）

| 序号 | 供电所 | 线路名称 | 台区名称 | 管理电工 | 容量 | 型号 | 考核指标 | 购电量 | | 售电量 | | 损失电量 | | 线损率 | | | | 奖惩情况 |
|---|---|---|---|---|---|---|---|---|---|---|---|---|---|---|---|---|---|---|
| | | | | | | | | 本月 | 累计 | 本月 | 累计 | 本月 | 累计 | 本月 | 累计 | 同比 | 比考核指标 | |
| 1 | | | | | | | | | | | | | | | | | | |
| 2 | | | | | | | | | | | | | | | | | | |
| 3 | | | | | | | | | | | | | | | | | | |
| 4 | | | | | | | | | | | | | | | | | | |
| 5 | | | | | | | | | | | | | | | | | | |
| 6 | | | | | | | | | | | | | | | | | | |
| 7 | | | | | | | | | | | | | | | | | | |
| 8 | | | | | | | | | | | | | | | | | | |
| 9 | | | | | | | | | | | | | | | | | | |
| 10 | | | | | | | | | | | | | | | | | | |
| 11 | | | | | | | | | | | | | | | | | | |
| 12 | | | | | | | | | | | | | | | | | | |
| 13 | | | | | | | | | | | | | | | | | | |
| | | | | | | | | | | | | | | | | | | |

### 12.16 （资料编号 36）配电线路交跨台账

## 配电线路交跨台账

#### 1. 填写说明

本台账为“国网公司信息化条件下乡镇供电所资料精简格式样张”要求的必备资料，供运行供电所测量线路交叉跨越专用，由现场测量负责人填写。样张供参考。

**2. 填写内容**

（1）本台账一般由多条测量记录共用；

（2）本台账应字迹清楚，按实际情况准确填写；运行人员测量结束后，将当天测量情况反馈给班组长。

**3. 填写方式**

（1）本台账应妥善保管，不得遗失；

（2）本台账作为供电所班组必备资料，应于每月整理装订入册。

**4. 填写要求**

本台账更新周期：不定期，由供电所运检技术员负责填写，存放在班组办公室。

## 配电线路交跨台账（样张）

单位：××供电所　　　　　单位：　m

| 线路名称 | 测量日期 | 交叉档杆号 A～B | 档距 $L$ | 交叉点水平距离 | | 被交叉物 | | | 测量时气温 | 测量人 | 换算到40℃的值 | 结论 | 示意图 |
|---|---|---|---|---|---|---|---|---|---|---|---|---|---|
| | | | | $X_1$ | $X_2$ | 名称 | 垂直距离 $D$ | 交叉角 $\alpha$ | | | | | |
| | | | | | | | | | | | | | 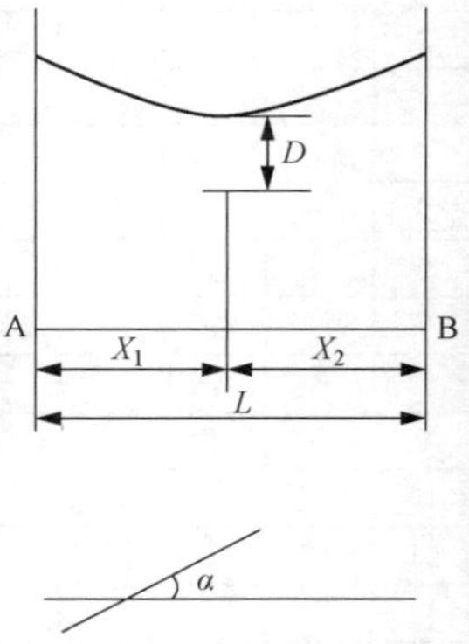 |
| | | | | | | | | | | | | | |
| | | | | | | | | | | | | | |
| | | | | | | | | | | | | | |
| | | | | | | | | | | | | | |
| | | | | | | | | | | | | | |
| | | | | | | | | | | | | | |
| | | | | | | | | | | | | | |
| | | | | | | | | | | | | | |
| | | | | | | | | | | | | | |
| | | | | | | | | | | | | | |
| | | | | | | | | | | | | | |

### 12.17 （资料编号 37）三相负荷不平衡测试及调整记录

## 三相负荷不平衡测试及调整记录

**1. 填写说明**

（1）本记录为“国网公司信息化条件下乡镇供电所资料精简格式样张”要求的必备

资料；

（2）未实现信息系统生成的供电所，记录采用手工编制（电子存档）方式。系统查询方式供参考；

（3）三相不平衡调整记录采用手工编制（电子/纸质存档），存放在班组办公室。

2. 填写要求

本记录更新周期：实时，由测试人员负责填写，存放于运检技术员处。

## ××供电所三相负荷不平衡测试及调整记录

| 序号 | 台区名称 | 配电变压器型号及容量 | 投运时间 | 测量日期 | 天气状况 | 温度 | 测量人 | 调整前电流 | | | 三相不平衡率 | 调整时间 | 调整措施及结果 | 调整后电流 | | | 备注 |
|---|---|---|---|---|---|---|---|---|---|---|---|---|---|---|---|---|---|
| | | | | | | | | A | B | C | | | | A | B | C | |
| | | | | | | | | | | | | | | | | | |
| | | | | | | | | | | | | | | | | | |
| | | | | | | | | | | | | | | | | | |
| | | | | | | | | | | | | | | | | | |
| | | | | | | | | | | | | | | | | | |
| | | | | | | | | | | | | | | | | | |
| | | | | | | | | | | | | | | | | | |
| | | | | | | | | | | | | | | | | | |
| | | | | | | | | | | | | | | | | | |

### 12.18 （资料编号38）接地电阻测量记录

## 接地电阻测量记录

1. 填写说明

本记录供运行供电所测量设备接地电阻专用，由现场测量负责人填写。

2. 填写内容

（1）本记录一般由多条测量记录共用；

（2）本记录应字迹清楚，按实际情况准确填写；运行人员测量结束后，将当天测量情况返回给班组长。

3. 填写要求

本记录更新周期：年，由测试人员负责填写，存放于运检技术员处。

# 接地电阻测量记录（样张）

供电所：__________ 测量人员：__________ 监护人：__________

| 序号 | 线路名称 | 设备名称 | 装设地点 | 地理与土质 | 测量日期 | 测量环境 | | 电阻值（Ω） | 测量人 | 对不合格接地装置的处理情况 | | | | | | 备注 |
|---|---|---|---|---|---|---|---|---|---|---|---|---|---|---|---|---|
| | | | | | | 天气 | 温度 | | | 处理时间 | 测量时间 | 测量环境 | | 电阻值（Ω） | 测量人 | |
| | | | | | | | | | | | | 天气 | 温度 | | | |
| | | | | | | | | | | | | | | | | |
| | | | | | | | | | | | | | | | | |
| | | | | | | | | | | | | | | | | |
| | | | | | | | | | | | | | | | | |
| | | | | | | | | | | | | | | | | |
| | | | | | | | | | | | | | | | | |
| | | | | | | | | | | | | | | | | |
| | | | | | | | | | | | | | | | | |

## 12.19 （资料编号 39）红外线测温记录

# 红 外 线 测 温 记 录

### 1. 填写说明

管理 10kV（20kV）线路的供电所建立此记录，未管理的不建立。

### 2. 填写内容

（1）本记录一般由多条测量记录共用。

（2）本记录应字迹清楚，按实际情况准确填写；运行人员测量结束后，将当天测量情况返回给班组长。

### 3. 填写方式

（1）本记录应妥善保管，不得遗失。

（2）本记录作为供电所建设必备资料。

### 4. 填写要求

本记录更新周期：日常，由测试人员负责填写，存放于运检技术员处。

# 红外线测温记录（样张）

供电所：__________ 测量人：__________ 测量日期：__________

| 序号 | 线路名称 | 接点名称 | 接电设备 | 环境温度（℃） | 接点温度（℃） | | | 测量结果 | 备注 |
|---|---|---|---|---|---|---|---|---|---|
| | | | | | A | B | C | | |
| | | | | | | | | | |
| | | | | | | | | | |
| | | | | | | | | | |

续表

| 序号 | 线路名称 | 接点名称 | 接电设备 | 环境温度（℃） | 接点温度（℃） | | | 测量结果 | 备注 |
|---|---|---|---|---|---|---|---|---|---|
| | | | | | A | B | C | | |
| | | | | | | | | | |
| | | | | | | | | | |
| | | | | | | | | | |
| | | | | | | | | | |
| | | | | | | | | | |
| | | | | | | | | | |
| | | | | | | | | | |

### 12.20 （资料编号 40）低压接线图

## 低 压 接 线 图

#### 1. 填写说明

（1）本台账为“国网公司信息化条件下乡镇供电所资料精简格式样张”要求的必备资料；

（2）未实现信息系统自动生成的供电所，台账采用手工编制（电子存档）方式。

#### 2. 填写要求

本台账更新周期：日常，由运检技术员负责填写。

### 12.21 （资料编号 41）低压配电线路设备台账

## 低压配电线路设备台账

#### 1. 填写说明

（1）本台账为“国网公司信息化条件下乡镇供电所资料精简格式样张”要求的必备资料。

（2）未实现信息系统自动生成的供电所，本台账采用手工编制（电子存档）方式。样张供参考。

#### 2. 填写内容

1 栏台区名称：按实际填写；

2 栏总配电柜（箱）（单元）：按低压《配电网运维规程》规定填写评级分类数量；

3 栏架空线路（单元）：按低压《配电网运维规程》规定填写评级分类数量；

4 栏电缆线路（单元）：按低压《配电网运维规程》规定填写评级分类数量；

5 栏接户（户联）装置（单元）：按低压《配电网运维规程》规定填写评级分类数量；

6 栏存在缺陷及整改措施：按实际填写。

#### 3. 填写要求

本台账更新周期：日常，由运检技术员负责填写。

# 低压配电线路设备台账

部门：××供电所

| 序号 | 台区名称 | 配电变压器 | | | 装置形式 | 进线电缆长度（m） | 出线回路 | 出线电缆长度（m） | 电杆基数 | 主线型号 | 供电半径（km） | 台区绝缘化率（%） | 总长度（km） | 其中架空裸导 | 其中架空绝缘 | 其中架空集束 | 其中电缆线路 | 接户（户联）线长度 | | 综合配电箱 | | | | | | | | | | | | 分接箱 | | 单相用户 | 三相用户 | 自备电源 | |
|---|---|---|---|---|---|---|---|---|---|---|---|---|---|---|---|---|---|---|---|---|---|---|---|---|---|---|---|---|---|---|---|---|---|---|---|---|---|
| | | 型号 | 容量（kVA） | 地址及挂靠线路（杆） | | | | | | | | | | 长度（km） | 长度（km） | 长度（km） | 长度（km） | 对 | （km） | 隔离开关 | | 断路器 | | 电容器 | | 综合测控仪 | | 避雷器 | | 漏电保护器 | | | | | | | |
| | | | | | | | | | | | | | | | | | | | | （台） | 型号 | （台） | 型号 | （台） | 容量 | （只） | 型号 | （组） | 型号 | （组） | 型号 | 型号 | （台） | （户） | （户） | （台） | （kW） |
| | | | | | | | | | | | | | | | | | | | | | | | | | | | | | | | | | | | | | |
| | | | | | | | | | | | | | | | | | | | | | | | | | | | | | | | | | | | | | |
| | | | | | | | | | | | | | | | | | | | | | | | | | | | | | | | | | | | | | |
| | | | | | | | | | | | | | | | | | | | | | | | | | | | | | | | | | | | | | |
| | | | | | | | | | | | | | | | | | | | | | | | | | | | | | | | | | | | | | |
| | | | | | | | | | | | | | | | | | | | | | | | | | | | | | | | | | | | | | |
| | | | | | | | | | | | | | | | | | | | | | | | | | | | | | | | | | | | | | |
| | | | | | | | | | | | | | | | | | | | | | | | | | | | | | | | | | | | | | |
| | | | | | | | | | | | | | | | | | | | | | | | | | | | | | | | | | | | | | |
| | | | | | | | | | | | | | | | | | | | | | | | | | | | | | | | | | | | | | |
| | | | | | | | | | | | | | | | | | | | | | | | | | | | | | | | | | | | | | |
| | | | | | | | | | | | | | | | | | | | | | | | | | | | | | | | | | | | | | |
| | | | | | | | | | | | | | | | | | | | | | | | | | | | | | | | | | | | | | |
| | | | | | | | | | | | | | | | | | | | | | | | | | | | | | | | | | | | | | |
| | 合计 | | | | | | | | | | | | | | | | | | | | | | | | | | | | | | | | | | | | |

## 12.22 （资料编号 42）自备电源（分布式电源）客户统计台账

# 自备电源（分布式电源）客户统计台账

**1. 填写说明**

样张供参考。

**2. 填写内容**

栏 1 供电台区：填写供电台区（公用变压器）名称，必须填写台区双重名称；

栏 2～栏 3 户号、户名：填写用户户名，一般填写营销系统中的用户名；

栏 4～栏 9 基本参数：填写发电机的相关设备参数；

栏 10 双投闸刀：填写双投闸刀的型号和极数（一般有两极、四极）；

栏 12～栏 17 基本参数：填写光伏发电逆变器相关参数；

栏 18～栏 19 并网设备：填写光伏系统并网装置并网箱类型（标准箱或非标准箱）、断路器型号；

栏 20 接地方式：填写接地装备形式，有独立、不独立；

栏 21 协议签订日期：填写协议签订日期，格式为年月日，如 2018.01.01；

栏 22 协议编号：填写协议的编号，由供电所自行统一编号，如水冶 2018-01-001：水冶为供电所名，2018 为年份，01 为月份，001 为流水号；

栏 23～栏 24 用户信息：填写用户的姓名、联系电话；

栏 25 运行状态：选择填写投运或停运；

栏 26～栏 27 投运日期、停运日期：填写日期，格式为年月日，如 2018.01.01。

**3. 填写方式**

本台账以电子文档方式记录并保存。

**4. 填写要求**

本台账更新周期：季，由供电所负责填写

# 自备电源（分布式电源）客户统计台账

部门：××供电所

| 序号 | 供电台区 | 户号 | 户名 | 不并网自备发电机 | | | | | | | | 光伏发电系统 | | | | | | | | 接地方式 | 协议签订日期 | 协议编号 | 用户信息 | | 运行状态 | 投运日期 | 停运日期 | 备注 |
|---|---|---|---|---|---|---|---|---|---|---|---|---|---|---|---|---|---|---|---|---|---|---|---|---|---|---|---|---|
| | | | | 基本参数 | | | | | | 双投闸刀 | | 基本参数 | | | | | | 并网设备 | | | | | | | | | | |
| | | | | 编号 | 型号 | 制造厂 | 容量（kW） | 相数 | 台数 | 型号 | 极数 | 编号 | 型号 | 制造厂 | 容量（kW） | 相数 | 台数 | 并网箱类型 | 断路器型号 | | | | 姓名 | 联系电话 | | | | |
| | 1 | 2 | 3 | 4 | 5 | 6 | 7 | 8 | 9 | 10 | 11 | 12 | 13 | 14 | 15 | 16 | 17 | 18 | 19 | 20 | 21 | 22 | 23 | 24 | 25 | 26 | 27 | |
| | | | | | | | | | | | | | | | | | | | | | | | | | | | | |
| | | | | | | | | | | | | | | | | | | | | | | | | | | | | |

续表

| 序号 | 供电台区 | 户号 | 户名 | 不并网自备发电机 | | | | | | | | 光伏发电系统 | | | | | | | | 接地方式 | 协议签订日期 | 协议编号 | 用户信息 | | 运行状态 | 投运日期 | 停运日期 | 备注 |
|---|---|---|---|---|---|---|---|---|---|---|---|---|---|---|---|---|---|---|---|---|---|---|---|---|---|---|---|---|
| | | | | 基本参数 | | | | | | 双投闸刀 | | 基本参数 | | | | | | 并网设备 | | | | | | | | | | |
| | | | | 编号 | 型号 | 制造厂 | 容量（kW） | 相数 | 台数 | 型号 | 极数 | 编号 | 型号 | 制造厂 | 容量（kW） | 相数 | 台数 | 并网箱类型 | 断路器型号 | | | | 姓名 | 联系电话 | | | | |
| | | | | | | | | | | | | | | | | | | | | | | | | | | | | |
| | | | | | | | | | | | | | | | | | | | | | | | | | | | | |
| | | | | | | | | | | | | | | | | | | | | | | | | | | | | |
| | | | | | | | | | | | | | | | | | | | | | | | | | | | | |
| | | | | | | | | | | | | | | | | | | | | | | | | | | | | |
| | | | | | | | | | | | | | | | | | | | | | | | | | | | | |
| | | | | | | | | | | | | | | | | | | | | | | | | | | | | |
| | | | | | | | | | | | | | | | | | | | | | | | | | | | | |
| | | | | | | | | | | | | | | | | | | | | | | | | | | | | |
| | | | | | | | | | | | | | | | | | | | | | | | | | | | | |
| | | | | | | | | | | | | | | | | | | | | | | | | | | | | |
| | | | | | | | | | | | | | | | | | | | | | | | | | | | | |
| | | | | | | | | | | | | | | | | | | | | | | | | | | | | |

审核人：　　　　填报人：　　　　填报日期：

## 12.23 （资料编号 43）供电所属地化巡视计划

# 供电所属地化巡视计划

### 1. 填写说明

本记录由供电所涉及属地化管理的人员巡视输电线路设备时专用，过境输电线路设备的巡视计划由供电所安全质量员编制。

### 2. 填写内容

（1）填写内容：过境输电线路的名称及过境起止杆号、计划巡视月份、巡视人等；

（2）巡视记录应字迹清楚，按现场实际情况准确填写巡视记录一般 1 天记录 1 张；巡视人员每天巡视结束后，将当天巡视情况反馈给班组长。

### 3. 填写方式

（1）本记录应妥善保管，不得遗失；

（2）本记录作为供电所建设必备资料，应于每月整理装订入册，存放安全质量员办公室。

### 4. 填写要求

本记录更新周期：月，由供电所运检技术员负责填写。

# 供电所属地化巡视计划

| 序号 | 过境输电线路的名称及过境起止杆号 | 计划巡视月份 | 巡视人 | 联系电话 | 供电所责任人 | 供电所责任人联系电话 | 备注 |
|---|---|---|---|---|---|---|---|
| 1 | | | | | | | |
| 2 | | | | | | | |
| 3 | | | | | | | |
| 4 | | | | | | | |
| 5 | | | | | | | |
| 6 | | | | | | | |
| 7 | | | | | | | |
| 8 | | | | | | | |
| 9 | | | | | | | |
| 10 | | | | | | | |
| 11 | | | | | | | |
| 12 | | | | | | | |
| 13 | | | | | | | |
| 14 | | | | | | | |
| 15 | | | | | | | |

# 第 13 章 供电所客户服务员星级应用样张

## 13.1 （资料编号 1）安全生产、营销服务分析

### 安全生产、营销服务分析

1. 填写说明

本记录为“国网公司信息化条件下乡镇供电所资料精简格式样张”要求的必备资料。

2. 填写内容

本记录为供电所月度分析会时由安全质量员、运检技术员、客户服务员分析各专业月度完成情况时的记录内容。

3. 填写方式

本记录电子存档，存放在综合班办公室。

4. 填写要求

本记录更新周期：月；由安全质量员、运检技术员、客户服务员分别分析。

### ××供电所
### ××××年××月安全生产、营销服务分析

1. 主要经济指标完成情况分析

<table>
<tr><td>序号</td><td>目标名称</td><td>年计划考核指标</td><td>季度计划考核指标</td><td>本月完成</td><td>本季完成</td><td>累计完成</td></tr>
<tr><td>1</td><td>供电量（万 kWh）</td><td></td><td></td><td></td><td></td><td></td></tr>
<tr><td>2</td><td>售电量（万 kWh）</td><td></td><td></td><td></td><td></td><td></td></tr>
<tr><td>3</td><td>400V 综合线损率（%）</td><td></td><td></td><td></td><td></td><td></td></tr>
<tr><td>4</td><td>电费回收率（%）</td><td></td><td></td><td></td><td></td><td></td></tr>
<tr><td>5</td><td>售电均价（元/MWh）</td><td></td><td></td><td></td><td></td><td></td></tr>
<tr><td colspan="2" rowspan="2">分析记录</td><td colspan="5">1.</td></tr>
<tr><td colspan="5">2.</td></tr>
</table>

## 2. 供电所安全生产分析

| 序号 | 目标名称 | 季度计划 | 本月完成 | 分析记录 |
|---|---|---|---|---|
| 1 | 配电台区设施巡视执行率（%） | | | |
| 2 | 配电台区设施消缺执行率（%） | | | |
| 3 | 检修计划完成情况（%） | | | |
| 4 | 低压工作票合格率（%） | | | |
| 5 | 剩余电流动作保护器完好率（%） | | | |

## 3. 供电服务分析

| 序号 | 目标名称 | 本月发生（完成） | 累计发生（完成） | 分析记录 |
|---|---|---|---|---|
| 1 | 客户投诉受理情况（户） | | | |
| 2 | 低压客户业扩服务时间达标率（%） | | | |
| 3 | 故障报修到达现场及时率（%） | | | |
| 4 | D 类电压合格率（%） | | | |

## 4. 专业指标分析

（1）400V 各公用变压器台区线损率完成情况。

| 序号 | 台区名称 | 台区容量 | 合计供电量 | 合计售电量 | 损失电量 | 线损率 | 线损指标 | 线损责任人 |
|---|---|---|---|---|---|---|---|---|
| 1 | | | | | | | | |
| 2 | | | | | | | | |
| 3 | | | | | | | | |
| 4 | | | | | | | | |
| 5 | | | | | | | | |
| 6 | | | | | | | | |
| 7 | | | | | | | | |
| 8 | | | | | | | | |
| 9 | | | | | | | | |
| 10 | | | | | | | | |
| 11 | | | | | | | | |
| 12 | | | | | | | | |
| 13 | | | | | | | | |
| 14 | | | | | | | | |
| 15 | | | | | | | | |
| 16 | | | | | | | | |
| 17 | | | | | | | | |
| … | | | | | | | | |
| 合计 | | | | | | | | |

（2）400V 业扩报装完成情况：

1）本月新增用户×户；

2）批量新装用户×户；

3）改类用户×户；

4）更名用户×户；

5）销户用户×户。

本月未发生超期、超短工单。

5. 计量装置采集情况

| 整体日采集成功率统计 | | | | | | | | | | | | | | |
|---|---|---|---|---|---|---|---|---|---|---|---|---|---|---|
| | | 考核用户 | | | | 低压用户 | | | | 整体 | | | | |
| 序号 | 单位 | 应采集数 | 日采集成功数 | 日采集成功率 | 月均采集成功率 | 应采集数 | 日采集成功数 | 日采集成功率 | 月均采集成功率 | 应采集数 | 日采集成功数 | 日采集成功率 | 日采集成功率（调节后） | 月均采集成功率 |
| 1 | | | | | | | | | | | | | | |

6. 计量装置巡视情况

……

7. 供电所用电检查情况

……

8. 供电所营业普查情况

……

9. 供电所优质服务情况

……

10. 本月存在的问题及下一步采取的工作措施

……

## 13.2 （资料编号 44）计量装置排查治理记录

# 计量装置排查治理记录

1. 填写说明

（1）本记录为“国网公司信息化条件下乡镇供电所资料精简格式样张”要求的必备资料。

（2）本记录由供电所巡视人员巡视计量表计时专用，现场巡视负责人填写。

2. 填写内容

（1）本记录由计量装置问题排查治理记录和计量装置问题排查治理统计表两部分组成。

（2）计量装置缺陷记录应字迹清楚，按现场实际情况准确填写巡视记录；巡视人员排查结束后，将当天排查情况反馈给班组长。

### 3. 填写方式

（1）本记录应妥善保管，不得遗失；

（2）本记录作为供电所建设必备资料，应于每月整理装订入册，存放在班组办公室。

### 4. 填写要求

本记录更新周期：月；由台区经理负责填写治理记录，客户服务员填写统计表。

## 计量装置问题排查治理记录

| 序号 | 供电所 | 户号 | 地址 | 计量装置问题分类 | | | | | | | | 检查人员 | 检查日期 | 照片文件名 | 整改意见 | 处理情况 | | | | | 备注 |
|---|---|---|---|---|---|---|---|---|---|---|---|---|---|---|---|---|---|---|---|---|---|
| | | | | 电能表接线混乱 | 表计未加封 | 计量箱无锁 | 计量箱无封印 | 金属表箱未接地 | 箱内设备安装不牢固 | 串户 | 其他（填写具体说明） | | | | | 处理人员 | 处理时间 | 处理后照片文件名 | 确认或验收人员 | 确认或验收时间 | |
| 1 | ××供电所 | | ×省×市×县×镇×村 | | | | | | | | | | | | | | | | | | |
| 2 | | | | | | | | | | | | | | | | | | | | | |
| 3 | | | | | | | | | | | | | | | | | | | | | |

## 计量装置问题排查治理统计表

| 单位 | 累计排查户数 | 本期发现问题个数 | 累计发现问题个数 | 计量装置施工质量问题分类个数 | | | | | | | | 本期消缺个数 | 累计消缺个数 | 消缺完成率（%） |
|---|---|---|---|---|---|---|---|---|---|---|---|---|---|---|
| | | | | 电能表接线混乱 | 表计未加封 | 计量箱无锁 | 计量箱无封印 | 金属表箱未接地 | 箱内设备安装不牢固 | 串户 | 其他 | | | |
| ××供电所 | | | | | | | | | | | | | | |
| | | | | | | | | | | | | | | |
| | | | | | | | | | | | | | | |
| | | | | | | | | | | | | | | |
| | | | | | | | | | | | | | | |
| | | | | | | | | | | | | | | |
| 合计 | | | | | | | | | | | | | | |

填报单位：××××　　　　填报人：××　　　　填报日期：××××-××-××

## 13.3 （资料编号 45）封印领用记录

# 封 印 领 用 记 录

### 1. 填写说明

（1）本记录为“国网公司信息化条件下乡镇供电所资料精简格式样张”要求的必备资料；

（2）本记录按照各省公司要求进行填写，样张供参考。

### 2. 填写内容

1 栏：按备注里封印分类进行填写；

2 栏：按领用封印的数量填写；

3 栏：按领用的班组填写；

4 栏：按领用的用途填写，如新装表计、更换表计、用电检查等；

5 栏：领用人签字；

6 栏：领用人领用日期签字。

### 3. 填写方式

本记录以电子文档方式记录并保存,存放在各班组办公室。

### 4. 填写要求

本记录更新周期：日常；由供电所客户服务员负责填写并存档。

# 国网××供电公司电能计量装置封印领取登记表

部门：××供电所

| 序号 | 封印类型 | 数量(粒) | 领用班组 | 领用用途 | 领用人 | 领用日期 |
|---|---|---|---|---|---|---|
| | 1 | 2 | 3 | 4 | 5 | 6 |
| | | | | | | |
| | | | | | | |
| | | | | | | |
| | | | | | | |
| | | | | | | |
| | | | | | | |
| | | | | | | |
| | | | | | | |
| | | | | | | |
| | | | | | | |

审核人： 填报人： 填报日期：

## 13.4 （资料编号 46）低压线损考核实施方案

# 低压线损考核实施方案

1. 填写说明

（1）本记录为“国网公司信息化条件下乡镇供电所资料精简格式样张”要求的必备资料；

（2）本记录按照各省公司要求进行编制，样张供参考。

2. 填写方式

本记录以电子文档方式记录并保存,存放在各班组办公室。

3. 填写要求

本记录更新周期：年；由供电所客户服务员负责编制并存档。

# ××供电公司××××年低压线损考核实施方案

根据××××年线损管理要求，制定低压台区线损考核实施方案。

一、线损指标的核定

（1）在××××年低压线损指标基础上，参照理论计算值和实际测算值，制定××××年低压台区线损指标。××××年期间完成低压架空主线改造、下户线改造、低压计量表计改造的台区，每改造一项，台区指标最少下降 0.5%，作为××××年低压线损考核指标。如三项全部改造完成，原则上市内小区公用变压器不超过 2.5%，其他公用变压器台区不超过 5.5%，电量较小的偏僻山区或确实在管理上不存在任何问题但又长期完不成线损的情况下，经所长签字、由抄表班复核、营销部主任、主管经理签字后，指标可适当调整。

（2）低压台区线损完成情况及考核依据以营销 SG186 系统统计为准，各低压供电所要负责完成临时用电、新增低压户、台区分户等涉及营销 SG186 系统统计的工作。

（3）公用变压器台区低压线损连续三个月波动时，供电所可以提出调整申请，经营销部实抄测算后，确定新指标，报线损管理领导小组审批后调整执行。

二、低压线损考核

1. 公用变压器台区低压线损考核

公用变压器台区低压线损实行月考核、月兑现。

完成考核指标，按节约电量的 20%进行激励，单价按照 0.56 元/kWh 计算，低于激励指标，按节约电量的40%进行激励，单价按照0.56元/kWh计算。直接兑现到台区经理。

完不成考核指标的，超出部分按100%进行处罚，所损电量金额从当月工资中扣除，单价按照0.56元/kWh计算。

2. 供电所低压线损考核

供电所低压线损实行月考核，月兑现，实行固定金额奖励。完成下达的低压线损指标，奖励供电所1000元/人，未完成下达的考核指标的，处罚供电所1000元/人，从当月绩效奖金中扣除。

**三、有关要求**

（1）各供电所要定期召开线损分析会，认真分析线损较高的台区，对于台区线损指标连续三个月居高不下的，供电所要初步开展普查、分析，确定不存在管理人为因素后，可向营销部提出调整公用变压器台区指标申请。

（2）对弄虚作假、徇私舞弊、骗取奖金的单位或个人将给予严肃处理，除追回所得奖金外，再按同等奖金进行罚款。

××××年××月

## 13.5 （资料编号47）供电所营业普查工作资料台账

# 供电所营业普查工作资料台账

**1. 填写说明**

本台账为“国网公司信息化条件下乡镇供电所资料精简格式样张”要求的必备资料，包含违约用电查处记录和计量装置排查记录两项，每一项根据台账样张要求填写。

**2. 填写内容**

（1）《窃电（违约用电）现场处理单》；

（2）《窃电（违约用电）处理审批单》；

（3）《窃电（违约用电）处理通知单》；

（4）计量装置问题排查治理记录；

（5）计量装置问题排查统计表。

**3. 填写方式**

本台账根据具体内容，以手工填写方式记录并保存，存放在各班组办公室。

**4. 填写要求**

本台账更新周期：日常。由台区经理负责填写，客户服务员存档。

# 违约用电查处记录

## 国网××供电公司××供电所
## 窃电（违约用电）现场处理单

No：

<table>
<tr><td>户名</td><td></td><td>户号</td><td></td></tr>
<tr><td>地址</td><td colspan="3"></td></tr>
<tr><td>类型</td><td>□违约用电　□窃电</td><td>电能表编号</td><td></td></tr>
<tr><td>现场调查情况</td><td colspan="3"></td></tr>
<tr><td>现场处理意见</td><td colspan="3"></td></tr>
<tr><td colspan="2">用户签名：<br>联系电话：<br>年　月　日</td><td colspan="2">检查人签名：<br>电话：<br>年　月　日</td></tr>
<tr><td>备注</td><td colspan="3">现场记录情况为窃电（违约用电）处理基本依据，具体以最终调查情况，系统记录及相关法律法规规定为准。</td></tr>
</table>

填写说明：

（1）此为现场记录单，不需要给用户，但必须由用户签字确认。

（2）现场调查情况栏：除填写记录以外，需保存好现场证据（照片，视频录像等）。

（3）现场处理意见栏：

1）停电，拆除私增容量、违约线路、窃电装置等停止窃电、违约用电行为的具体措施；

2）时间、地点、联系人、联系电话。

## 窃电（违约用电）处理审批单

# 国网××供电公司××供电所<br>窃电（违约用电）处理审批单

<table>
<tr><td>户名</td><td></td><td>户号</td><td></td><td>联系人</td><td></td></tr>
<tr><td>地址</td><td colspan="3"></td><td>电　话</td><td></td></tr>
<tr><td rowspan="2">窃电（违约用电）情况及处理意见</td><td colspan="5"></td></tr>
<tr><td colspan="5">处理人签名：<br>年　月　日</td></tr>
<tr><td>审核审批意见</td><td colspan="2">部门领导审批意见：<br>审核人：<br>年　月　日</td><td colspan="3">分管领导审批意见：<br>审批人：<br>年　月　日</td></tr>
<tr><td>备注</td><td colspan="5"></td></tr>
</table>

填写说明：

（1）此单为内部流转保存，不需要给用户；

（2）窃电（违约用电）情况及处理意见栏：注明窃电违约事实情况描述和处理意见。

# 窃电（违约用电）处理通知单

No：

<table>
<tr><td>户名</td><td colspan="2"></td><td>户号</td><td></td></tr>
<tr><td rowspan="2">用电地址</td><td colspan="4">县（市、区）　乡镇（街道）　村（居委会）</td></tr>
<tr><td colspan="4">路　小区　门牌号</td></tr>
<tr><td colspan="5">现查获你户有下列窃电（违约用电）行为：<br><br>根据《供电营业规则》有关条例规定，应追补电量　kWh，补收电费　元，并加收违约电费　元，限在　月　日前缴付。如逾期不交者，我们还将按《供电营业规则》有关条款办理，由此造成的损失，责任由贵户自负。<br>追补电量及违约费计算如下：<br><br>单位盖章：<br>用电检查人员：<br>年　月　日</td></tr>
<tr><td colspan="5">客户签收（签名）：　年　月　日</td></tr>
<tr><td rowspan="2">备注</td><td colspan="4">电费汇款账号：　开户银行：　账户：</td></tr>
<tr><td colspan="4">违约金汇款账号：　交款地点：</td></tr>
</table>

填写说明：

（1）此表一式两份，一份出具给用户；

（2）用户窃电（违约用电）行为栏：填写中写明类型描述，现场查处情况，注明用户违反《供电营业规则》第几条第几款的具体内容（根据事实可以写多条）；

（3）追补电量及违约费计算：要求写明计算依据（包括条款规定），计算要素（时长、容量等），计算公式，详细计算过程。

# 计量装置排查治理记录

**1. 填写说明**

（1）本记录为“国网公司信息化条件下乡镇供电所资料精简格式样张”要求的必备资料；

（2）本记录由供电所巡视人员巡视计量表计时专用，现场巡视负责人填写。

**2. 填写内容**

（1）本记录由计量装置问题排查治理记录和计量装置问题排查治理统计表两部分组成；

（2）计量装置缺陷记录应字迹清楚，按现场实际情况准确填写巡视记录；巡视人员每天排查结束后，将当天排查情况反馈给班组长。

**3. 填写方式**

（1）本记录应妥善保管，不得遗失；

（2）本记录作为供电所建设必备资料，应于每月整理装订入册，存放在班组办公室。

**4. 填求写要**

本记录更新周期：月；由供电所台区经理负责填写、客户服务员负责汇总统计。

## 计量装置问题排查治理记录

| 序号 | 供电所 | 户号 | 地址 | 计量装置问题分类 | | | | | | | | 检查人员 | 检查日期 | 照片文件名 | 整改意见 | 处理情况 | | | | | 备注 |
|---|---|---|---|---|---|---|---|---|---|---|---|---|---|---|---|---|---|---|---|---|---|
| | | | | 电能表接线混乱 | 表计未加封 | 计量箱无锁 | 计量箱无封印 | 金属表箱未接地 | 箱内设备安装不牢固 | 串户 | 其他（填写具体说明） | | | | | 处理人员 | 处理时间 | 处理后照片文件名 | 确认或验收人员 | 确认或验收时间 | |
| 1 | ××供电所 | | ×省×市×县×镇×村 | | | | | | | | | | | | | | | | | | |
| 2 | | | | | | | | | | | | | | | | | | | | | |
| 3 | | | | | | | | | | | | | | | | | | | | | |

## 计量装置问题排查治理统计表

| 单位 | 累计排查户数 | 本期发现问题个数 | 累计发现问题个数 | 计量装置施工质量问题分类个数 | | | | | | | | 本期消缺个数 | 累计消缺个数 | 消缺完成率（%） |
|---|---|---|---|---|---|---|---|---|---|---|---|---|---|---|
| | | | | 电能表接线混乱 | 表计未加封 | 计量箱无锁 | 计量箱无封印 | 金属表箱未接地 | 箱内设备安装不牢固 | 串户 | 其他 | | | |
| ××供电所 | | | | | | | | | | | | | | |
| | | | | | | | | | | | | | | |

续表

| 单位 | 累计排查户数 | 本期发现问题个数 | 累计发现问题个数 | 计量装置施工质量问题分类个数 | | | | | | | | 本期消缺个数 | 累计消缺个数 | 消缺完成率（%） |
|---|---|---|---|---|---|---|---|---|---|---|---|---|---|---|
| | | | | 电能表接线混乱 | 表计未加封 | 计量箱无锁 | 计量箱无封印 | 金属表箱未接地 | 箱内设备安装不牢固 | 串户 | 其他 | | | |
| | | | | | | | | | | | | | | |
| | | | | | | | | | | | | | | |
| | | | | | | | | | | | | | | |
| | | | | | | | | | | | | | | |
| 合计 | | | | | | | | | | | | | | |

填报单位：××××　　　　填报人：××　　　　填报日期：××××-××-××

### 13.6 （资料编号42）自备电源（分布式电源）客户统计台账

## 自备电源（分布式电源）客户统计台账

**1. 填写说明**

样张供参考。

**2. 填写内容**

栏1供电台区：填写供电台区（公用变压器）名称，必须填写台区双重名称；

栏2～栏3户号、户名：填写用户户名，一般填写营销系统中的用户名；

栏4～栏9基本参数：填写发电机的相关设备参数；

栏10双投闸刀：填写双投闸刀的型号和极数（一般有两极、四极）；

栏12～栏17基本参数：填写光伏发电逆变器相关参数；

栏18～栏19并网设备：填写光伏系统并网装置并网箱类型（标准箱或非标准箱）、断路器型号；

栏20接地方式：填写接地装备形式（有独立、不独立）；

栏21协议签订日期：填写协议签订日期，格式为年月日，如2019.01.01；

栏22协议编号：填写协议的编号，由供电所自行统一编号，如水冶2018-01-001：水冶为供电所名，2018为年份，01为月份，001为流水号；

栏23～栏24用户信息：填写用户的姓名、联系电话；

栏25运行状态：选择填写投运或停运；

栏26～栏27投运日期、停运日期：填写日期，格式为年月日，如2019.01.01。

**3. 填写方式**

本台账以电子文档方式记录并保存，存放在运检技术员处。

**4. 填写要求**

本台账更新周期：不定期；由运检技术员负责填写，客户服务员协助。

# 自备电源（分布式电源）客户统计台账

部门：××供电所

| 序号 | 供电台区 | 户号 | 户名 | 不并网自备发电机 | | | | | | | | 光伏发电系统 | | | | | | | | 接地方式 | 协议签订日期 | 协议编号 | 用户信息 | | 运行状态 | 投运日期 | 停运日期 | 备注 |
|---|---|---|---|---|---|---|---|---|---|---|---|---|---|---|---|---|---|---|---|---|---|---|---|---|---|---|---|---|
| | | | | 基本参数 | | | | | | 双投闸刀 | | 基本参数 | | | | | | 并网设备 | | | | | | | | | | |
| | | | | 编号 | 型号 | 制造厂 | 容量（kW） | 相数 | 台数 | 型号 | 极数 | 编号 | 型号 | 制造厂 | 容量（kW） | 相数 | 台数 | 并网箱类型 | 断路器型号 | | | | 姓名 | 联系电话 | | | | |
| | 1 | 2 | 3 | 4 | 5 | 6 | 7 | 8 | 9 | 10 | 11 | 12 | 13 | 14 | 15 | 16 | 17 | 18 | 19 | 20 | 21 | 22 | 23 | 24 | 25 | 26 | 27 | |
| | | | | | | | | | | | | | | | | | | | | | | | | | | | | |
| | | | | | | | | | | | | | | | | | | | | | | | | | | | | |
| | | | | | | | | | | | | | | | | | | | | | | | | | | | | |
| | | | | | | | | | | | | | | | | | | | | | | | | | | | | |
| | | | | | | | | | | | | | | | | | | | | | | | | | | | | |
| | | | | | | | | | | | | | | | | | | | | | | | | | | | | |
| | | | | | | | | | | | | | | | | | | | | | | | | | | | | |
| | | | | | | | | | | | | | | | | | | | | | | | | | | | | |

审核人：　　填报人：　　填报日期：

# 第 14 章　供电所配电营业工（台区经理）星级应用样张

## 14.1 （资料编号 28）线路、设备巡视记录

### 线路设备巡视记录

1. 填写说明

（1）本记录为“国网公司信息化条件下乡镇供电所资料精简格式样张”要求的必备资料；

（2）本记录由供电所巡视人员巡视线路（台区）时专用，现场巡视负责人填写。

2. 填写内容

（1）本记录一般由 10kV（20kV）线路（可选）及多个台区合用；

（2）巡视记录应字迹清楚，按现场实际情况准确填写巡视记录一般 1 天记录 1 张；巡视人员每天巡视结束后，将当天巡视情况反馈给班组长。

3. 填写方式

（1）本记录应妥善保管，不得遗失；

（2）本记录作为供电所建设必备资料，应于每月整理装订入册，存放在外勤班办公室。

4. 填写要求

本记录更新周期：月，由供电所台区经理负责手工填写，存放班组办公室。

### 线路设备巡视记录（样张）

供电所：________　巡视人员：________　巡视日期：________　天气：________

| 序号 | 线路（设备） | 巡视结论 | 缺陷描述 | 缺陷类型 | 初步处理意见 |
|---|---|---|---|---|---|
| | | | | | |
| | | | | | |
| | | | | | |

## 14.2 （资料编号 48）缺陷登记与处理汇总表

# 缺陷登记与处理汇总表

1. 填写说明

本记录为“国网公司信息化条件下乡镇供电所资料精简格式样张”要求的必备资料，电力线路、设备巡视缺陷及消缺周期按《架空配电线路及设备运行规程》规定；高压缺陷登记与处理在生产管理系统内查询。

2. 填写内容

1 栏线路（配电变压器台区）名称：指配电线路或配电台区的双重名称；

2 栏村名：按实际填写；

3 栏巡视时间：按实际填写；

4 栏巡视人员：按实际填写；

5 栏缺陷位置：描述缺陷所在位置；

6 栏缺陷内容：填写缺陷的内容；

7 栏缺陷性质：判断缺陷的性质，如“一般缺陷”“重大缺陷”“紧急缺陷”；

8 栏计划消缺时间：按实际填写；

9 栏消缺时间：按实际填写；

10 栏消缺人员：按实际填写；

11 栏消缺情况：按实际填写；

12 栏备注：填写消缺时工作票的编号或口头指令。

3. 填写要求

本记录更新周期：月；本记录为纸质存档，由供电所负责手工填写，存放在班组办公室，设备缺陷需保留影像资料。

# 缺陷登记与处理汇总表

部门：××供电所

| 线路（配电变压器台区）名称 | 村名 | 时间 | 人员 | 缺陷情况记录 | | | 计划消缺时间 | 消缺记录 | | | 备注 |
|---|---|---|---|---|---|---|---|---|---|---|---|
| | | | | 缺陷位置 | 缺陷内容 | 缺陷性质 | | 消缺时间　月　日 | 消缺人员 | 消缺情况 | |
| 1 | 2 | 3 | 4 | 5 | 6 | 7 | 8 | 9 | 10 | 11 | 12 |
| | | | | | | | | | | | |
| | | | | | | | | | | | |

续表

| 线路（配电变压器台区）名称 | 村名 | 时间 | 人员 | 缺陷情况记录 | | | 计划消缺时间 | 消缺记录 | | | 备注 |
|---|---|---|---|---|---|---|---|---|---|---|---|
| | | | | 缺陷位置 | 缺陷内容 | 缺陷性质 | | 消缺时间　月　日 | 消缺人员 | 消缺情况 | |
| | | | | | | | | | | | |
| | | | | | | | | | | | |
| | | | | | | | | | | | |
| | | | | | | | | | | | |
| | | | | | | | | | | | |
| | | | | | | | | | | | |
| | | | | | | | | | | | |
| | | | | | | | | | | | |
| | | | | | | | | | | | |

审核：　　　　　　　　填报人：　　　　　　　　　　　　　填报日期：

## 14.3 （资料编号 49）电力设施保护区内违章整改通知单

# 电力设施保护区内违章整改通知单

**1. 填写说明**

本记录为“国网公司信息化条件下乡镇供电所资料精简格式样张”要求的必备资料，客户电力线路及设备存在安全隐患，由公司人员对用户当面下达，一式两份。

**2. 填写内容**

按照现场情况如实填写，双方签字认可。

**3. 填写要求**

本记录：纸质存档，手工填写，存放在档案室一户一档。

# 电力设施保护区内违章整改通知单

单　第　　号

经查　　　　　　在我公司　　　　　　　　　线路保护区内　　　　　　　　　　　　，严重影响了电力线路的安全运行。为确保安全供用电和人民生命财产安全，根据《中华人民共和国电力法》和《电力设施保护条例实施细则》的有关规定，请你方于　　　　年　月　日之

前　　　　　，逾期不处理，你方要对由此所造成的设备线路损坏、停电事故、人身伤亡负法律责任，并赔偿由此引起的一切经济损失。

特此通知

用户签收：　　　　　　　　供电所单位加盖印章：

签收日期：　　　　　年　月　日　　填写日期：　　　　　年　月　日

## 14.4 （资料编号 50）电力设施保护属地化管理目标责任书

# ××供电公司
# 电力设施保护属地化管理目标分解责任书

**1. 填写说明**

本记录为“国网公司信息化条件下乡镇供电所资料精简格式样张”要求的必备资料，由运维部与供电所员工签订，一式两份。

**2. 填写内容**

明确巡视线路设备，双方签字认可。

**3. 填写要求**

本记录：为纸质文本，存放在班组办公室。

# ××供电公司
# 电力设施保护属地化管理目标分解责任书

为维护电力设施安全，保护电力设施的安全运行和供电可靠性，促进电力设施保护工作的标准化、规范化、制度化建设，依据《中华人民共和国电力法》和国务院《电力设施保护条例》等法律法规以及《国家电网公司电力设施保护工作管理办法》的管理要求，将目标责任分解到人，签订××年属地化管理目标责任书。

**一、电力设施巡视范围**

……

**二、责任目标**

（1）按照规定要求，结合当前保护电力设施保护情况，对线路进行承包巡视。

（2）排查治理电力设施保护区及附近违章建筑、违章植树、违章施工及其他影响电力设施安全的作业（包括钓鱼、放风筝、气球等空飘物）等活动。

……

**三、巡视范围**

1. 线路防护区

（1）有无修建房屋或其他建筑施工。

（2）有无存放易燃易爆物品。

（3）有无新架的电力线路、弱电线路、架空索道、管道和电缆等。

（4）有无新建的铁路、道路、桥梁、卸货场、射击场、高大的机械和可移动的工程设施等。

（5）有无施工爆破工地、工业污染源、鸟类栖息地、大型鸟类活动。

（6）有无新的树木栽植区和林区，有无超高树木等。

（7）有无新挖的鱼塘和新建的娱乐场所。

（8）有无威胁线路安全的天线、烟囱或凸出物。

2. 线路设备

（1）导线、地线有无明显断裂。

（2）导线、地线上有无异物悬挂。

（3）杆（塔）是否明显倾斜。

（4）杆（塔）部分是否丢失、明显变形；拉线是否有断裂防盗帽是否齐全。

（5）钢筋混凝土杆是否有明显裂纹，爬梯是否丢失、缺少。

（6）杆（塔）周围是否有起土。

（7）接地装置进入地下部分是否外露，接地螺栓与杆塔连接是否良好。

（8）绝缘子是否脱落、掉片，表面是否有明显破碎。

（9）相位、警告、指示及防护等标志有无缺损、丢失。

……

**四、有关规定**

（1）按实际工作情况表现突出年终进行奖励。

（2）对妨碍线路安全及时制止，避免事故发生的按市公司标准给予相应奖励。

（3）认真对线路进行巡视，并有巡视记录。

（4）发现问题及时上报。

……

联系人：

××供电公司：　　　　　　××段承包人：

附表：

| 姓名 | 所在地 | 联系号码 | 备注 |
| --- | --- | --- | --- |
| | | | |
| | | | |

年　月　日

## 14.5 （资料编号 31）电压测试月分析记录

# 电压测试月分析记录

**1. 填写说明**

台账采用手工编制（电子存档）方式，存放在班组办公室。

**2. 填写要求**

（1）系统监测低电压情况：要求专人每日监测，及时发现低电压；

（2）现场测试低电压情况：通过系统监测出的低电压，要求人员及时现场进行测试；

（3）低电压分析及治理措施：现场测试与系统监测相同时，应分析低电压原因并提出治理措施。

1）对于短期出现的低电压，宜优先采取无功补偿方式治理。

2）对于长期出现的低电压，综合考虑技术经济性，按照“小容量、密布点、短半径”原则，新增配电变压器布点，缩短低压供电半径。

3）针对配电变压器平均负载率低于 25%、电压波动过大的季节性“低电压”问题，使用有载调容、调压配电变压器（按照国家电网公司重点推广新技术目录，应用比例不低于新增配电变压器 15%）。对于农村地区存在的季节性配电变压器短时严重过载的问题，可适当使用高过载配电变压器。

# 电压测试月分析记录

| 监测、测试日期 | 台区名称 | 系统监测低电压情况 | | | 监测人 | 台区名称 | 现场测试低电压情况 | | | 测试人 | 低电压分析及治理措施 |
| --- | --- | --- | --- | --- | --- | --- | --- | --- | --- | --- | --- |
| | | $U_a$ | $U_b$ | $U_c$ | | | $U_a$ | $U_b$ | $U_c$ | | |
| | | | | | | | | | | | |
| | | | | | | | | | | | |
| | | | | | | | | | | | |
| | | | | | | | | | | | |
| | | | | | | | | | | | |
| | | | | | | | | | | | |

续表

| 监测、测试日期 | 台区名称 | 系统监测低电压情况 | | | 监测人 | 台区名称 | 现场测试低电压情况 | | | 测试人 | 低电压分析及治理措施 |
|---|---|---|---|---|---|---|---|---|---|---|---|
| | | $U_a$ | $U_b$ | $U_c$ | | | $U_a$ | $U_b$ | $U_c$ | | |
| | | | | | | | | | | | |
| | | | | | | | | | | | |
| | | | | | | | | | | | |
| | | | | | | | | | | | |

### 14.6 （资料编号 32）台区剩余电流动作保护器台账

# 台区剩余电流动作保护器台账

**1. 填写说明**

本台账为“国网公司信息化条件下乡镇供电所资料精简格式样张”要求的必备资料，未实现信息系统自动生成的供电所，台账采用手工编制（电子存档）方式，存放在班组办公室。

**2. 填写要求**

1～2 栏填写××供电所及漏电保护器实际安装的地址；

3～8 栏按剩余电流动作保护器实际名称及参数填写；

9～10 栏填写剩余电流动作保护器漏电保护器的安装日期及日常维护的责任人，日期格式为年月日，如 2018.01.01；

11 栏填写其他注意事项。

# 台区剩余电流动作保护器台账

| 序号 | 单位 | 安装地址 | 漏保名称 | 保护形式 | 型号 | 制造厂家 | 额定电流（A） | 动作电流（A） | 安装日期 | 责任人 | 备注 |
|---|---|---|---|---|---|---|---|---|---|---|---|
| 1 | 1 | 2 | 3 | 4 | 5 | 6 | 7 | 8 | 9 | 10 | 11 |
| 2 | | | | | | | | | | | |
| 3 | | | | | | | | | | | |
| 4 | | | | | | | | | | | |
| 5 | | | | | | | | | | | |
| 6 | | | | | | | | | | | |
| 7 | | | | | | | | | | | |
| 8 | | | | | | | | | | | |
| 9 | | | | | | | | | | | |
| 10 | | | | | | | | | | | |
| 11 | | | | | | | | | | | |

## 14.7 （资料编号 33）台区剩余电流动作保护器装置测试、运行记录

# 台区剩余电流动作保护器装置测试、运行记录

**1. 填写说明**

本台账为“国网公司信息化条件下乡镇供电所资料精简格式样张”要求的必备资料，未实现信息系统自动生成的供电所，台账采用手工编制（纸质存档）方式，存放在班组办公室。样张供参考

**2. 填写要求**

1 栏填写剩余电流动作保护器实际安装的地点；

2～4 栏填写剩余电流动作保护器的基本参数器运行记录；

5 栏填写剩余电流动作保护器日常管理人员的姓名；

6 栏填写剩余电流动作保护器的动作时间；

7、12 栏填写实际测试日期，格式为年月日，如 2018.01.01；

8、13 栏填写测试时剩余电流动作保护器动作时的电流；

9、14 栏填写测试时剩余电流动作保护器动作时的时间；

10、15 栏填写测试结果，如运行正常、拒动等；

11、16 栏填写测试人员姓名。

## 剩余电流动作保护器装置测试、运行记录

| 安装地点 | 1 | 额定动作电流 | 2 | | 型号 | 3 | 制造厂名 | 4 | |
|---|---|---|---|---|---|---|---|---|---|
| 管理人 | 5 | 额定动作时间 | 6 | | 投运时间 | 年　月　日 | | | |
| 测试日期 | 动作电流（mA） | 动作时间（s） | 运行情况 | 测试人 | 测试日期 | 动作电流（mA） | 动作时间（s） | 运行情况 | 测试人 |
| 7 | 8 | 9 | 10 | 11 | 12 | 13 | 14 | 15 | 16 |
| | | | | | | | | | |
| | | | | | | | | | |
| | | | | | | | | | |
| | | | | | | | | | |
| | | | | | | | | | |
| | | | | | | | | | |
| | | | | | | | | | |

续表

| 测试日期 | 动作电流（mA） | 动作时间（s） | 运行情况 | 测试人 | 测试日期 | 动作电流（mA） | 动作时间（s） | 运行情况 | 测试人 |
|---|---|---|---|---|---|---|---|---|---|
| | | | | | | | | | |
| | | | | | | | | | |

## 14.8 （资料编号 51）家用剩余电流动作保护器知识告知书

# 家用剩余电流动作保护器知识告知书

**填写说明**

（1）本台账为“国网公司信息化条件下乡镇供电所资料精简格式样张”要求的必备资料，为用户办理业扩新增时告知。

（2）纸质存档，存放档案室，于合同一起存放。

# 家用剩余电流动作保护器知识告知书

尊重的电力用户：

您好，为普及安全用电知识，更好地保护您及家人的生命、财产安全，特告知您以下几项有关家用剩余电流动作保护器（俗称漏电保护器）的知识。

一、装设家用剩余电流动作保护器是防止发生漏电事故有效措施之一，但剩余电流动作保护器对被保护范围内相与相、相与零线间引起的触电危险不起作用，所以即使安装有保护器，仍应特别注意安全用电。

二、《农村安全用电规程》规定：用户应装设漏电保护器。《供用电营业规则》规定：供电设施的运行维护管理范围，按产权归属确定；在供电设施上发生事故引起的法律责任。按供电设施产权归属确定，产权归属于谁，谁就承担其拥有的电力设施上发生事故引起的法律责任。依据上述规定，漏电保护器资产属于电力使用者（即用户）所有，因未安装漏电保护器或因漏电保护器运行维护不当引起的用电事故，其责任应由用户承担。

三、电力用户应每月对保护器进行如下检测：

1. 带负荷分、合开关 1 次，不得误动作；

2. 用试验按钮试跳 1 次，应正确动作。

如通过上述检测发现故障，应立即拉开刀闸停电，检查停电线路和保护器本身是否有故障，及时处理好或更换保护器后再送电，也可请台区经理帮助检查。

四、用电过程中，如保护器动作跳闸，应先拉开闸刀停电，待查明原因排除故障后再恢复送电。

五、用户收到本告知书后，应及时将上述漏电保护器知识告诉全部家人。

## 14.9 （资料编号 44）计量装置排查治理记录

# 计量装置排查治理记录

**1. 填写说明**

（1）本记录为“国网公司信息化条件下乡镇供电所资料精简格式样张”要求的必备资料；

（2）本记录由供电所巡视人员计量巡视表计时专用，现场巡视负责人填写。

**2. 填写内容**

（1）本记录由计量装置问题排查治理记录和计量装置问题排查治理统计表两部分组成；

（2）计量装置缺陷记录应字迹清楚，按现场实际情况准确填写巡视记录；巡视人员每天排查结束后，将当天排查情况反馈给班组长。

**3. 填写方式**

（1）本记录应妥善保管，不得遗失；

（2）本记录作为供电所建设必备资料，应于每月整理装订入册，存放在外勤班办公室。

**4. 填写要求**

本记录更新周期：月，由台区经理负责填写。

# 计量装置问题排查治理记录

| 序号 | 供电所 | 户号 | 地址 | | | | | | | | | | | | | 处理情况 | | | | | 备注 |
|---|---|---|---|---|---|---|---|---|---|---|---|---|---|---|---|---|---|---|---|---|---|
| | | | | 计量装置问题分类 | | | | | | | | 检查人员 | 检查日期 | 照片文件名 | 整改意见 | 处理人员 | 处理时间 | 处理后照片文件名 | 确认或验收人员 | 确认或验收时间 | |
| | | | | 电能表接线混乱 | 表计未加封 | 计量箱无锁 | 计量箱无封印 | 金属表箱未接地 | 箱内设备安装不牢固 | 串户 | 其他（填写具体说明） | | | | | | | | | | |
| 1 | ××供电所 | | ××省××市××县××镇××村 | | | | | | | | | | | | | | | | | | |
| 2 | | | | | | | | | | | | | | | | | | | | | |
| 3 | | | | | | | | | | | | | | | | | | | | | |

# 计量装置问题排查治理统计表

| 单位 | 累计排查户数 | 本期发现问题个数 | 累计发现问题个数 | 计量装置施工质量问题分类个数 | | | | | | | | 本期消缺个数 | 累计消缺个数 | 消缺完成率（%） |
|---|---|---|---|---|---|---|---|---|---|---|---|---|---|---|
| | | | | 电能表接线混乱 | 表计未加封 | 计量箱无锁 | 计量箱无封印 | 金属表箱未接地 | 箱内设备安装不牢固 | 串户 | 其他 | | | |
| ××供电所 | | | | | | | | | | | | | | |
| | | | | | | | | | | | | | | |
| | | | | | | | | | | | | | | |
| | | | | | | | | | | | | | | |
| | | | | | | | | | | | | | | |
| | | | | | | | | | | | | | | |
| 合计 | | | | | | | | | | | | | | |

填报单位：×××　　　　填报人：×××　　　　填报日期：××××-××-××

### 14.10 （资料编号 36）配电线路交跨台账

# 配电线路交跨台账

**1. 填写说明**

本台账为“国网公司信息化条件下乡镇供电所资料精简格式样张”要求的必备资料，供运行供电所测量线路交叉跨越专用，由现场测量负责人填写。样张供参考。

**2. 填写内容**

（1）本台账一般由多条测量记录共用；

（2）本台账应字迹清楚，按实际情况准确填写；运行人员测量结束后，将当天测量情况反馈给班组长。

**3. 填写方式**

（1）本台账应妥善保管，不得遗失；

（2）本台账作为供电所班组必备资料，应于每月整理装订入册。

**4. 填写要求**

本台账更新周期：不定期，由台区经理负责填写，存放在班组办公室。

# 配电线路交跨台账（样张）

单位：××供电所　　　　单位：　m

| 线路名称 | 测量日期 | 交叉档杆号A～B | 档距$L$ | 交叉点水平距离 | | 被交叉物 | | | 测量时气温 | 测量人 | 换算到40℃的值 | 结论 | 示意图 |
|---|---|---|---|---|---|---|---|---|---|---|---|---|---|
| | | | | $X_1$ | $X_2$ | 名称 | 垂直距离$D$ | 交叉角$\alpha$ | | | | | |
| | | | | | | | | | | | | | |
| | | | | | | | | | | | | | |
| | | | | | | | | | | | | | |
| | | | | | | | | | | | | | |
| | | | | | | | | | | | | | |
| | | | | | | | | | | | | | |
| | | | | | | | | | | | | | |
| | | | | | | | | | | | | | |
| | | | | | | | | | | | | | |
| | | | | | | | | | | | | | |
| | | | | | | | | | | | | | |
| | | | | | | | | | | | | | |

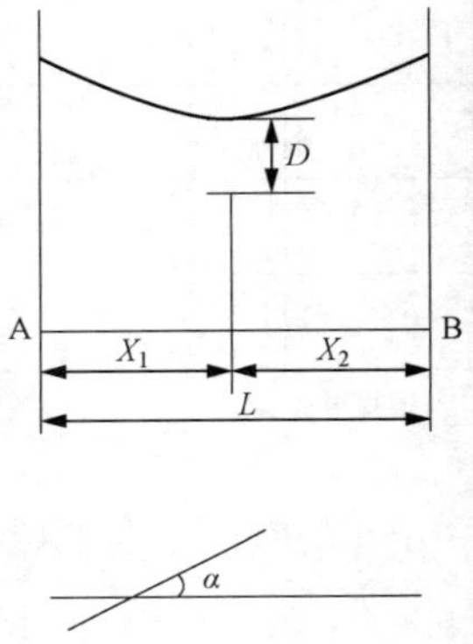


## 14.11 （资料编号 37）三相负荷不平衡测试及调整记录

# 三相负荷不平衡测试及调整记录

### 1. 填写说明

（1）本记录为“国网公司信息化条件下乡镇供电所资料精简格式样张”要求的必备资料；

（2）未实现信息系统生成的供电所，记录采用手工编制（电子存档）方式。系统查询方式供参考；

（3）三相不平衡调整记录采用手工编制（电子/纸质存档），存放在班组办公室。

### 2. 填写要求

本记录更新周期：实时，由测试人员负责填写。

# ××供电所三相负荷不平衡测试及调整记录

| 序号 | 台区名称 | 配电变压器型号及容量 | 投运时间 | 测量日期 | 天气状况 | 温度 | 测量人 | 调整前电流 | | | 三相不平衡率 | 调整时间 | 调整措施及结果 | 调整后电流 | | | 备注 |
|---|---|---|---|---|---|---|---|---|---|---|---|---|---|---|---|---|---|
| | | | | | | | | A | B | C | | | | A | B | C | |
| | | | | | | | | | | | | | | | | | |
| | | | | | | | | | | | | | | | | | |
| | | | | | | | | | | | | | | | | | |
| | | | | | | | | | | | | | | | | | |
| | | | | | | | | | | | | | | | | | |
| | | | | | | | | | | | | | | | | | |
| | | | | | | | | | | | | | | | | | |
| | | | | | | | | | | | | | | | | | |
| | | | | | | | | | | | | | | | | | |

## 14.12 （资料编号 52）台区经理网格图

# 台区经理网格图

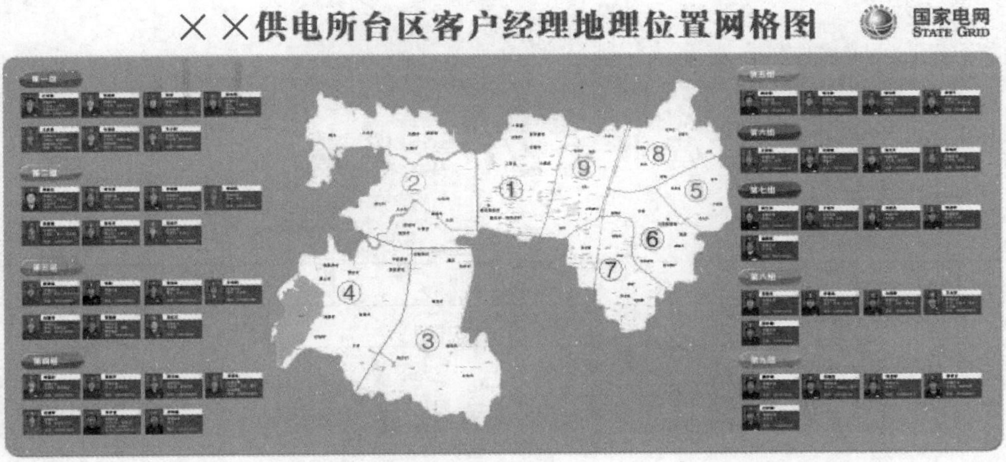


填写说明：

（1）本台账为“国网公司信息化条件下乡镇供电所资料精简格式样张”要求的必备资料；

（2）上墙图版，存放班组办公室。

# 第 15 章 供电所综合柜员星级应用样张

## 15.1 （资料编号 53）营业厅客户意见簿

### 营业厅客户意见簿

**1. 记录说明**

营业厅客户意见簿接受客户意见、建议、表扬、投诉、举报，每天对客户意见簿进行检查，对客户提出的各种意见进行汇总报供电所所长，针对客户提出的意见及时与客户进行沟通联系。

**2. 填写要求**

（1）客户进行填写；

（2）客户提出的意见及时与客户进行沟通联系。

**3. 管理方式**

放至营业厅明显位置，页面统一编号。

### 营业厅客户意见簿

No:

<table>
<tr><td>姓名：</td><td></td><td>联系电话：</td><td></td></tr>
<tr><td>地址：</td><td colspan="3"></td></tr>
<tr><td colspan="4">您的□意见□建议□表扬□投诉□举报：<br><br><br><br>年 月 日</td></tr>
<tr><td colspan="4">处理意见：<br><br><br><br>年 月 日</td></tr>
</table>

## 15.2 （资料编号 54）营业厅晨、晚例会管理制度

# 营业厅晨、晚例会管理制度

一、每天早 8:40～8:50 为营业厅晨例会时间，营业厅负责人必须组织当日营业厅工作人员召开晨例会。明确以下工作内容，并做好记录：

1. 人员分工。明确引导人员、业务办理人员、收费负责人员；

2. 当日工作安排。根据近期工作重点、客户服务需求制定针对性措施，提高服务水平；

3. 营业人员仪容仪表自查、互查，并做好记录；

4. 环境卫生检查，便民设施检查。包括饮水机矿泉水更换情况检查，报纸更新检查，宣传架上资料检查，排号机和查询机使用情况检查等。并填写营业厅日常检查记录表；

5. 礼仪练习，包括迎接客户时、电费收取时、办理业务时的标准礼仪规范用语等。

二、每天下午 17:10～17:20 为营业厅晚例会时间，营业厅负责人必须组织当日工作人员召开晚例会。总结当日工作，谋划次日工作，并做好记录：

1. 根据当日业务量、人员情况，提前安排次日上班人员；

2. 分析当日工作中的优质服务风险点，并制定防范措施。重要情况应及时向相关领导汇报；

3. 分析当日工作中存在的业务规范问题，并制定整改措施及时整改；

4. 检查、维护营业厅设施及环境，填写营业厅日常检查记录表；

5. 检查意见簿有无新的意见或建议，及时反馈领导进行整改回复；

6. 营业厅负责人日常工作要以营业厅为主要工作场所，不得擅自离开营业厅。若有事必须离开营业厅，需指定临时负责人，并履行请假手续。

<table>
<tr><th colspan="4">晨会记录登记表</th></tr>
<tr><td>日期</td><td></td><td>班长</td><td></td></tr>
<tr><td>参会人员</td><td colspan="3"></td></tr>
<tr><td colspan="4">会议记录</td></tr>
<tr><td colspan="2">检查项目</td><td>没有问题画“√”，<br>有问题备注清楚</td><td>检查人</td></tr>
<tr><td colspan="2">是否统一着装，是否佩戴工号牌</td><td></td><td></td></tr>
<tr><td colspan="2">有无浓妆艳抹，衣服是否整洁，不得敞怀、挽起裤腿、戴墨镜，女士将长发挽起</td><td></td><td></td></tr>
<tr><td colspan="2">报刊架上报纸、杂志是否及时更新</td><td></td><td></td></tr>
<tr><td colspan="2">一米线、小心地滑标志、禁烟标志是否完整</td><td></td><td></td></tr>
<tr><td colspan="2">垃圾箱有没有及时清理</td><td></td><td></td></tr>
</table>

续表

| 检查项目 | 没有问题画“√”，有问题备注清楚 | 检查人 |
|---|---|---|
| 自助缴费终端、叫号机运转是否良好，打印纸是否足够 | | |
| 业务办理用电脑、显示器是否完好 | | |
| 各办公、书写台是否清洁，书写工具、老花镜是否齐全 | | |
| 便民设施：雨伞、针线盒、打气筒是否完备 | | |
| 饮水机运转是否良好，有无饮用水及水杯 | | |
| 各种表卡单据是否齐全，数量是否足够 | | |
| 营业厅业务受理标牌、暂停服务标牌是否摆放到位 | | |
| 宣传资料种类是否齐全，每种宣传材料数量是否足够 | | |
| 墙面时钟、日历运转是否正常 | | |
| 门口显示屏飞播内容是否正确、完整 | | |

**晚会记录登记表**

| 日期 | | 班长 | |
|---|---|---|---|
| 参会人员 | | | |
| 会议记录 | | | |

| 检查项目 | 没有问题画“√”，有问题备注清楚 | 检查人 |
|---|---|---|
| 营业厅门楣标识、营业厅营业时间牌是否完好、整洁 | | |
| 营业背景标识是否完整、整洁 | | |
| 客户意见箱是否干净、整洁 | | |
| 意见簿是否有新增意见或建议。以往所有意见是否均得到整改、回复 | | |
| 各种宣传版面内容是否最新，是否干净整洁 | | |

# 第 16 章　供电所综合事务员星级应用样张

## 16.1 （资料编号 55）供电所人员花名册

### 供电所人员花名册

1. 填写说明

本台账为“国网公司信息化条件下乡镇供电所资料精简格式样张”要求的必备资料，供电所按各省公司要求填写，样张供参考。

2. 填写内容

2 栏班组：填写内勤类、外勤类班组等；

4 栏用工性质：填写部属编制、专职、兼职、补充生产一线用工等；

9～10 栏出生日期、参加工作时间：填写日期，格式××××年××月，如 1988 年 08 月；

11 栏政治面貌：填写党员、共青团员、群众等；

12 栏学历：填写大学本科、大学专科、普通高级中学、初级中学、中等职业等；

14 栏专业技术资格：填写工程师、经济师、助理工程师、助理经济师、助理会计师等；

15 栏职业资格：填写电气试验工、农网配电营业工、配电线路工、维修电工、用电检查工、用户客户受理员、装表接电工等；

16 栏职业资格等级：填写初级工、中级工、高级工、技师、高级技师等；

17 栏内部准驾证：填写有、无；

18 栏取证率：填写员工实际取证率。

3. 填写方式

本台账以电子文档方式记录并保存，存放在综合班办公室。

4. 填写要求

本台账更新周期：不定期；由所在单位人力资源部编制，供电所存档。

| 序号 | 部门 | 班组 | 岗位 | 用工性质 | 工号 | 姓名 | 性别 | 民族 | 出生日期 | 参加工作时间 | 政治面貌 | 学历 | 专业 | 专业技术资格 | 职业资格 | 职业资格等级 | 内部准驾证 | 取证率 |
|---|---|---|---|---|---|---|---|---|---|---|---|---|---|---|---|---|---|---|
| | 1 | 2 | 3 | 4 | 5 | 6 | 7 | 8 | 9 | 10 | 11 | 12 | 13 | 14 | 15 | 16 | 17 | 18 |
| | | | | | | | | | | | | | | | | | | |
| | | | | | | | | | | | | | | | | | | |

续表

| 序号 | 部门 | 班组 | 岗位 | 用工性质 | 工号 | 姓名 | 性别 | 民族 | 出生日期 | 参加工作时间 | 政治面貌 | 学历 | 专业 | 专业技术资格 | 职业资格 | 职业资格等级 | 内部准驾证 | 取证率 |
|---|---|---|---|---|---|---|---|---|---|---|---|---|---|---|---|---|---|---|
| | | | | | | | | | | | | | | | | | | |
| | | | | | | | | | | | | | | | | | | |
| | | | | | | | | | | | | | | | | | | |
| | | | | | | | | | | | | | | | | | | |
| | | | | | | | | | | | | | | | | | | |
| | | | | | | | | | | | | | | | | | | |
| | | | | | | | | | | | | | | | | | | |
| | | | | | | | | | | | | | | | | | | |
| | | | | | | | | | | | | | | | | | | |
| | | | | | | | | | | | | | | | | | | |
| | | | | | | | | | | | | | | | | | | |

审核人：　　　　填报人：　　　　填报日期：

## 16.2 （资料编号 56）供电所党支部生活记录本

# 供电所党支部生活记录本

### 1. 填写说明

（1）供电所党支部生活记录本分为三大类，分别是：党支部记录、党小组记录、党员记录；

（2）本记录依据《国家电网公司基层党支部工作规则（试行）》和“旗帜领航•三年登高”计划设置。

### 2. 填写方式

本记录以纸质文档方式记录并保存，存放在供电所党员活动室。

### 3. 填写要求

以实事求是为原则，做好供电所各类活动的规范记录。具体以国网公司相关考核要求为准。

# 党支部组织情况一览表

<table>
<tr><td rowspan="5">支委会情况</td><td colspan="4">党支部成立时间</td><td colspan="4">本届支委会任期起止时间</td></tr>
<tr><td colspan="4"></td><td colspan="4"></td></tr>
<tr><td>党内职务</td><td>书记</td><td>副书记</td><td>组织委员</td><td>宣传委员</td><td>纪检委员</td><td>群工委员</td><td></td></tr>
<tr><td>姓名</td><td></td><td></td><td></td><td></td><td></td><td></td><td></td></tr>
<tr><td>行政职务</td><td></td><td></td><td></td><td></td><td></td><td></td><td></td></tr>
<tr><td rowspan="2">党小组人数</td><td>组</td><td>组</td><td>组</td><td>组</td><td>组</td><td>组</td><td>组</td><td>组</td><td>组</td><td>组</td><td>班组（部门）</td><td>有党员班组数</td></tr>
<tr><td></td><td></td><td></td><td></td><td></td><td></td><td></td><td></td><td></td><td></td><td></td><td></td></tr>
<tr><td rowspan="4">党员情况</td><td>职工总数</td><td>党员总数</td><td>正式党员人数</td><td>预备党员人数</td><td>男党员数</td><td>女党员人数</td><td>少数民族党员数</td></tr>
<tr><td></td><td></td><td></td><td></td><td></td><td></td><td></td></tr>
<tr><td>35 岁及以下</td><td>36～45 岁</td><td>46～54 岁</td><td>55～59 岁</td><td>60 岁以上</td></tr>
<tr><td></td><td></td><td></td><td></td><td></td></tr>
<tr><td rowspan="2">组织培养人员情况</td><td>申请入党人数</td><td>入党积极分子数</td><td>计划发展对象人数</td></tr>
<tr><td></td><td></td><td></td></tr>
</table>

# 党支部委员及党小组长基本情况登记表

| 姓名 | 性别 | 出生年月 | 文化程度 | 党内职务 | 任党内职时间 | 行政职务（职称） | 入党时间 | 参见工作时间 | 备注 |
|---|---|---|---|---|---|---|---|---|---|
| | | | | | | | | | |
| | | | | | | | | | |
| | | | | | | | | | |
| | | | | | | | | | |
| | | | | | | | | | |
| | | | | | | | | | |
| | | | | | | | | | |
| | | | | | | | | | |
| | | | | | | | | | |
| | | | | | | | | | |
| | | | | | | | | | |
| | | | | | | | | | |
| | | | | | | | | | |
| | | | | | | | | | |
| | | | | | | | | | |
| | | | | | | | | | |
| | | | | | | | | | |
| | | | | | | | | | |
| | | | | | | | | | |
| | | | | | | | | | |

# 入党积极分子基本情况登记表

| 姓名 | 性别 | 民族 | 出生年月 | 文化程度 | 申请入党时间 | 培养联系人 | 确认入党积极分子时间 | 工作岗位 |
|---|---|---|---|---|---|---|---|---|
| | | | | | | | | |
| | | | | | | | | |
| | | | | | | | | |
| | | | | | | | | |
| | | | | | | | | |
| | | | | | | | | |
| | | | | | | | | |

备注说明：

入党积极分子是指已经向党组织正式提出入党申请，经党小组（共青团员经团组织）推荐、支部委员会或支部大会研究确定进行计划培养的人员。党组织对入党积极分子的培养、教育工作，要有组织、有计划地进行。要密切结合积极分子的思想、工作实际循序渐进，坚持经常。具体方法是：

（1）党支部指定1～2名正式党员做入党积极分子的培养联系人，对他们进行个别帮助。

（2）吸收入党积极分子听党课，参见讨论发展党员的支部大会和入党宣誓仪式以及党内有关活动。

（3）为入党积极分子提供接受锻炼和考验的机会，给他们分配一定的社会工作，并检查他们完成工作的情况。

（4）要求入党积极分子经常向党组织汇报自己的思想和工作情况，党组织定期对他们的表现进行考察，肯定成绩，指出不足和努力方向。

（5）为了切实做好对入党积极分子的培养、教育工作，党组织要建立和健全一系列行之有效的培训、教育制度，不断总结经验，使培训、教育入党积极分子的工作逐步制度化和规范化。

# 发展对象基本情况登记表

| 姓名 | 出生年月 | 文化程度 | 申请入党时间 | 入党介绍人 | 确认入党积极分子时间 | 召开支部大会确定发展对象 | | | 培训时间 |
|---|---|---|---|---|---|---|---|---|---|
| | | | | | | 时间 | 参加人数 | 表决情况 | |
| | | | | | | | | | |
| | | | | | | | | | |
| | | | | | | | | | |
| | | | | | | | | | |
| | | | | | | | | | |
| | | | | | | | | | |
| | | | | | | | | | |

备注说明：

发展对象是指经过党组织一年以上培养教育，在听取党小组、培养联系人和党内外群众意见的基础上，经支委会（不设支委会的由支部大会）讨论，认为表现突出基本具备党员条件，并列入发展计划，准备近期发展的入党积极分子。

# 预备党员基本情况登记表

| 姓名 | 性别 | 出生年月 | 籍贯 | 民族 | 文化程度 | 申请入党时间 | 入党介绍人 | 确认为发展对象时间 | 召开支部大会接受为预备党员 | | |
|---|---|---|---|---|---|---|---|---|---|---|---|
| | | | | | | | | | 时间 | 参加人数 | 表决情况 |
| | | | | | | | | | | | |
| | | | | | | | | | | | |
| | | | | | | | | | | | |
| | | | | | | | | | | | |
| | | | | | | | | | | | |
| | | | | | | | | | | | |
| | | | | | | | | | | | |
| | | | | | | | | | | | |

备注说明：

预备党员是指要正式加入中国共产党，在入党申请审核通过后，进入预备期，这个阶段的党员成为预备党员。预备党员的预备期，一般从支部大会通过他为预备党员之日算起，一年时间。

实行预备期的目的在于对新党员进行严格的党的组织生活和实际工作锻炼，对他们继续进行教育和考察，使他们端正入党动机，进一步提高思想觉悟，增强党性修养，成为合格的共产党员。实行预备期有利于保证新党员的质量；有利于保证党员队伍的纯洁；有利于增强党的战斗力。预备党员在预备期里，应经常向党组织汇报情况，这样做是为了使党组织及时理解、掌握预备党员的思想、学习和工作等方面的情况，便于更好地对其进行考察和教育；同时，为使预备党员从开始入党就自觉地接受党组织的监督管理，培养和树立党的组织观念，不断解决思想入党问题，坚持向党组织汇报是非常必要的。即使转正之后，仍要坚持汇报制度。书面汇报或口头汇报都可以。除定期汇报外，如遇特殊情况，应当随时汇报。汇报时，要如实反映情况。预备党员在预备期期间，应时刻按照共产党的标准严格要求自己，自觉地接受党组织对自己的教育和考察，争取按期转正。

# 转正党员基本情况登记表

| 姓名 | 性别 | 出生年月 | 籍贯 | 民族 | 文化程度 | 申请入党时间 | 入党介绍人 | 确认为发展对象时间 | 召开支部大会接受为正式党员 | | |
|---|---|---|---|---|---|---|---|---|---|---|---|
| | | | | | | | | | 时间 | 参加人数 | 表决情况 |
| | | | | | | | | | | | |
| | | | | | | | | | | | |
| | | | | | | | | | | | |
| | | | | | | | | | | | |
| | | | | | | | | | | | |
| | | | | | | | | | | | |
| | | | | | | | | | | | |
| | | | | | | | | | | | |

备注说明：

预备党员预备期满，所在党支部应当及时讨论他能否转正为正式党员。认真履行党员义务，具备党员条件的，应当按期转为正式党员；需要继续考察和教育的，可以延长预备期，但不能超过一年；不履行党员义务，不具备党员条件的，应当取消预备党员资格。预备党员转为正式党员或延长预备期，或取消预备党员资格，都应当经支部大会讨论通过和上级党组织批准。

# 党员大会记录

| |
|---|
| 一、时间 |
| 二、地点 |
| 三、参加人员 |
| 四、缺席人员 |
| 五、主持人 |
| 六、记录人 |
| 七、学习内容要点及会议讨论情况（讨论议题有表决、发言情况） |
| |
| |
| |
| |
| |
| |
| |
| |
| |
| |

备注说明：

党员大会由党支部书记主持，原则上每季度召开一次，根据工作需要可随时召开。会议议题由支部委员会根据上级党组织的指示和工作需要确定。主要内容为：传达学习党的路线方针政策和上级党组织的决议、决定、指示；听取和审议支部委员会的工作报告；讨论吸收新党员和预备党员转正；讨论决定对党员的表彰和处分；选举支部委员会委员和出席上级党员代表大会代表；讨论决定其他需要由支部党员大会讨论决定的事项。

# 党支部委员会会议记录

| |
|---|
| 一、时间 |
| 二、地点 |
| 三、参加人员 |
| 四、缺席人员 |
| 五、主持人 |
| 六、记录人 |
| 七、学习内容要点及会议讨论情况（讨论议题有表决、发言情况） |
| |
| |
| |
| |
| |
| |
| |
| |
| |
| |

备注说明：

党支部委员会会议由党支部书记主持，原则上每月召开一次，根据需要也可随时召开。主要议题为：研究贯彻执行上级党组织决议、决定、指示和完成本单位任务的保障措施；研究党支部建设、党员教育管理、培养和发展新党员工作；研究党支部工作年度计划、总结安排党支部近期活动；研究需要支部委员会讨论决定的其他事项。

# 党 课 记 录

| |
|---|
| 一、时间 |
| 二、地点 |
| 三、参加人员 |
| 四、缺席人员 |
| 五、主持人 |
| 六、授课人 |
| 七、记录人 |
| 八、课程学习内容要点及讨论发言情况 |
| |
| |
| |
| |
| |
| |
| |
| |
| |
| |

备注说明：

党课原则上每季度开展一次，主要内容是党的基本理论教育、党性党风党纪教育和形势任务教育。党支部负责组织党员、入党积极分子参加本级和上级党组织的党课学习。党支部书记每年至少讲一次党课。

# 主 题 党 日 记 录

| |
|---|
| 一、时间 |
| 二、地点 |
| 三、参加人员 |
| 四、缺席人员 |
| 五、主持人 |
| 六、记录人 |
| 七、学习内容要点及活动情况 |
| |
| |
| |
| |
| |
| |
| |
| |
| |
| |
| |
| |
| |
| |

备注说明：

主题党日党支部每月相对固定一次，可与“三会一课”相结合，每次确定不同主题，组织党员集中学习、听党课，同时开展民主议事、志愿服务等活动，让党员养成经常参加组织生活的习惯和自觉，增强对组织的归属感。

# 民主（专题组织）生活会记录

| |
|---|
| 一、时间 |
| 二、地点 |
| 三、参加人员 |
| 四、缺席人员 |
| 五、主持人 |
| 六、记录人 |
| 七、会议主题 |
| 八、会议内容及发言情况 |
| |
| |
| |
| |
| |
| |
| |
| |
| |

备注说明：

民主（专题组织）生活会每年召开一次，一般安排在第四季度，因特殊情况需提前或延期召开的，须报上级党组织同意。会议主题和内容一般根据上级党组织的要求确定。会前要广泛听取意见，深入谈心交心，会上要有针对性地开展批评与自我批评，认真查摆问题，深刻剖析根源，明确整改方向，会后要逐一整改落实，达到统一思想、增进团结、互相监督、共同提高的目的，切实增强党内政治生活的政治性、时代性、原则性、战斗性。党员领导干部必须以普通党员身份认真参加双重组织生活会。党支部支委会成员之间、支委会和党员之间要开展经常性的谈心谈话，坦诚相见，交流思想、交换意见。

# 民主评议党支部情况汇总表

## 评议时间：　　　　年　月　日

| 基层党组织 | 综合 | | |
|---|---|---|---|
| | 先进 | 达标 | 不达标 |
| | | | |

备注：

1. 会议时间：______参加党员人数：__________党外群众人数：______。
2. 发出测评表___张；收回______张；其中废票____张；有效票___张。
3. 评议小组成员签名：______________________________________。

# 民主评议党员情况汇报表

## 评议时间：　　　　年　月　日

| 党员姓名 | 综合评价 | | | |
|---|---|---|---|---|
| | 优秀 | 合格 | 基本合格 | 不合格 |
| | | | | |
| | | | | |
| | | | | |
| | | | | |
| | | | | |
| | | | | |
| | | | | |
| | | | | |
| | | | | |
| | | | | |

备注说明：

民主评议党员：基层党支部按照有关规定，组织党员开展民主评议，每年进行一次。主要内容为：按照《党章》规定的党员标准，对照入党誓词，联系个人实际，对全体党员进行做新时期合格共产党员的教育，通过正面教育、自我教育和党外群众评议，以及党组织的考核，检查和评议党员发挥先锋模范作用的情况。通过表彰优秀党员、妥善处理不合格党员的组织措施达到教育激励党员、纯洁组织、整顿队伍的目的。具体评议范围、评议内容、评议方法、评价标准及不合格党员处理，按照《国家电网公司民主评议党员实施办法》执行。

党员汇报制度可以结合民主评议党员开展，也可根据日常工作情况开展。

备注：

1. 会议时间：________参加党员人员：________党外群众人员：________。
2. 发出测评表____张；收回_____张；其中废票_____张；有效票___张。
3. 评议小组成员签名：________________。

# 党支部工作汇报

起草人：

支委会通过时间：

支部书记签字：

年　月　日

# 党小组制度

党小组是党支部的组成部分，不是党的一级组织，其作用是加强对党员的教育和管理，具体组织指导党员日常工作，保证党支部决议的贯彻执行。

## 一、党小组会任务

1. 分配每个党员以一定的工作，具体组织和监督党员实现支部的决议。

2. 定期召开党小组会，开展批评与自我批评，对党员进行教育和管理，选举党小组长。

3. 组织好党员的学习和议论。

4. 接受党员的汇报，及时了解党员的思想、工作、学习情况和非党群思想情绪。

5. 按照支部的要求，研究并提出发展对象，做好发展对象、预备党员的教育、考察工作。

6. 组织党员经常向群众宣传党支部的决议，开展思想工作，及时向支委会反映群众的意见和要求。

## 二、党小组长的产生

党小组长一般由小组的党员选举产生，必须是正式党员，但留党察看期间不能担任党小组长。党小组长是基层党支部工作的骨干，一般应选有责任心和积极性，有一定威信的委员担任。

## 三、党小组长的职责

1. 按照党支部的要求，组织好党员的学习。

2. 具体组织党员贯彻执行支部决议，分配每个党员的工作，指导党员的活动。

3. 按时主持召开党小组会、引导党员开展批评与自我批评。保证党员处理好工作、学习和生活上的问题，充分调动党员的积极性和创造性，主动完成各项工作任务。

4. 组织党员做好群众思想工作，同非党群众谈心，倾听他们的意见和要求，积极帮助他们进步。

5. 收集党员汇报，收缴党费，及时向支委会汇报本小组的工作情况，反映群众的情绪和要求，传递党员的申诉、控告等。

## 四、党小组会的内容

党小组会是党组织生活的重要组成部分，是党小组活动的主要形式之一，一般每月召开一次。其主要内容有：

1. 组织党员学习、讨论。

2. 研究如何贯彻执行支部的决议，团结带领群众完成各项任务。

3. 党员进行思想和工作汇报，检查贯彻执行支部决议和完成党小组分配的工作情况，开展批评和自我批评。

4. 讨论有关党务方面的工作，如改选小组长，酝酿支委候选人和出席上级党代会和代表候选人，研究发展对象，评选发展对象，评选优秀党员，讨论对党员的处分等。

5. 分析群众的思想情况，研究如何做好思想工作。

### 五、党支部对党小组的领导

1. 经常向党小组布置工作，并提出具体的要求。
2. 对党小组工作给予具体的指导，每次开展活动的内容和要求，应向党小组长交代清楚。
3. 经常对党小组长进行培训，不断提高其工作能力。
4. 适时对党小组的工作进行检查。

## 党小组成员分工

| 序号 | 姓名 | 党内职务 | 分管党内工作 |
|---|---|---|---|
| | | | |
| | | | |
| | | | |
| | | | |
| | | | |
| | | | |
| | | | |
| | | | |
| | | | |
| | | | |
| | | | |
| | | | |
| | | | |

## 党员花名册

| 序号 | 姓名 | 所在小组 | 性别 | 民族 | 籍贯 | 身份证号 | 原始学历 | | | | 最高学历 | | | | 参加工作时间 | 入党时间 | 转正时间 | 党内职务 | 行政职务 | 专业技术职称 | 获得时间 | 备注 |
|---|---|---|---|---|---|---|---|---|---|---|---|---|---|---|---|---|---|---|---|---|---|---|
| | | | | | | | 入学时间 | 毕业时间 | 毕业院校 | 所学专业 | 入学时间 | 毕业时间 | 毕业院校 | 所学专业 | | | | | | | | |
| | | | | | | | | | | | | | | | | | | | | | | |
| | | | | | | | | | | | | | | | | | | | | | | |
| | | | | | | | | | | | | | | | | | | | | | | |
| | | | | | | | | | | | | | | | | | | | | | | |
| | | | | | | | | | | | | | | | | | | | | | | |
| | | | | | | | | | | | | | | | | | | | | | | |
| | | | | | | | | | | | | | | | | | | | | | | |
| | | | | | | | | | | | | | | | | | | | | | | |
| | | | | | | | | | | | | | | | | | | | | | | |
| | | | | | | | | | | | | | | | | | | | | | | |

# 党小组会议记录

| | | | |
|---|---|---|---|
| 活动类型 | 年 月 日 | 地点 | |
| 主持人 | | 记录人 | |
| 参加人 | | | |
| 列席人 | | | |
| 缺席人<br>及原因 | | | |
| 主要议题： | | | |
| 会议内容： | | | |
| | | | |

# 《党员考核手册》管理实施细则

为充分发挥《党员考核手册》的作用，增强党员自我教育、自我管理的自觉性，增强党员与领导干部之间、党员与党员之间的思想沟通过，巩固扩大《党员考核手册》在党建工作中的成果，更好地发挥党支部的战斗堡垒作用和党员的先锋模范作用，特制定如下管理实施细则：

1. 每季度党员要进行一次工作总结，党支部和小组要进行一次考评，党委采取定期与不定期相结合的方式对《党员考核手册》执行情况节进行检查，检查结果在党支部书记会上通报，并作为年终评先的重要依据之一。

2.“季度工作总结”内容，填写本季度从事的工作、学习、生活等方面的现实表现。根据省公司和本单位的安排，工作上共有几项内容，自己在工作中起了什么样的作用，完成结果如何；学习上，党支部计划安排了什么内容，自己学习情况如何，同时还自学了哪些书籍；生活上对自己要求是否严格等。内容要具体，实事求是，防止填写不符合实际的大话、套话和虚话。

3.“党小组意见”一栏，由党小组执笔填写。主要填写党员在工作、学习和各项活动中现实变现。意见填写要实事求是，客观公正，不要填写“同意本人意见”。

4.“党支部意见”一栏，由党支部书记执笔填写。重点把握党小组长是否认真负责，党员是否真实地进行了自我总结、自我评价，并提出指导性的意见。

5.《党员考核手册》的落实情况，作为党员年终评先、评格的重要依据，对个人总结不认真，不积极参加或无故不参加党组织活动者，不能评先，不能评为合格党员。

6.《党员考核手册》填写完以后，在党支部书记处统一存放，接受检查。

# 《党员考核手册填写》

1. 党员基本情况、党组织关系变更情况、缴纳党费记录要求填写完整。

2. 季度党员综合考评情况填写要求：

（1）党员填写“季度工作总结”，重点要紧密结合本职岗位实际，实事求是，客观总结自己本季度完成公司和本单位布置的主要工作任务，业务知识和政治理论学习情况以及在生活上对自己严格要求情况等也可以填写，杜绝填写不符合实际的大话、套话和虚话。

（2）党支部、党小组填写“考评意见”，要由党支部书记、党小组执笔填写。党小组意见主要填写党员在工作、学习和各项活动中的实际表现情况，客观公正地对党员进行评价，不准填写“同意党小组意见”之类的话。党支部要重点审核党员季度工作总结、党小组意见内容，并提出指导意见。

（3）党支部、党小组评价要具有针对性，具体是在，要“像”党员其人。既可以对其进行综合评价，也可以就一件事集体评价。党员考核手册评价要客观真实，使每个党员通过考核达到思想上有触动、行动上有改进、工作上有提高、作风上有转变、纪律上有增强。

3. 党员要高度重视《党员考核手册》的填写工作，这既是党员对季度工作的一次总结，也是党支部、党小组对党员的一次考评，是党员评先的重要依据之一。对于个别总结工作不认真、不积极主动参加党组织活动的党员，一经发现，将给予批评通报，并取消其当年评先资格。

## 党员基本情况

| | |
|---|---|
| 姓名 | |
| 性别 | |
| 职务 | |
| 入党时间 | |
| 入党介绍人 | |
| 转正时间 | |
| 出生年月 | |
| 参工时间 | |
| 籍贯 | |
| 职称 | |
| 文化程度 | |

## 党员组织关系变更情况

| 序号 | 变更时间 | 所在党支部、党小组 |
|---|---|---|
| | | |
| | | |
| | | |
| | | |
| | | |
| | | |
| | | |
| | | |
| | | |
| | | |

# 缴纳党费记录

| 时间 | 金额（元） | 缴纳日期 | 收款人 |
|---|---|---|---|
| ××××年 1 月 | | | |
| 2 月 | | | |
| 3 月 | | | |
| 4 月 | | | |
| 5 月 | | | |
| 6 月 | | | |
| 7 月 | | | |
| 8 月 | | | |
| 9 月 | | | |
| 10 月 | | | |
| 11 月 | | | |
| 12 月 | | | |

# ××××年第×季度党员学习记录

# ××××年第×季度党员综合考评情况

## 一、季度工作总结

| |
|---|
| |
| 本人签名<br>年 月 日 |

## 二、参加“组织活动”情况

| 时间 | 内容 | | 党支部书记（党小组长）签名 | |
|---|---|---|---|---|
| | | | | |
| | | | | |
| | | | | |
| | | | | |
| | | | | |
| | | | | |
| | | | | |

## 三、党员干部表率行动半年自评

| | |
|---|---|
| 半年活动重点 | |
| 完成情况 | |
| 简要分析 | |
| 下半年计划 | |
| 自我评价 | |

## 四、考评

| |
|---|
| 党小组意见：<br><br>党小组长签名：<br>年　月　日 |
| 党支部考评意见：<br><br>党小组长签名：<br>年　月　日 |

# ××××年度评议党员记录

<table>
<tr><td rowspan="2">参加评议<br>人数</td><td rowspan="2" colspan="2"></td><td>党员人数</td><td colspan="2"></td></tr>
<tr><td>非党员人数</td><td colspan="2"></td></tr>
<tr><td rowspan="2">评议<br>结果</td><td>优秀</td><td>合格</td><td colspan="2">基本合格</td><td>不合格</td></tr>
<tr><td></td><td></td><td colspan="2"></td><td></td></tr>
<tr><td colspan="6">评语：<br><br><br>党支部书记签字：<br>年　月　日</td></tr>
</table>

## 16.3 （资料编号 57）所务、会议记录

# 所务、会议记录

**1. 填写说明**

（1）记录所务会议、廉政从业教育、民主生活会等供电所管理工作的开展情况；

（2）本记录依据《国家电网公司班组建设管理标准》要求编制，为“国网公司信息化条件下乡镇供电所资料精简格式样张”要求的必备资料。

**2. 填写内容**

栏目“活动类型”：根据实际开展情况进行勾选；

栏目“时间”：填写日期，格式××××年××月××日；

其余栏目根据实际情况进行填写。

**3. 填写方式**

本记录以纸质文档方式记录并保存，存放在综合班办公室。

**4. 填写要求**

（1）本记录分主题勾选并记录；

（2）以实事求是为原则，做好供电所各类活动的规范记录。具体以国网公司相关考核要求为准。

# 所务、会议记录（样张）

| 活动类型 | □所务会□廉政从业教育□案例警示教育□思想文化建设□民主生活会□其他 | | |
|---|---|---|---|
| 参加人员 | | | |
| 缺席人员 | | | |
| 时间 | | 地　点 | |
| 主持人 | | 记录人 | |
| 活动记录 | | | |
| | | | |

备注：合并进行的供电所管理工作，可同时勾选多种类型，但在记录中须分项清晰记载，记录活动和会议的关键要素和主要内容即可。

## 16.4 （资料编号 58）所容所貌自检表

# 所容所貌自检表

**1. 填写说明**

（1）按样表样张填写；

（2）本记录为“国网公司信息化条件下乡镇供电所资料精简格式样张”要求的必备资料。

**2.填写内容**

1 栏：区域按供电所实际情况填写；

2 栏：卫生责任人：按实际情况填写；

3～4 栏：检查时按检查情况分“整洁”“不整洁”，选择并打“√”；

5 栏：如发现不整洁情况在“不整洁原因”填写说明。

**3. 填写方式**

本记录以纸质方式记录并保存，存放在综合班办公室。

**4. 填写要求**

本记录每周检查填写一次。

## ______供电所所容所貌自检表

| 序号 | 区域 | 卫生责任人 | 检查情况 | | 不整洁原因 |
|---|---|---|---|---|---|
| | | | 整洁 | 不整洁 | |
| | | | | | |
| | | | | | |
| | | | | | |
| | | | | | |
| | | | | | |
| | | | | | |
| | | | | | |
| | | | | | |
| | | | | | |
| | | | | | |
| | | | | | |

检查人（签字）： 检查日：

### 16.5 （资料编号 59）工作计划及总结

## 工作计划及总结

**1. 填写说明**

（1）本记录为“国网公司信息化条件下乡镇供电所资料精简格式样张”要求的必备资料；

（2）本记录按各公司要求填写，样张供参考。

**2. 填写内容**

检查和分析上年（月）工作计划完成情况，制定下年（月）的工作计划，结合实际，按需填写。

**3. 填写方式**

本记录以电子文档方式记录并保存，存放在综合班办公室。

**4. 填写要求**

（1）本记录由供电所各专业计划编制人员填报，经供电所分管专业负责人审核后由综合事务员（兼）或所长指定人员汇总并经所长审核确认；

（2）按各省公司要求的截止日期完成填报；

（3）本记录更新周期：月。

## ××××年（月）工作计划及总结（样张）

**一、主要工作完成情况**

1. 安全工作方面

×月安排安全类计划工作××项，实际完成××项，完成率××。其中未完成工作列举说明何项计划因何原因推迟或取消。

×月主要工作：依次列举。

2. 生产工作方面

×月安排生产类计划工作××项，实际完成××项，完成率××。其中未完成工作列举说明何项计划因何原因推迟或取消。

×月主要工作：依次列举。

3. 营销工作方面

×月安排营销类计划工作××项，实际完成××项，完成率××。其中未完成工作列举说明何项计划因何原因推迟或取消。

×月主要工作：依次列举。

4. 综合工作方面

×月安排综合类计划工作××项，实际完成××项，完成率××。其中未完成工作列举说明何项计划因何原因推迟或取消。

×月主要工作：依次列举。

**二、存在的问题及整改措施**

……

**三、下年（月）重点工作计划**

（一）安全工作方面

……

（二）生产工作方面

……

（三）营销工作方面

……

（四）综合工作方面

……

## 16.6 （资料编号 60）供电所所长绩效合约

# 供电所所长绩效合约

| 班组 | ××供电所 | 岗位 | 所长 | 姓名 | ××× | 履约时间： |
|---|---|---|---|---|---|---|

考核内容

一、目标任务指标（100 分）

| 序号 | 指标名称 | | 分值 | 目标值 | 指标定义及计算公式 | 评价标准 |
|---|---|---|---|---|---|---|
| 1 | 关键业绩指标（≤8 项） | 电费回收 | 10 | 100% | 每月按时完成电费回收任务 | 未按规定的 25 日完成电费结零扣 5 分，月底最后一天未完成电费结零目标扣 10 分 |
| 2 | | 低压线损率 | 10 | 完成公司指标 | 每月按公司下达的低压线损指标完成 | 超过低压线损指标 0.1 个百分点扣 1 分 |
| 3 | | 售电均价 | 10 | 每月完成指标不低于去年同期值 | 大于去年同期售电均价 | 较去年同期售电均价降低 0.001 元扣 1 分，每升高 0.001 加 1 分 |
| 4 | | 安全管理 | 10 | 安全无事故 | 不发生各类人身及设备安全事故 | 每发生一起配电变压器烧损和家电烧损事故扣 4 分，发生一起人身伤亡事故扣 10 分 |
| 5 | | 优质服务 | 10 | 零投诉 | 不发生各类投诉、举报事件 | 发生市级投诉、举报一起扣 3 分，发生省级以上投诉、举报一起扣 5 分 |

| 序号 | 指标名称 | | 分值 | 开始时间 | 结束时间 | 评价标准 |
|---|---|---|---|---|---|---|
| 6 | 重点工作任务指标 | 供电所管理提升指数 | 10 | ××××年××月 | ××××年××月 | 按要求完成供电所管理提升工作，未完成扣 5 分 |
| 7 | | 供电所管理 | 10 | ××××年××月 | ××××年××月 | 强化供电所管理，供电所一项工作没完成扣 5 分 |
| 8 | | 竞赛、调考 | 5 | ××××年××月 | ××××年××月 | 配合公司完成各项竞赛，调考任务，未完成扣 5 分 |
| 9 | | 严格落实供电所月度经营分析例会制度，加强指标分析和过程管控，提升供电所经营管理水平 | 5 | ××××年××月 | ××××年××月 | 建立经济运行分析例会制度，切实开展经济运行分析工作，未建立制度扣 2 分，未开展经济运行分析工作扣 5 分 |

二、综合评价指标（20 分，年度取月度平均分）

| 序号 | 评价指标 | 权重 | 评价标准（考核得分＝Σ级别分×指标权重） | | | |
|---|---|---|---|---|---|---|
| | | | Ⅰ级（0～3 分） | Ⅱ级（4～10 分） | Ⅲ级（11～16 分） | Ⅳ级（17～20 分） |
| 1 | 敬业精神 | 50% | 无故缺勤 迟到早退 | 按规出勤 基本履责 | 全勤敬业 任劳任怨 | 甘于奉献 努力超越 |
| 2 | 工作态度 | 50% | 缺乏自律 工作拖拉 | 遵章守纪 工作踏实 | 工作主动 恪尽职守 | 勇挑重担 注重协作 追求卓越 |

三、其他工作加分（0～5 分，在总分上直接增加）

四、减项扣分指标（不占分值，在总分上直接扣减；年度取月度扣分总和）

减项扣分指标得分=Σ减项扣分指标得分

五、否决项（发生否决项，扣除年度内当月全部绩效工资）

双方确认签字

绩效经理人：　　　　被考核人：　　　　签订日期：　　年　月　日

## 16.7（资料编号61）供电所安全质量员绩效合约

# 供电所安全质量员绩效合约

| 班组 | ××供电所 | | 岗位 | 安全质量员 | 姓名 | ××× | 履约时间： |
|---|---|---|---|---|---|---|---|
| 考核内容 | | | | | | | |
| 一、目标任务指标（80分） | | | | | | | |
| 序号 | 指标名称 | | 分值 | 目标值 | 指标定义及计算公式 | | 评价标准 |
| 1 | 关键业绩指标（≤8项） | 安全目标 | 10 | 符合要求 | 坚持"安全第一、预防为主"方针，认真贯彻国家有关安全生产的方针、政策、法律、法规和上级部门颁发的规章制度，并落实和监督执行情况 | | 制定并确保各项安全生产目标顺利实现，制订安全培训计划。签订安全目标责任书。做好记录存档。没有详细制定本班组安全目标和签订责任书，该项不得分 |
| 2 | | 安全管理 | 10 | 全年安全生产无事故 | 每考核年不发生人身伤害、负同等责任的交通事故，不发生居民家电烧毁等事件，以5分为基础分 | | 坚持"四不放过"的原则，严格"两票"管理，做好劳动保护和安全工器具的管理，负责全班组的安全技术培训、安全规程学习与考试工作，按时、准确填报安全报表。编制低压电力设施巡视、消缺工作计划和工作目标，做好电力设施保护工作。没有开展，少一项扣1分，扣完为止 |
| 3 | | 日常工作 | 10 | 符合要求 | 每年、月度编制完成本班组年度月度安全工作 | | 完成每月安全生产工作，按时总结、分析、上报、归档。缺少一项扣1分，扣完为止 |
| 序号 | 指标名称 | | 分值 | 开始时间 | 结束时间 | | 评价标准 |
| 1 | | 春季安全大检查、秋季安全大检查工作 | 10 | ××××年××月 | ××××年××月 | | 认真组织人员开展隐患排查、消缺工作。每少开展一次巡视、排查、消缺，扣1分；因巡视、消缺不到位出现较大安全隐患，造成较大影响，扣10分 |
| 2 | | 劳动保护和安全工器具的管理 | 10 | ××××年××月 | ××××年××月 | | 认真开展"两票"管理，定期检查安全工器具校验周期落实情况，确保安全工器具试验周期符合规定，每月对各种安全用具的保管、使用情况进行检查，并及时编制上报安全工器具添置计划。未按时认真开展"两票"工作，工器具校验、检查不及时，一处（次）扣1分，扣完为止 |
| 3 | | 技术培训、《安规》学习 | 10 | ××××年××月 | ××××年××月 | | 负责全所人员的安全技术培训、安全规程学习与考试工作，按时、准确填报安全报表。未开展扣5分，未按时上报或漏报一次扣1分 |
| 4 | | 剩余电流动作保护器管理 | 10 | ××××年××月 | ××××年××月 | | 做好剩余电流动作保护器的运行管理工作，剩余电流动作保护器的安装率、投运率均100%，正确动作率100%。每年开展一次，未开展一次扣5分，记录不全一处扣1分 |
| 5 | | 完成交办的其他工作 | 10 | ××××年××月 | ××××年××月 | | 一项未完成扣1分，扣完为止 |

续表

| 二、综合评价指标（20分） | | | | | | |
|---|---|---|---|---|---|---|
| 序号 | 评价指标 | 权重 | 评价标准（考核得分＝Σ级别分×指标权重） | | | |
| | | | Ⅰ级<br>（0～3分） | Ⅱ级<br>（4～10分） | Ⅲ级<br>（11～16分） | Ⅳ级<br>（17～20分） |
| 1 | 考勤 | 50% | 无故缺勤<br>迟到早退 | 按规出勤<br>基本履责 | 全勤敬业<br>任劳任怨 | 甘于奉献<br>努力超越 |
| 2 | 工作态度 | 50% | 缺乏自律<br>工作拖拉 | 遵章守纪<br>工作踏实 | 工作主动<br>恪尽职守 | 勇挑重担<br>注重协作<br>追求卓越 |
| 三、减项扣分指标（不占分值，在总分上直接扣减） | | | | | | |
| 减项扣分指标得分=Σ减项扣分指标得分 | | | | | | |
| 双方确认签字 | | | | | | |
| 绩效经理人： | | | 被考核人： | | 签订日期： | 年　月　日 |

## 16.8 （资料编号62）供电所客户服务员绩效合约

# 供电所客户服务员绩效合约

| 班组 | | ××供电所 | 岗位 | 客户服务员 | 姓名 | ××× | 履约时间： |
|---|---|---|---|---|---|---|---|
| 考核内容 | | | | | | | |
| 一、目标任务指标（80分） | | | | | | | |
| 序号 | 指标名称 | | 分值 | 目标值 | 指标定义及计算公式 | | 评价标准 |
| 1 | 关键业绩指标（≤8项） | 分解本所低压线损指标 | 10 | 根据公司下达的低压线损指标分解到各台区 | 依据台区设备、供电量等具体情况制定台区线损指标 | | 未分解线损指标扣5分，指标制定不合理每个台区扣2分 |
| 2 | | 电价执行 | 10 | 电价正确率100% | 核定新增用户用电性质及电价，定期开展电价检查 | | 发现一户电价执行不正确扣1分 |
| 3 | | 编制电能表轮校、轮换计划 | 10 | 电能表周期校验率100% | 计划校验电能表只数/应校验电能表只数×100% | | 每下降一个百分点扣1分 |
| 序号 | 指标名称 | | 分值 | 开始时间 | 结束时间 | | 评价标准 |
| 1 | 重点工作任务指标 | 编制供电所降损节能计划 | 10 | ××××年××月 | ××××年××月 | | 降损节能计划应具体、详实，有可操作性，实施后取得预期效果，如降损计划未完成每项扣2分 |
| 2 | | 分析各种经济指标 | 10 | ××××年××月 | ××××年××月 | | 每月对售电均价、线损率等经济指标进行分析，写出本所经济运行分析报告，一次未分析扣3分 |
| 3 | | 对客户服务相关指标监控 | 5 | ××××年××月 | ××××年××月 | | 负责对客户服务相关指标的监控，并做好分析总结工作 |

续表

| 序号 | 指标名称 | | 分值 | 开始时间 | 结束时间 | 评价标准 |
|---|---|---|---|---|---|---|
| 4 | 重点工作任务指标 | 定期监督、检查供电服务规范执行情况 | 5 | ××××年××月 | ××××年××月 | 督导班组员工规范服务言行，做好优质服务工作，如发生经调查属实的客户投诉，一次扣 10 分 |
| 5 | | 制订用电检查和营业普查计划 | 5 | ××××年××月 | ××××年××月 | 按公司要求开展用电检查和营业普查工作，并按时上报各类相关报表，漏报一次扣 3 分 |
| 6 | | 积极应用"互联网+"营销服务，推广新型缴费业务 | 10 | ××××年××月 | ××××年××月 | 未及时开展精准营销和个性化服务，提升客户体验，一次扣 5 分 |
| 7 | | 完成交办的其他事项 | 5 | ××××年××月 | ××××年××月 | 一项工作未完成扣 5 分 |

二、综合评价指标（20 分）

| 序号 | 评价指标 | 权重 | 评价标准（考核得分＝Σ级别分×指标权重） | | | |
|---|---|---|---|---|---|---|
| | | | Ⅰ级（0～3 分） | Ⅱ级（4～10 分） | Ⅲ级（11～16 分） | Ⅳ级（17～20 分） |
| 1 | 考勤 | 50% | 无故缺勤<br>迟到早退 | 按规出勤<br>基本履责 | 全勤敬业<br>任劳任怨 | 甘于奉献<br>努力超越 |
| 2 | 工作态度 | 50% | 缺乏自律<br>工作拖拉 | 遵章守纪<br>工作踏实 | 工作主动<br>恪尽职守 | 勇挑重担<br>注重协作<br>追求卓越 |

三、减项扣分指标（不占分值，在总分上直接扣减）

减项扣分指标得分=Σ减项扣分指标得分

双方确认签字

绩效经理人：　　　　被考核人：　　　　签订日期：　　　年　月

## 16.9 （资料编号 63）供电所运检技术员绩效合约

# 供电所运检技术员绩效合约

| 班组 | ××供电所 | 岗位 | 运检技术员 | 姓名 | ××× | 履约时间： |
|---|---|---|---|---|---|---|
| 考核内容 | | | | | | |
| 一、目标任务指标（80 分） | | | | | | |

| 序号 | 指标名称 | | 分值 | 目标值 | 指标定义及计算公式 | 评价标准 |
|---|---|---|---|---|---|---|
| 1 | 关键业绩指标（≤8 项） | 低压电网规划 | 10 | 新建低压线路规划率 100% | 规划台区数量/新建台区数量×100% | 每降低一个百分点扣 1 分 |
| 2 | | 建立健全供电区域内的低压供电设施台账 | 10 | 建立健全供电设备台账，设备台账与实际运行设备保持一致 | 对设备更换、改造后，在本月完成设备台账的更新 | 未在当月更新设备台账每次扣 5 分 |

续表

| 序号 | 指标名称 | | 分值 | 目标值 | 指标定义及计算公式 | 评价标准 |
|---|---|---|---|---|---|---|
| 3 | 关键业绩指标（≤8 项） | 备品备件管理 | 10 | 账、卡、物相符 | 完善出入库管理，账、卡、物保持数量、种类100%准确 | 一种材料账、卡、物不符扣 5 分 |
| 序号 | 指标名称 | | 分值 | 开始时间 | 结束时间 | 评价标准 |
| 1 | 重点工作任务指标 | 每年开展一次接地电阻、线路的对地距离、交叉跨越距离的测量工作 | 15 | ××××年××月 | ××××年××月 | 接地电阻少测量一个台区扣 2 分，线路对地距离、交叉跨越距离少测量一处扣 2 分 |
| 2 | | 设备管理 | 15 | ××××年××月 | ××××年××月 | 编制并完成低压电力设施巡视、消缺工作计划和工作目标。未制定电力设施巡视、消缺工作计划和工作目标等一项扣 2 分，扣完为止 |
| 3 | | 对供电所电力设施开展特殊性巡视、监察性巡视工作 | 10 | ××××年××月 | ××××年××月 | 未开展此项工作扣 10 分，巡视工作不具有针对性每次扣 3 分 |
| 4 | | 完成交代的其他工作 | 10 | ××××年××月 | ××××年××月 | 一项未完成扣 1 分，扣完为止 |

二、综合评价指标（20 分）

| 序号 | 评价指标 | 权重 | 评价标准（考核得分＝Σ级别分×指标权重） | | | |
|---|---|---|---|---|---|---|
| | | | Ⅰ级（0～3 分） | Ⅱ级（4～10 分） | Ⅲ级（11～16 分） | Ⅳ级（17～20 分） |
| 1 | 考勤 | 50% | 无故缺勤<br>迟到早退 | 按规出勤<br>基本履责 | 全勤敬业<br>任劳任怨 | 甘于奉献<br>努力超越 |
| 2 | 工作态度 | 50% | 缺乏自律<br>工作拖拉 | 遵章守纪<br>工作踏实 | 工作主动<br>恪尽职守 | 勇挑重担<br>注重协作<br>追求卓越 |

三、减项扣分指标（不占分值，在总分上直接扣减）

减项扣分指标得分=Σ减项扣分指标得分

双方确认签字

绩效经理人：　　　　被考核人：　　　　签订日期：　　年　月　日

## 16.10 （资料编号 64）供电所综合柜员绩效合约

# 供电所综合柜员绩效合约

<table>
<tr><td>班组</td><td colspan="2">××供电所</td><td>岗位</td><td>综合柜员</td><td>姓名</td><td>×××</td><td>履约时间：</td></tr>
<tr><td colspan="8">考核内容</td></tr>
<tr><td colspan="8">一、目标任务指标（80 分）</td></tr>
<tr><td>序号</td><td colspan="2">指标名称</td><td>分值</td><td>目标值</td><td colspan="2">指标定义及计算公式</td><td>评价标准</td></tr>
<tr><td>1</td><td rowspan="2">关键业绩指标（≤8 项）</td><td>低压业扩报装</td><td>15</td><td>低压业扩报装服务规范率 100%</td><td colspan="2">严格执行首问负责制、一次性告知，按最新用电业务办理告知书办理</td><td>未按照工作流程及时限办结工作的，如现场进度未与系统同步，存在超短、超期工单等，每户扣 3 分，最多扣 15 分；未使用最新报装资料的，扣 10 分</td></tr>
<tr><td>2</td><td>供电所综合业务监控</td><td>15</td><td>信息系统异常数据监控率 100%</td><td colspan="2">利用信息系统每日对营销、电采、PMS 等系统在线监控，及时发现数据异常并传递工单</td><td>不能及时发现数据异常的，扣 5 分；未按工作流程及时传递异常数据的，扣 5 分</td></tr>
<tr><td>序号</td><td colspan="2">指标名称</td><td>分值</td><td>开始时间</td><td colspan="2">结束时间</td><td>评价标准</td></tr>
<tr><td>1</td><td rowspan="7">重点工作任务指标</td><td>营业厅人员仪表仪态</td><td>5</td><td>××××年××月</td><td colspan="2">××××年××月</td><td>妆容不适宜、不简洁自然扣 1 分；着装不整齐、不清洁扣 1 分；工作期间未穿工装扣 1 分；未按规定佩戴工号牌扣 1 分</td></tr>
<tr><td>2</td><td>营业厅人员服务行为</td><td>5</td><td>××××年××月</td><td colspan="2">××××年××月</td><td>在营业厅内吃东西、吸烟，在工作区做工作无关的事发现一次扣 0.5 分；在客户办理业务或等待办理业务时接打电话扣 0.5 分；非营业厅人员在工作区内活动发现一次扣 0.5 分</td></tr>
<tr><td>3</td><td>营业厅人员柜台接待服务</td><td>10</td><td>××××年××月</td><td colspan="2">××××年××月</td><td>“首问负责制”“限时办结制”执行不到位扣 2 分；业务办理未遵循“先外后内”的原则每次扣 2 分；下班时如仍有正在处理中的业务，必须全部办理完毕，找借口拒绝客户的扣 3 分</td></tr>
<tr><td>4</td><td>业务综合管理</td><td>10</td><td>××××年××月</td><td colspan="2">××××年××月</td><td>未完成综合柜员人均工作量（以营销系统+档案整理+其他工作量统计为准），每低于 0.5%扣 1 分；不能正常办理业务的扣 3 分；每发现一户档案信息不完整或档案信息与系统不一致每次扣 1 分</td></tr>
<tr><td>5</td><td>便民服务管理</td><td>10</td><td>××××年××月</td><td colspan="2">××××年××月</td><td>便民服务设施数量不足或损坏未及时上报补充一次扣 0.5 分；客户意见未及时处理和答复一次扣 0.5 分；客户意见簿丢失扣 1 分</td></tr>
<tr><td>6</td><td>投诉、举报或媒体事件</td><td>5</td><td>××××年××月</td><td colspan="2">××××年××月</td><td>每发生一起有责任的属实性投诉、举报、媒体事件扣 5 分</td></tr>
<tr><td>7</td><td>“互联网+”营销运维及新型业务</td><td>5</td><td>××××年××月</td><td colspan="2">××××年××月</td><td>不能利用自有渠道办理业扩、缴费等相关业务的每项扣 5 分；未实现线上办理业务，发现 1 次扣 5 分；未取消纸质工单流转扣 5 分；不了解新型业务相关政策及工作规则的扣 5 分</td></tr>
</table>

续表

| 二、综合评价指标（20分） | | | | | | |
|---|---|---|---|---|---|---|
| 序号 | 评价指标 | 权重 | 评价标准（考核得分＝Σ级别分×指标权重） | | | |
| | | | Ⅰ级<br>（0～3分） | Ⅱ级<br>（4～10分） | Ⅲ级<br>（11～16分） | Ⅳ级<br>（17～20分） |
| 1 | 考勤 | 50% | 无故缺勤<br>迟到早退 | 按规出勤<br>基本履责 | 全勤敬业<br>任劳任怨 | 甘于奉献<br>努力超越 |
| 2 | 工作态度 | 50% | 缺乏自律<br>工作拖拉 | 遵章守纪<br>工作踏实 | 工作主动<br>恪尽职守 | 勇挑重担<br>注重协作<br>追求卓越 |
| 三、减项扣分指标（不占分值，在总分上直接扣减） | | | | | | |
| 减项扣分指标得分=Σ减项扣分指标得分 | | | | | | |
| 双方确认签字 | | | | | | |
| 绩效经理人： | | | 被考核人： | | 签订日期： | 年　月　日 |

## 16.11 （资料编号65）供电所台区经理绩效合约

# 供电所台区经理绩效合约

| 班组 | ××供电所 | 岗位 | 台区经理 | 姓名 | ××× | 履约时间： |
|---|---|---|---|---|---|---|
| 考核内容 | | | | | | |
| 一、工作规范指标（80分） | | | | | | |
| 序号 | 考核指标 | 工作任务积分标准 | | | 工作质量扣分标准 | |
| 1 | 设备运维 | 做好辖区内低压设备的巡视维护、消缺、客户报修、故障抢修以及台区规划、档案信息采集等工作（5分） | | | 每月定期开展设备巡视，及时处理巡视中发现缺陷，按照“抢修不间断、故障不过夜”原则，及时处理客户报修和故障抢修，因到达现场超时限、抢修超时限，引发客户投诉，每起扣5分 | |
| 2 | 电采运维 | 加强低压智能表运维管理，定期开展巡视、及时更换不匹配模块和故障表计，重点治理长期抄不通用户，提高采集成功率（10分） | | | 充分利用电采系统，治理长期抄不通用户，确保台区采集成功率在99.5%以上，一个台区达不到要求扣0.5分 | |
| 3 | 剩余电流动作保护器的管理 | 定期进行剩余电流保护装置的试跳工作，确保“三率”达到100%（10分） | | | 农村公用配电台区一级剩余电流动作保护装置安装率、投运率100%，每降低1%扣1分 | |
| 4 | 用电检查 | 定期开展用电营业普查和用电检查工作，对违章用电、窃电及分类电价执行情况进行检查（5分） | | | 充分利用营销稽查系统，加大违约用电、窃电及分类电价执行情况的稽查，违约用电、窃电每户扣1分、电价执行不正确每户扣1分 | |
| 5 | 装表接电 | 按照公司业扩报装管理规定，对新装用户进行现场勘查、确定供电方案、组织施工验收、装表接电以及临时用电表计的装拆（10分） | | | 提高安装效率、注重施工工艺、按时限完成装表接电任务，发生计量表计接线错误，每发生一起扣3分，未按时限完成装表接电，每户扣5分 | |
| 6 | 属地协调 | 做好辖区内配电设施的巡视防护、电力设施保护宣传和线路通道清障工作（10分） | | | 因宣传、保护、线路通道治理不到位，造成设备故障，每起扣5分 | |
| 7 | 派工单执行 | 供电所日常工作开展严格执行派工单制度，工作票、合格率100%（10分） | | | 无派工单私自工作扣3分；未及时执行派工单扣3分；派工单遗失扣2分；无客户评价扣2分；客户差评扣1分 | |

续表

| 序号 | 考核指标 | 工作任务积分标准 | 工作质量扣分标准 |
| --- | --- | --- | --- |
| 8 | 补抄催费 | 每月对电采系统中采集失败的用户进行补采，对未按规定时间缴费的用户进行催费（5 分） | 充分利用系统采集和掌机现场补采，确保采集成功率达 100%，每降低 1%扣 0.5 分；电费回收率达 100%，未结零不得分 |
| 9 | 新型业务 | 根据“全能型”供电所建设要求开展电能替代、服务分布式电源、推广“互联网+”电子服务渠道应用等新型业务（10 分） | 日常巡视、维护、检修工作未使用手机 App 运检业务扣 5 分；不熟悉分布式电源、电能替代、电动汽车充电设施建设与服务相关政策中一项扣 1 分；未使用“掌上电力”“电 e 宝”等 App 开展营销服务的扣 5 分 |
| 10 | 用电服务 | 做好辖区内客户报修、用电咨询以及因抢修不到位引发的客户投诉处理等工作（5 分） | 因到达现场超时限、抢修超时限，引发客户投诉，每起扣 5 分 |

二、劳动纪律指标（20 分）

| 序号 | 评价指标 | 权重 | 评价标准（考核得分=Σ级别分×指标权重） | | | |
| --- | --- | --- | --- | --- | --- | --- |
| | | | Ⅰ级（0～3 分） | Ⅱ级（4～10 分） | Ⅲ级（11～16 分） | Ⅳ级（17～20 分） |
| 1 | 考勤 | 50% | 无故缺勤<br>迟到早退 | 按规出勤<br>基本履责 | 全勤敬业<br>任劳任怨 | 甘于奉献<br>努力超越 |
| 2 | 工作态度 | 50% | 缺乏自律<br>工作拖拉 | 遵章守纪<br>工作踏实 | 工作主动<br>恪尽职守 | 勇挑重担<br>注重协作<br>追求卓越 |

三、减项扣分指标（不占分值，在总分上直接扣减）

减项扣分指标得分=Σ减项扣分指标得分

双方确认签字

绩效经理人：　　　　被考核人：　　　　签订日期：　　年　月　日

## 16.12 （资料编号 66）供电所综合事务员绩效合约

# 供电所综合事务员绩效合约

| 班组 | ××供电所 | 岗位 | 综合事务员 | 姓名 | ××× | 履约时间： |
| --- | --- | --- | --- | --- | --- | --- |

考核内容

一、目标任务指标（80 分）

| 序号 | 指标名称 | | 分值 | 目标值 | 指标定义及计算公式 | 评价标准 |
| --- | --- | --- | --- | --- | --- | --- |
| 1 | 关键业绩指标（≤8 项） | 综合管理 | 10 | 符合要求 | 贯彻执行上级颁发的有关法律、政策、标准和公司执行规定 | 组织本所对各类资料收集、整理、归档管理工作，不能确保资料的真实性、正确性的不得分 |

续表

| 序号 | 指标名称 | | 分值 | 目标值 | 指标定义及计算公式 | 评价标准 |
|---|---|---|---|---|---|---|
| 2 | 关键业绩指标（≤8 项） | 工作目标 | 10 | 符合要求 | 每周每月每年制订工作计划及工作总结 | 未按时间制订工作计划及工作总结的，每项扣 2 分 |
| 3 | | 临时工作 | 10 | 符合要求 | 积极协助开展所内其他业务 | 未积极协助开展所内其他业务的，此项不得分 |

| 序号 | 指标名称 | | 分值 | 开始时间 | 结束时间 | 评价标准 |
|---|---|---|---|---|---|---|
| 1 | 重点工作任务指标 | 工作记录 | 15 | ××××年××月 | ××××年××月 | 定期参加供电所组织的召开月（季）度、周工作例会并形成会议记录。未形成会议记录的每项扣 3 分 |
| 2 | | 信息系统应用 | 10 | ××××年××月 | ××××年××月 | 不能熟练应用信息系统（PMS、营销 SG186 系统、用电信息采集系统）的，每次扣 3 分 |
| 3 | | 绩效考核制度 | 15 | ××××年××月 | ××××年××月 | 未签订绩效合约的，缺少一份扣 3 分；未形成绩效考核记录的每次扣 5 分 |
| 4 | | 资料报送 | 10 | ××××年××月 | ××××年××月 | 未按时上报其他相关报表、数据，提供各专业岗位所需的相关资料，每次扣 2 分 |

二、综合评价指标（20 分）

| 序号 | 评价指标 | 权重 | 评价标准（考核得分=Σ级别分×指标权重） | | | |
|---|---|---|---|---|---|---|
| | | | Ⅰ级（0～3 分） | Ⅱ级（4～10 分） | Ⅲ级（11～16 分） | Ⅳ级（17～20 分） |
| 1 | 考勤 | 50% | 无故缺勤<br>迟到早退 | 按规出勤<br>基本履责 | 全勤敬业<br>任劳任怨 | 甘于奉献<br>努力超越 |
| 2 | 工作态度 | 50% | 缺乏自律<br>工作拖拉 | 遵章守纪<br>工作踏实 | 工作主动<br>恪尽职守 | 勇挑重担<br>注重协作<br>追求卓越 |

三、减项扣分指标（不占分值，在总分上直接扣减）

减项扣分指标得分=Σ减项扣分指标得分

双方确认签字

绩效经理人： 被考核人： 签订日期： 年 月 日

## 16.13 （资料编号67）供电所月度绩效考核积分统计表

### ××供电所××××年××月绩效考核积分统计表

| 序号 | 姓名 | 工号 | 岗位 | 每日工单积分 | | | | | | | | | | | | | | | | | | | | | | | | | | | | | | | 奖励分 | 扣分 | 绩效考核总得分 |
|---|---|---|---|---|---|---|---|---|---|---|---|---|---|---|---|---|---|---|---|---|---|---|---|---|---|---|---|---|---|---|---|---|---|---|---|---|---|
| | | | | 1 | 2 | 3 | 4 | 5 | 6 | 7 | 8 | 9 | 10 | 11 | 12 | 13 | 14 | 15 | 16 | 17 | 18 | 19 | 20 | 21 | 22 | 23 | 24 | 25 | 26 | 27 | 28 | 29 | 30 | 31 | | | |
| | | | | | | | | | | | | | | | | | | | | | | | | | | | | | | | | | | | | | |
| | | | | | | | | | | | | | | | | | | | | | | | | | | | | | | | | | | | | | |
| | | | | | | | | | | | | | | | | | | | | | | | | | | | | | | | | | | | | | |
| | | | | | | | | | | | | | | | | | | | | | | | | | | | | | | | | | | | | | |
| | | | | | | | | | | | | | | | | | | | | | | | | | | | | | | | | | | | | | |
| | | | | | | | | | | | | | | | | | | | | | | | | | | | | | | | | | | | | | |
| | | | | | | | | | | | | | | | | | | | | | | | | | | | | | | | | | | | | | |
| | | | | | | | | | | | | | | | | | | | | | | | | | | | | | | | | | | | | | |
| | | | | | | | | | | | | | | | | | | | | | | | | | | | | | | | | | | | | | |
| | | | | | | | | | | | | | | | | | | | | | | | | | | | | | | | | | | | | | |
| | | | | | | | | | | | | | | | | | | | | | | | | | | | | | | | | | | | | | |
| | | | | | | | | | | | | | | | | | | | | | | | | | | | | | | | | | | | | | |
| | | | | | | | | | | | | | | | | | | | | | | | | | | | | | | | | | | | | | |

绩效管理员签字：　　　　所长签字：

说明：绩效考核评分由工单积分、考核奖励分、考核扣分三部分组成，工单积分与考核奖励分之和减去考核扣分即为该员工月度的绩效考核得分。

备注：此统计表为纸质文本，存放在综合班办公室。

## 16.14 （资料编号 68）供电所班组培训计划

# 供电所班组培训计划

**1. 填写说明**

（1）本记录为“国网公司信息化条件下乡镇供电所资料精简格式样张”要求的必备资料；

（2）本记录按各公司要求填写，样张供参考。

**2. 填写内容**

结合实际，按需填写。

**3. 填写方式**

本记录以手工填写并保存，存放在综合班办公室。

**4. 填写要求**

（1）本记录由供电所各专业计划编制人员填报，经供电所分管专业负责人审核后由综合事务员(兼)或所长指定人员汇总并经所长审核确认；

（2）按各省公司要求的截止日期完成填报；

（3）本记录更新周期：年。

# 供电所班组培训计划

单位：　　　　　　　　　　　　　　　　　　　　日期：　　　年　月　日

| 序号 | 培训班名称 | 培训内容 | 培训对象 | 培训人数 | 负责人 | 主讲人 | 培训起始时间 | 培训学时 | 培训地点 |
|---|---|---|---|---|---|---|---|---|---|
| 1 | | | | | | | | | |
| 2 | | | | | | | | | |
| 3 | | | | | | | | | |
| 4 | | | | | | | | | |
| 5 | | | | | | | | | |
| 6 | | | | | | | | | |
| 7 | | | | | | | | | |
| 8 | | | | | | | | | |
| 9 | | | | | | | | | |
| 10 | | | | | | | | | |
| 11 | | | | | | | | | |
| 12 | | | | | | | | | |

审核人：　　　　　　　　　　　　　　　　　　　　填表人：

## 16.15 （资料编号69）职工培训档案

# 职 工 培 训 档 案

**1. 填写说明**

（1）本记录为“国网公司信息化条件下乡镇供电所资料精简格式样张”要求的必备资料；

（2）本记录按各公司要求填写，样张供参考。

**2. 填写内容**

结合实际，按需填写。

**3. 填写方式**

本记录以电子记录并保存，存放在综合班办公室。

**4. 填写要求**

（1）个人基本情况按实际填写；

（2）参加教育培训情况按编制的计划实施情况填写；

（3）本记录更新周期：按计划实施时间进行更新。

# ××供电所职工培训档案

<table>
<tr><td rowspan="3">个人基本情况</td><td>姓名</td><td></td><td>性别</td><td colspan="3"></td><td colspan="2" rowspan="3">照片</td></tr>
<tr><td>出生时间</td><td></td><td>参加工作时间</td><td colspan="3"></td></tr>
<tr><td>现工作部门</td><td></td><td>现任职务</td><td colspan="3"></td></tr>
<tr><td rowspan="17">参加教育培训情况</td><td>培训时间</td><td>培训类别</td><td>举办单位</td><td>培训地点</td><td>培训内容</td><td>培训学时</td><td>备注</td></tr>
<tr><td></td><td></td><td></td><td></td><td></td><td></td><td></td></tr>
<tr><td></td><td></td><td></td><td></td><td></td><td></td><td></td></tr>
<tr><td></td><td></td><td></td><td></td><td></td><td></td><td></td></tr>
<tr><td></td><td></td><td></td><td></td><td></td><td></td><td></td></tr>
<tr><td></td><td></td><td></td><td></td><td></td><td></td><td></td></tr>
<tr><td></td><td></td><td></td><td></td><td></td><td></td><td></td></tr>
<tr><td></td><td></td><td></td><td></td><td></td><td></td><td></td></tr>
<tr><td></td><td></td><td></td><td></td><td></td><td></td><td></td></tr>
<tr><td></td><td></td><td></td><td></td><td></td><td></td><td></td></tr>
<tr><td></td><td></td><td></td><td></td><td></td><td></td><td></td></tr>
<tr><td></td><td></td><td></td><td></td><td></td><td></td><td></td></tr>
<tr><td></td><td></td><td></td><td></td><td></td><td></td><td></td></tr>
<tr><td></td><td></td><td></td><td></td><td></td><td></td><td></td></tr>
<tr><td></td><td></td><td></td><td></td><td></td><td></td><td></td></tr>
<tr><td></td><td></td><td></td><td></td><td></td><td></td><td></td></tr>
<tr><td></td><td></td><td></td><td></td><td></td><td></td><td></td></tr>
</table>

## 16.16 （资料编号 70）供电所班组培训记录

# 供电所班组培训记录

**1. 填写说明**

（1）本记录依据《国家电网公司生产技能人员培训管理规定》和《国家电网公司教育培训管理规定》编制，由各单位培训工作职能部门负责管理。

（2）本记录为“国网公司信息化条件下乡镇供电所资料精简格式样张”要求的必备资料。

**2. 填写内容**

培训起始时间：填写日期，格式××月××日，如 8 月 6 日。

栏培训学时：根据实际开展学时数填写，如 3 个学时。

**3. 记录方式**

培训记录需参与人签名，以纸质方式保存，存放在综合班。

**4. 记录要求**

（1）记录由供电所自主开展的专业培训学习活动情况。

（2）根据供电所规模，较大规模的供电所分班组记录培训情况，较小规模的供电所以所为单位记录培训情况。各单位根据实际情况开展培训及记录。

（3）可以采用录音、视频等形式进行保存。

# 培　训　记　录

| | | | |
|---|---|---|---|
| 单位 | | 班组 | |
| 日期 | | 培训地点 | |
| 培训学时 | | 培训积分 | |
| 培训主题 | | | |
| 讲解人（单位）： | | | |
| 参与人（签名）： | | | |
| 主要内容： | | | |
| 总结评价： | | | |
| 记录人 | | 审核人 | |

## 16.17 （资料编号 71）派工单统计分析

# 派工单统计分析

**1. 填写说明**

（1）本记录为“国网公司信息化条件下乡镇供电所资料精简格式样张”要求的必备资料；

（2）本记录按各公司要求填写，样张供参考。

**2. 填写内容**

结合实际，按需填写。

**3. 填写方式**

本记录以电子存档，存放在综合班办公室。

**4. 填写要求**

（1）按照员工当月派工单实际数量进行填写并写出分析；

（2）本记录更新周期：月。

# ××月份派工单统计分析

| 类型 | | 份数 | 完成率 | 备注 |
|---|---|---|---|---|
| 日常工作单 | 线路巡视 | | | |
| | 隐患消缺 | | | |
| | 故障抢修 | | | |
| | 运行维护 | | | |
| | 抄表、催费、用电检查 | | | |
| | 专业管理信息系统维护 | | | |
| | 临时性工作 | | | |
| 合计 | | | | |
| 供电服务工作单 | 临时用电装拆 | | | |
| | 居民安装 | | | |
| | 非居民安装 | | | |
| | 表计更换 | | | |
| | 客户服务（故障报修） | | | |
| 合计 | | | | |
| 共计 | | | | |
| 分析： | | | | |

## 16.18 （资料编号 72）台区经理制台账

# 台区经理制台账

**1. 填写说明**

（1）本记录为“国网公司信息化条件下乡镇供电所资料精简格式样张”要求的必备资料；

（2）本记录按各公司要求填写，样张供参考。

**2. 填写内容**

分栏填写各台区经理管辖的设备。

**3. 填写方式**

本记录以电子存档，存放在综合班办公室。

**4. 填写要求**

（1）结合实际，按台区经理所管辖的设备如实填写；

（2）本记录更新周期：不定期。

# 台区经理制台账

| 台区经理 | 电话 | 台区名称 | 台区容量 | 400V 线路条数 | 计量箱数量 | 低压户数 | 备注 |
|---|---|---|---|---|---|---|---|
| 1 | 2 | 3 | 4 | 5 | 6 | 7 | 8 |
| | | | | | | | |
| | | | | | | | |
| | | | | | | | |
| | | | | | | | |
| | | | | | | | |
| | | | | | | | |
| | | | | | | | |
| | | | | | | | |
| | | | | | | | |
| | | | | | | | |
| | | | | | | | |
| | | | | | | | |

## 16.19 （资料编号 73）《安规》考试及技能鉴定证书

# 《安规》考试及技能鉴定证书

1. 填写说明

本制度为“国网公司信息化条件下乡镇供电所资料精简格式样张”要求的必备资料，供电所按各省公司要求可滚动修改，样张供参考。

2. 填写方式

本规定以手工填写纸质存档，存放在所长办公室。

3. 填写要求

本制度更新周期：年。

# ××××年××所《安规》考试成绩表

| 序号 | 姓名 | 《安规》成绩 | 备注 |
|---|---|---|---|
| | | | |
| | | | |
| | | | |
| | | | |
| | | | |
| | | | |
| | | | |
| | | | |

## 16.20 （资料编号 74）值班记录

# 值　班　记　录

1. 填写说明

（1）本记录为“国网公司信息化条件下乡镇供电所资料精简格式样张”要求的必备资料；

（2）本记录主要由值班人员填写值班过程中设备运行情况与处理结果以及遗留问题及原因等内容，样张供参考。

2. 填写内容

栏目“设备运行情况与处理结果”：记录值班过程中发生的故障抢修、咨询、投诉、事件等情况，按照时间、地点、人物、事件、处置情况等进行记录；

栏目“遗留问题及原因”：记录在值班期间发生且未完成处理的故障抢修、咨询、投诉、事件等，按照时间、地点、人物、事件、遗留原因等进行记录；

栏目“配备物资保管情况”：根据实际情况进行记录；

如在 95598 平台已录入故障抢修等信息，在值班记录本上只需记录 95598 工单编号。

**3. 填写要求**

本记录以纸质方式记录并保存，存放在值班室。

**4. 填写要求**

本记录填写周期：日常。

## ____________值班记录簿

| 值班时间 | 月　日　时至　月　日　时 | 星期 | | 天气 | |
|---|---|---|---|---|---|
| 值班人员 | | | | | |
| 一、设备运行情况与处理结果 | | | | | |
| | | | | | |
| | | | | | |
| | | | | | |
| | | | | | |
| | | | | | |
| 二、遗留问题及原因 | | | | | |
| | | | | | |
| | | | | | |
| | | | | | |
| 三、配备物资保管情况 | | | | | |
| | | | | | |
| | | | | | |
| | | | | | |

接班人：　　　　　　　　接班时间：　月　日　时

# 第 17 章　供电所信息管理员星级应用样张

## 17.1 （资料编号 75）机房、信息通信设施巡视记录

### 机房、信息通信设施巡视记录

**1. 填写说明**

本记录由供电所信息管理员巡视机房、信息通信设施时专用并填写。

**2. 填写内容**

（1）巡视记录应字迹清楚，按现场实际情况准确填写，巡视记录一般 1 天记录 1 张；

（2）信息管理员巡视结束后，将当天巡视情况反馈给所长。

**3. 填写方式**

（1）本记录应妥善保管，不得遗失；

（2）本记录作为供电所建设资料，应于每月整理装订入册，存放在综合班办公室。

**4. 填写要求**

本记录更新周期：月；由供电所信息管理员负责填写。

### 机房、信息通信设施巡视记录（样张）

供电所：________　巡视人员：________　巡视日期：________　天气：________

| 序号 | 机房、信息通信设施 | 巡视结论 | 缺陷描述 | 缺陷类型 | 初步处理意见 |
|---|---|---|---|---|---|
| | | | | | |
| | | | | | |
| | | | | | |

## 17.2 （资料编号 76）供电所信息系统实名制统计表

### 供电所信息系统实名制统计表

**1. 填写说明**

（1）本记录由供电所信息管理员按供电所系统实名制实际情况填写；

（2）统计表采用电子编制（纸质存档），存放在供电所综合班办公室，样张供参考。

**2. 填写内容**

（1）供电所信息系统包含全所全部应用系统；

（2）用户名按实际填写区分字母大小写；

（3）使用人填写实际使用人姓名。

**3. 填写要求**

本统计表填写周期：年；由供电所信息管理员填写。

## ××供电所信息系统实名制统计表

| 序号 | 信息系统名称 | 用户名 | 使用人 | 备注 |
|---|---|---|---|---|
| | | | | |
| | | | | |
| | | | | |
| | | | | |
| | | | | |
| | | | | |
| | | | | |
| | | | | |
| | | | | |
| | | | | |
| | | | | |
| | | | | |
| | | | | |
| | | | | |
| | | | | |
| | | | | |
| | | | | |
| | | | | |
| | | | | |
| | | | | |
| | | | | |
| | | | | |
| | | | | |
| | | | | |
| | | | | |
| | | | | |

## 17.3 （资料编号 77）供电所电脑实名制统计表

# 供电所电脑实名制统计表

1. 填写说明

（1）本记录由供电所信息管理员按供电所电脑实名制实际情况填写；

（2）统计表采用电子编制（纸质存档）,存放在供电所综合班办公室，样张供参考。

2. 填写内容

（1）供电所电脑为全所所有电脑；

（2）电脑品牌、型号必须真实；

（3）使用人填写实际使用人姓名。

3. 填写要求

本统计表填写周期：年；由供电所信息管理员填写。

# ××供电所电脑实名制统计表

| 序号 | 办公室名称 | 电脑品牌 | 电脑型号 | 使用人 | 是/否实名制 | 备注 |
|---|---|---|---|---|---|---|
| | | | | | | |
| | | | | | | |
| | | | | | | |
| | | | | | | |
| | | | | | | |
| | | | | | | |
| | | | | | | |
| | | | | | | |
| | | | | | | |
| | | | | | | |
| | | | | | | |
| | | | | | | |
| | | | | | | |
| | | | | | | |
| | | | | | | |
| | | | | | | |
| | | | | | | |
| | | | | | | |

续表

| 序号 | 办公室名称 | 电脑品牌 | 电脑型号 | 使用人 | 是/否实名制 | 备注 |
|---|---|---|---|---|---|---|
| | | | | | | |
| | | | | | | |
| | | | | | | |
| | | | | | | |
| | | | | | | |
| | | | | | | |
| | | | | | | |

### 17.4 （资料编号 78）供电所违规外联事件上报表

## 供电所违规外联事件上报表

**1. 填写说明**

（1）本上报表由供电所信息管理员在本所人员发生违规外联后按实际情况及时填写并上报；

（2）上报表采用电子编制（纸质存档），存放在供电所综合班办公室，样张供参考。

**2. 填写内容**

本表按办公室名称、电脑型号规格、违规人员、违规外联时间、违规内容五个方面进行填写。

**3. 填写要求**

本统计表填写周期：违规外联发生后；由供电所信息管理员填写。

## ××供电所违规外联事件上报表

| 序号 | 办公室名称 | 电脑型号规格 | 违规人员 | 违规外联时间 | 违规内容 | 备注 |
|---|---|---|---|---|---|---|
| | | | | | | |
| | | | | | | |
| | | | | | | |
| | | | | | | |
| | | | | | | |
| | | | | | | |
| | | | | | | |
| | | | | | | |
| | | | | | | |
| | | | | | | |

# 第 18 章　供电所系统监控员星级应用样张

## 18.1 （资料编号 79）信息系统监控记录

### 信息系统监控记录

1. 填写说明

（1）本记录由供电所系统监控员核实后按照实际情况及时填写上报；

（2）上报记录采用电子编制（纸质存档），存放在供电所系统监控室，样张仅供参考。

2. 填写内容

（1）供电所涉及的所有应用系统；

（2）系统名称、异常信息情况、派单时间、负责人、回单时间、回单结果必须按照实际情况填写。

### 信息系统监控记录

| 序号 | 时间 | 系统名称 | 异常信息情况 | 派单时间 | 负责人 | 回单时间 | 回单结果 | 备注 |
|---|---|---|---|---|---|---|---|---|
| | | | | | | | | |
| | | | | | | | | |
| | | | | | | | | |
| | | | | | | | | |
| | | | | | | | | |
| | | | | | | | | |
| | | | | | | | | |
| | | | | | | | | |
| | | | | | | | | |
| | | | | | | | | |
| | | | | | | | | |

# 第3篇

## 供电所星级评价标准化管理

# 第 19 章　深化供电所星级评价标准化管理方案

## 1. 背景情况

随着供电所员工星级评价的顺利开展，员工分工清晰、流程合理、执行标准、遵守制度、考评科学，有力促进了供电所各方面管理工作。但是，在供电所星级评价过程中，便于发现员工的共性和个性问题，需要集中攻坚、协同突破、迅速解决，例如供电所人员配备不足和整体素质偏低、基础设施陈旧、专业管理薄弱、供电服务行为不规范等问题，也同样影响着供电所健康持续发展，急需进一步深化供电所星级评价标准化管理，将集约化、扁平化、专业化管理要求全面落实到最基层，从而推动供电所管理与公司全面接轨，系统解决供电所建设和管理工作中存在的突出问题，全面提升供电保障能力、经营管理和优质服务水平，特制定本方案。

## 2.1　工作目标

### 2.1.1　总体目标

紧紧围绕深化供电所星级评价标准化管理的工作主线，加大供电所人力、财力、物力和精力投入，强化关键环节管控，健全激励约束机制，通过攻坚行动，解决员工星级评价发现的疑难问题，分解落责工作任务，增强考核结果与薪酬挂钩力度，全面提升供电保障能力和供电所基础设施、人员技能、供电质量、绩效指标、经营管理和服务水平，形成城乡供电一体化管理格局。

### 2.1.2　专业目标

按照职责分工，推进专业管理向供电所延伸，明确工作内容、目标任务，狠抓落实，促进供电所在人力资源、基础管理、专业化延伸、综合管理、供电服务、争先创优六个方面实现全面提升。

## 2.2　组织领导

成立公司供电所星级评价标准化管理攻坚行动领导小组。

组　长：分管营销（农电）领导。

副组长：营销部（农电）负责人。

成　员：人力资源部、发展策划部、安全质量监察部、运维检修部、营销部、配电网工程建设管理办公室、监察部、审计部、党委党建部、互联网部、综合服务中心部门负责人、县公司分管农电领导。

职　责：组织编制深化供电所星级评价标准化管理攻坚行动方案；依据攻坚行动方案，

组织县公司全面实施；各相关部门按照责任分工，负责分管专业的目标审定、组织实施，并监督指导县公司工作开展；营销部按月汇总县公司供电所攻坚行动开展情况，按季度开展供电所关键业绩指标及重点工作检查，根据检查结果和县公司工作进展情况考核县公司企业负责人和相关专业部门。

各县公司成立相应组织机构。

## 2.3 工作内容

### 2.3.1 深化供电所人员配置，提升供电所人员技能水平，形成人员素质提升新模式

1. 按照"全能型"供电所建设要求，规范供电所内勤班、外勤班机构设置，优化人员配置，确保"一长三员"人员到位，推进供电所员工职业化管理，理顺劳动关系，进一步完善养老保险和退出机制，夯实供电服务公司运营基础。

2. 规范供电所队伍建设，提高员工对绩效管理的认识，推行岗位绩效工资制度，实现供电所绩效管理全员覆盖。

3. 按照工资总额比例足额提取培训教育经费，加大实训场地建设投入，完善培训所需设施设备，满足技能培训要求，全部实现供电所人员持证上岗。细化供电所培训计划，根据不同岗位特点有针对性地开展培训，通过开展岗位练兵和技术竞赛等活动丰富员工培训。

4. 健全供电所人员成长与发展激励约束机制，加强对复合型高技能人才和岗位标兵的培养及选拔任用，促进一线员工参加职业技能鉴定，对在规定时间内取得相应等级证书的人员，给予相关待遇奖励。

### 2.3.2 深化开展供电所"两个标准化"（硬件标准化、软件标准化）建设，提升基础设施建设水平，形成供电所基础管理新面貌

1. 供电所硬件标准化：加大基础设施建设投入，重点解决因客观条件限制和历史原因，基础设施薄弱，房屋年久失修，功能区设置不够合理完备，以及临时租赁办公场所的供电所；开展生产生活硬件调研，改善办公设施、生活设施、食堂设施的生产生活条件；按照《国家电网公司电力安全工器具管理规定》配置标准，配足、配齐安全工器具，实现供电所安全工器具设施达标率 100%；按照生产服务用车配置标准，配足、配齐生产工具和生产服务用车，实现供电所生产工器具和生产服务用车配置率达 100%。

2. 供电所软件标准化：按照省公司要求，开展供电所资料精简统一规范工作，对照应用职责、流程、标准、制度、考核"五位一体"协同新机制，按照末端融合、精简高效的原则，研究确定供电所资料内容，实现供电所基础资料统一目录、统一格式、统一编号。

### 2.3.3 深化供电所管理提升，实行"一站式"服务，形成供电所营配贯通业务末端融合新应用

1. 提升安全生产管理水平

（1）结合标准化体系建设，全面梳理、完善供电所安全管理职责分工，理清安全管理责任

界面，坚持“谁主管、谁负责”的原则，落实各级各类人员的安全责任，健全安全生产保证体系和监督体系。

（2）落实安全生产责任目标，强化安全责任管控，不发生安全事件迟报、漏报、瞒报。

（3）加强安全规程学习宣贯，建立健全安规考试工作，确保生产人员安规考试全部合格。

（4）持续深入开展安全生产标准化建设，切实把安全生产标准化建设工作作为促进落实安全生产法规、推广应用先进技术装备、强化先进安全理念的载体，防范事故发生。

（5）强化现场作业风险管控。严格执行“两票三制”和各种安全工作规程规定，提升现场作业规范化、标准化水平。

（6）强化安全知识培训。加强对供电所人员安全基本知识和安全技能培训，提升风险辨识及控制能力，促进供电所员工对各种标准的准确把握和全面理解，提高员工整体素质和工作执行力。

2. 提升运维检修管理水平

（1）完善生产专业管理流程与管理内容，加强制度标准和业务流程的宣贯培训。

（2）加强配网运行分析，建立月分析、季总结的运行分析工作机制，定期对设备缺陷、非计划停运和故障停运情况进行分析，及时掌握设备运行状况。

（3）深入开展供电所配电设备隐患排查治理工作，强化设备缺陷与隐患的闭环管理。

（4）强化检修计划管理管控，开展综合检修，统筹安排业扩工程、设备检修及消缺、线路改造施工和设备预试等工作。

（5）推进配网状态检修和不停电作业，积极应用配网带电检测、在线监测等状态检修新技术、新手段，逐步将不停电作业项目延伸至供电所，实现农村供电可靠率 RS-3≥99.90%。

（6）按照“低电压”工作部署，全面开展综合治理工作，建立“低电压”综合治理和电压质量管理长效机制，实现 D 类电压合格率≥97.80%。

（7）推进生产管理信息系统在供电所的深化应用，提升供电所设备台账及系统功能模块的应用，提高基础数据的完整性、准确性和及时性。

3. 提升营销优质服务水平

（1）加强营、配信息贯通和业务融合，推进县域营配数据贯通，按照公司计划，完成年度 400V 低压线路与用户对应。

（2）加快推进县域智能电表覆盖，完成去年新增项目计划；加强前期招标和物资供应，县域全面启动智能电表推广建设工作，完成年度电能表安装任务。

（3）加强县域用电信息采集系统建设，完成公司下达的年度用电信息采集建设任务，认真做好智能电能表覆盖率、自动抄表核算率、采集成功率的管控工作。

（4）严格执行政府部门规定的收费项目和收费标准，杜绝任何形式的乱收费和搭车收费。

加强抄核收管理，开展电价及收费专项稽查，规范电价执行，确保电价执行到位。

（5）切实加强临时用电管理。严格执行临时用电管理办法，供电所配足低压临时配电箱，最大限度满足客户临时用电需求。

（6）加强表计管理，对于农网改造、业扩新增和周期轮换所需电能表、表箱，均不得向客户收取费用，严禁在业扩增容或改造业务中违规收费和搭车收费。

（7）健全营销业务系统的业扩报装全过程管控体系，大力推进业扩报装提速提质提效，实现低压客户业扩服务时限达标率100%。

4. 提升信息化应用水平

（1）加大供电所信息化建设力度，完成供电所光纤通道覆盖率100%，深化“七大五小”应用系统按需推广覆盖，固化管理标准和业务流程。

（2）加强供电所信息化办公设备配置，推进视频会议系统和营业厅等重要场所视频监控系统建设，全面实现营业厅集中监控。开展信息系统业务数据梳理，确保基础数据真实、统一，规范业务应用操作，健全完善信息系统运行检修制度，构建一体化管理、建设和运维体系。

（3）开展信息系统知识和应用技能培训，建立信息系统深化应用常态机制，提升实用化水平，做到设备管理、流程监控、指标分析和业绩考核等业务信息实时流转，为供电所管理提升提供全面支持。

（4）加强信息安全基础安全防护，启用信息安全防护软件，在边界、网络、主机、应用等方面进行完善，满足国网公司信息安全防护要求，保障公司整体安全防护水平。提升信息安全技术督查整体水平，完善漏洞发现手段，加强信息安全风险管控，建立全生命周期信息安全督查技术保障。

5. 提升配电网供电能力

（1）统一规划。按照“安全可靠、经济适用、协调发展、因地制宜”的原则，统一开展农村配电网发展规划编制和优化滚动调整。重点提高农村配电网供电能力，加快解决“卡脖子”和严重“低电压”问题。

（2）持续开展低压营销普查，加强重点台区的巡视工作，对异常电量进行系统分析，实现农村电网低压线损率不高于年度下达指标值。

（3）加快推进配网工程。统筹配网资金、农网改造资金和自有资金，将固定资产投资与电网和经营状况紧密结合，统筹安排投资计划和工程项目，优先解决农村配电网“卡脖子”和严重“低电压”问题，按期完成农村配网工程，提高供电保障能力和电压质量。

### 2.3.4　深化标准化管理检查和星级评价，提升供电所综合管理水平，形成供电所薄弱环节整改新提升

1. 加强供电所综合管理。深入供电所开展工作调研，修订完善深化供电所星级评价标准化管理攻坚方案，强力推进供电所标准化管理提升。

2. 深化供电所标准化管理。按照国网公司供电所管理要求，县供电公司实施供电所月度管理，市公司组织开展供电所季度抽查，查找薄弱环节，同时“回头看”上一个季度抽查的供电所整改落实情况。

3. 开展星级供电所创建。深入开展“星级供电所”创建工作，同时开展供电所员工星级评价，加大力度培育出一批环境优美、队伍优秀、业绩优良、服务优质、设施齐备、营配业务末端融合执行到位的“星级供电所”，发挥以点带面、引领示范作用。

4. 协同完成重点单位帮扶。按照公司重点工作安排，结合供电所检查情况，协同相关专业部门、各县公司，充分发挥集团化管理优势，高效完成供电所结对帮扶任务。

### 2.3.5 深化供电服务行为，提升供电优质服务水平，形成供电所优质服务新形象

1. 严格规范供电服务行为

（1）开展供电所服务突出问题排查治理。认真查找在供电质量、电网运行维护、专业协同联动、服务队伍建设、监督考核机制建设等方面存在的问题，逐项分析问题成因，逐条制定具有操作性的整改措施。

（2）以客户问题需求为导向，以服务民生、改善民生为核心，认真履行供电服务“十项承诺”兑现率 99.90%。

2. 严格规范从业行为

（1）加大供电服务“三个十条”“十必须”“十禁止”、廉洁自律等问题的责任追究力度，严格贯彻落实“零容忍”规定的内容，坚决杜绝有法不依、有章不循等不良风气，不发生客户工程“三指定”行为。

（2）开展作风纪律建设情况监督检查，从劳动纪律、工作纪律等方面，建立作风纪律建设责任追究制度，对顶风违纪者，在追究直接责任的同时，连带追究管理责任、领导责任和监督责任。

（3）持续规范提升供电所优质服务水平，不定期对供电所开展明察暗访工作，形成常态化运行机制。

3. 加强制度约束

（1）加大规章制度学习力度，定期开展学习党内的各项规章制度，严肃党内政治生活，严格遵守党内规章制度，自觉维护党章，切实加强思想道德作风纪律建设，增强基层党员法律意识、廉洁自律意识、应对突发事件的综合处理能力。严明政治纪律、组织纪律、工作纪律和劳动纪律，增强广大党员的党员意识、纪律观念和职业素养，确保遵章守纪，发挥先锋模范作用。

（2）开展供电所内部审计，重点加强客户业扩报装工程、临时用电、农网改造、收费、表计、电价、线损等薄弱环节的审计，增强依法依规办事能力。

（3）加强对供电所长任期内的客观评价，进一步明确界定经济责任和存在的不足，从而增强所长责任意识，促进所长负责制和党风廉政建设工作的落实，定期开展供电所长的离任

审计与任中审计。

（4）定期分析研究行风建设工作，严格遵守行风事件应急处理机制，确保不发生有重大影响的行风投诉事件。

### 2.3.6　深化业务管理创新模式，提升争先创优意识，形成供电所激励新机制

1. 深入开展各项业务管理创新机制

（1）开展供电所标杆评选，提升供电所创先争优意识，促进供电所综合管理水平提升。

（2）深化优质服务明星、标杆台区创建、供电所服务零投诉、夺红旗等专项工作，加大宣传表扬力度，强化奖金兑现，提炼总结供电所日常工作中的典型做法，推广使用优秀的管理经验，发挥标杆示范引领作用。

2. 深化考核办法执行，加大奖惩兑现力度

（1）公司应明确供电所、班组、员工各项考核办法，详细分析考核办法的合理性、适用性、科学性，定期检查考核执行情况是否到位，考核奖金是否兑现。

（2）结合工作实际制定奖惩规定，对于在供电所管理方面做出突出贡献，在国网公司、省公司举办的技能、劳动、知识等竞赛中取得优异成绩的人员，给予物质奖励、待遇奖励。对于违反劳动纪律、工作纪律、廉洁从业规定以及损害企业形象、影响队伍稳定的人员，给予纪律处分、经济处罚和组织处理。

（3）巩固完善供电所人员交流机制，通过合理布局、优化使用，增强供电所队伍战斗力，使供电所人员跳出长期在原单位“天时地利人和”的地缘圈子，解决情面上“磨不开”的问题，减少管理风险，增强竞争意识和创新意识。

## 2.4　实施步骤

### 2.4.1　方案编制阶段

根据攻坚项目责任分工，成立深化供电所星级评价标准化管理攻坚小组，组织编制专项攻坚方案，明确责任分工，提出具体目标，落实工作措施，严明时间节点。各相关部门、县供电公司分别组织召开专题工作会议，对实施深化供电所星级评价标准化管理工作进行全面部署，按照公司总体工作安排，制定深化供电所星级评价标准化管理攻坚行动责任分工及考核细则，明确供电所星级评价标准化管理的工作目标、重点任务、工作措施和推进计划，广泛发动，全员参与。

### 2.4.2　实施推进阶段

1. 市、县公司按两个层面组织实施，依据责任分工及考核细则开展工作。

2. 县公司要认真对供电所管理情况进行诊断分析，找准管理中的薄弱点，研究提升方向，依据深化供电所星级评价标准化管理攻坚行动责任分工及考核细则，明确责任部门、考核部门，严格落实考核细则。逐所明确提升目标和工作计划，切实落实提升措施，确保整体工作能够按计划高质量地开展。

3. 供电所管理部门依据相关方案和检查细则，按月对县公司责任部门重点工作的完成情况，逐项开展月度评价考核工作，考核结果纳入县公司业绩考核。

4. 市公司专业管理部门按照深化供电所星级评价标准化管理攻坚行动责任分工及考核细则，明确管理主体，对县公司责任部门重点工作进行跟踪指导，协同对重点工作落实情况进行督导整改，确保攻坚行动全面完成。

5. 市公司营销部依据深化供电所星级评价标准化管理攻坚行动责任分工及考核细则，按考核周期对市公司专业管理部门进行考核，因县公司责任部门未完成重点工作，市公司专业管理部门负有连带责任，连带扣分 10%，考核结果纳入市公司绩效考核体系。营销部依据相关方案和检查细则，按季度检查县公司供电所星级评价标准化管理攻坚行动开展落实情况，严格考核评价，考核结果纳入县级供电企业负责人年度业绩考核,县公司根据市公司考核结果考核本单位相关专业部门。

6. 营销部、供电所管理部门相关重点工作及深化供电所星级评价标准化管理攻坚行动开展情况，按照考核评价表接受业绩考核办公室、县公司业绩考核委员会考核，考核结果纳入业绩考核。

#### 2.4.3 总结提升阶段

市、县公司对深化供电所星级评价标准化管理攻坚行动进行自查自验，对工作进行总结分析，提炼管理创新和典型经验。市公司将组织考核验收，全面评估提升效果，做好成果应用和推广工作。

### 2.5 工作要求

#### 2.5.1 明确工作责任

县供电公司作为实施工作的责任主体，要充分认识此项工作的重要意义，各县供电公司攻坚行动工作领导小组要加强综合协调和分层考核，组织完成好各项工作任务。

公司相关部门要充分发挥专业指导作用，通过召开月度例会、实地督导和工作通报等形式，加强过程管控，及时了解攻坚行动进展情况，做好跟踪分析、检查督导，妥善解决工作中的问题。

县公司深化供电所星级评价标准化管理攻坚行动开展情况总结分析和各项专业指标完成情况，作为公司考核各单位深化供电所星级评价标准化管理攻坚行动工作成效的依据。

#### 2.5.2 周密制定实施方案

各单位要结合实际认真制订实施方案，明确工作目标，细化工作措施，落实工作责任，确保工作扎实开展、取得实效。重点梳理研究解决制度流程上的共性问题，指导督促县供电公司不断完善工作方案并严格审查备案，每季度对提升工作开展情况进行评估，使提升工作能全面有效推进。

### 2.5.3　跟踪整改落实，确保完成目标

各县供电公司要认真对待检查中发现的问题和短板，分清主次，抓住重点，详细制订整改计划，严格执行整改措施，各专业管理部门要不定期回头看，跟踪问题的整改落实情况，确保完成深化供电所星级评价标准化管理各项目标。

# 第 20 章　深化供电所星级评价标准化管理攻坚行动责任分工及考核细则

| 填报单位： | | | | | 填报人： | | | 审核人： | | | | 填报时间： | | | |
|---|---|---|---|---|---|---|---|---|---|---|---|---|---|---|---|
| 序号 | 重点工作 | 重点工作分值 | 量化目标 | 量化目标值 | 完成时间 | 量化目标分值 | 工作措施及考核标准 | 市公司管理部门 | 县公司责任部门 | 市公司考核部门 | 县公司考核部门 | 工作开展 | 完成情况 | 得分 | 备注 |
| | | | | | | | | | | | | 简要描述当前工作进度 | 完成/未完成 | 按照时限要求自评 | |
| 1 | 一、深化供电所人员配置，提升供电所人员技能水平，形成人员素质提升新模式 | 6 | 规范供电所内勤班、外勤班机构设置，“一长三员”人员配置到位 | 100% | 6月 | 2 | 规范班组机构设置，加大人员配置，确保“一长三员”人员到位，完成得2分；班组未规范设置扣1分，“一长三员”人员配置不到位扣1分，市公司管理部门连带扣10% | 人力资源部 | 人力资源部 | 营销部 | 供电所管理部门 | | | | |
| 2 | | | 全员绩效管理覆盖率 | 100% | 6月 | 2 | 全员绩效管理覆盖率100%，当年实际签订绩效合约人数/当年应签订绩效合约人数，完成得2分；未完成，县公司责任部门扣2分，市公司管理部门连带扣10% | 人力资源部 | 人力资源部 | 营销部 | 供电所管理部门 | | | | |
| 3 | | | 全员培训率 | 100% | 12月 | 1 | 全员培训率100%，截至年末累计取得人数/当年报表在岗职工人数，完成1分；未完成，县公司责任部门扣1分，市公司管理部门连带扣10% | 人力资源部 | 人力资源部 | 营销部 | 供电所管理部门 | | | | |
| 4 | | | 持证上岗率 | 100% | 12月 | 2 | 持证上岗率100%，截至年末累计取得人数/当年报表在岗职工人数，完成2分；未完成，县公司责任部门扣2分，市公司责任部门连带扣10% | 人力资源部 | 人力资源部 | 营销部 | 供电所管理部门 | | | | |

续表

| 序号 | 重点工作 | 重点工作分值 | 量化目标 | 量化目标值 | 完成时间 | 量化目标分值 | 工作措施及考核标准 | 市公司管理部门 | 县公司责任部门 | 市公司考核部门 | 县公司考核部门 | 工作开展 | 完成情况 | 得分 | 备注 |
|---|---|---|---|---|---|---|---|---|---|---|---|---|---|---|---|
| | | | | | | | | | | | | 简要描述当前工作进度 | 完成/未完成 | 按照时限要求自评 | |
| 5 | 一、深化供电所人员配置，提升供电所人员技能水平，形成人员素质提升新模式 | 6 | 供电所人员成长与发展激励兑现率 | 100% | 4月 | 1 | 在规定的时间内取得相应的等级职业技能鉴定，按规定给予奖励兑现，完成1分；未完成，县公司责任部门扣1分，市公司管理部门连带扣10% | 人力资源部 | 人力资源部 | 营销部 | 供电所管理部门 | | | | |
| 6 | 二、深化开展供电所“两个标准化”建设，提升基础设施建设水平，形成供电所基础管理新面貌 | 8 | 房屋设施、功能区达标率 | 100% | 10月 | 1 | 按要求改善危、破用房，完成得1分；未完成，县公司责任部门扣1分，市公司管理部门连带扣10% | 综合服务中心 | 综合服务中心 | 营销部 | 供电所管理部门 | | | | |
| 7 | | | 生产生活硬件设施达标率 | 100% | 10月 | 1 | 规范建立办公设施、生活设施、食堂设施；完成得1分；未完成，县公司责任部门扣1分，市公司管理部门连带扣10% | 综合服务中心 | 综合服务中心 | 营销部 | 供电所管理部门 | | | | |
| 8 | | | 安全工器具配置合格率 | 100% | 6月 | 2 | 按照安全工器具标准，配足、配齐；完成得2分；未完成，县公司责任部门扣2分，市公司管理部门连带扣10% | 安全监察质量部 | 安全监察质量部 | 营销部 | 供电所管理部门 | | | | |
| 9 | | | 生产工器具、生产抢修服务用车配置达标率 | 100% | 6月 | 2 | 按照生产工器具、生产抢修服务用车标准，配足、配齐；完成得2分；未完成，县公司责任部门扣2分，市公司管理部门连带扣10% | 运维检修部 | 运维检修部 | 营销部 | 供电所管理部门 | | | | |
| 10 | | | 供电所资料精简规范完成率 | 100% | 6月 | 2 | 按省公司要求，规范精简供电所资料；完成得2分；未完成，县公司责任部门扣2分，市公司管理部门连带扣10% | 营销部 | 供电所管理部 | 业绩考核办公室 | 业绩考核委员会 | | | | |

续表

| 序号 | 重点工作 | 重点工作分值 | 量化目标 | 量化目标值 | 完成时间 | 量化目标分值 | 工作措施及考核标准 | 市公司管理部门 | 县公司责任部门 | 市公司考核部门 | 县公司考核部门 | 工作开展 | 完成情况 | 得分 | 备注 |
|---|---|---|---|---|---|---|---|---|---|---|---|---|---|---|---|
| | | | | | | | | | | | | 简要描述当前工作进度 | 完成/未完成 | 按照时限要求自评 | |
| 11 | 三、深化供电所管理提升，实行“一站式”服务，形成供电所营配贯通业务末端融合新应用 | 50 | 安全责任落实率 | 100% | 6月 | 2 | 按照职责分工，全所人员签订安全责任书；完成得2分；未完成，县公司责任部门扣2分，市公司管理部门连带扣10% | 安全监察质量部 | 安全监察质量部 | 营销部 | 供电所管理部门 | | | | |
| 12 | | | 不发生安全事件迟报、漏报、瞒报 | 100% | 12月 | 2 | 不发生安全事件迟报、漏报、瞒报；完成得2分；未完成，县公司责任部门扣2分，市公司管理部门连带扣10% | 安全监察质量部 | 安全监察质量部 | 营销部 | 供电所管理部门 | | | | |
| 13 | | | 生产人员安规考试合格率 | 100% | 8月 | 2 | 生产人员《安规》考试合格；完成得2分；未完成，县公司责任部门扣2分，市公司管理部门连带扣10% | 安全监察质量部 | 安全监察质量部 | 营销部 | 供电所管理部门 | | | | |
| 14 | | | 安全生产标准化建设率 | 100% | 10月 | 1 | 贯彻落实安全生产法规、推广应用先进技术装备；完成得1分，未完成，县公司责任部门扣1分，市公司管理部门连带扣10% | 安全监察质量部 | 安全监察质量部 | 营销部 | 供电所管理部门 | | | | |
| 15 | | | 现场作业风险管控率 | 100% | 12月 | 2 | 严格执行“两票三制”，按照要求开展作业现场风险防控和监督检查；完成得2分；未完成，县公司责任部门扣2分，市公司管理部门连带扣10% | 安全监察质量部 | 安全监察质量部 | 营销部 | 供电所管理部门 | | | | |
| 16 | | | 安全知识培训率 | 100% | 6月 | 2 | 按期开展供电所人员安全基本知识和安全技能培训；完成得2分；未完成，县公司责任部门扣2分，市公司管理部门连带扣10% | 安全监察质量部 | 安全监察质量部 | 营销部 | 供电所管理部门 | | | | |

续表

| 序号 | 重点工作 | 重点工作分值 | 量化目标 | 量化目标值 | 完成时间 | 量化目标分值 | 工作措施及考核标准 | 市公司管理部门 | 县公司责任部门 | 市公司考核部门 | 县公司考核部门 | 工作开展 | 完成情况 | 得分 | 备注 |
|---|---|---|---|---|---|---|---|---|---|---|---|---|---|---|---|
| | | | | | | | | | | | | 简要描述当前工作进度 | 完成/未完成 | 按照时限要求自评 | |
| 17 | | | 标准、业务流程的宣贯培训率 | 100% | 6月 | 1 | 按期开展标准、业务流程的宣贯；完成得1分；未完成，县公司责任部门扣1分，市公司管理部门连带扣10% | 运维检修部 | 运维检修部 | 营销部 | 供电所管理部门 | | | | |
| 18 | | | 强化配网运行分析执行率 | 100% | 12月 | 1 | 定期对设备缺陷、非计划停运和故障停运情况进行分析；完成得1分；未完成，县公司责任部门扣1分，市公司管理部门连带扣10% | 运维检修部 | 运维检修部 | 营销部 | 供电所管理部门 | | | | |
| 19 | 三、深化供电所管理提升，实行“一站式”服务，形成供电所营配贯通业务末端融合新应用 | 50 | 配电设备隐患排查治理率 | 100% | 11月 | 1 | 隐患排查治理率完成年度目标100%；完成得1分；未完成，县公司责任部门扣1分，市公司管理部门连带扣10% | 运维检修部 | 运维检修部 | 营销部 | 供电所管理部门 | | | | |
| 20 | | | 检修计划管理管控率 | 100% | 12月 | 1 | 按期开展综合检修、设备检修消缺、线路改造施工、设备预试；完成得1分；未完成，县公司责任部门扣1分，市公司管理部门连带扣10% | 运维检修部 | 运维检修部 | 营销部 | 供电所管理部门 | | | | |
| 21 | | | 农村供电可靠率RS3 | 99.90% | 12月 | 2 | 积极推进状态检修和不停电作业，实现农村供电可靠率RS3≥99.90%；完成得2分；未完成，县公司责任部门扣2分，市公司管理部门连带扣10% | 运维检修部 | 运维检修部 | 营销部 | 供电所管理部门 | | | | |
| 22 | | | D类电压合格率 | 97.80% | 12月 | 2 | D类电压合格率≥97.80%；完成得2分；未完成，县公司责任部门扣2分，市公司管理部门连带扣10% | 运维检修部 | 运维检修部 | 营销部 | 供电所管理部门 | | | | |

续表

| 序号 | 重点工作 | 重点工作分值 | 量化目标 | 量化目标值 | 完成时间 | 量化目标分值 | 工作措施及考核标准 | 市公司管理部门 | 县公司责任部门 | 市公司考核部门 | 县公司考核部门 | 工作开展 | 完成情况 | 得分 | 备注 |
|---|---|---|---|---|---|---|---|---|---|---|---|---|---|---|---|
| | | | | | | | | | | | | 简要描述当前工作进度 | 完成/未完成 | 按照时限要求自评 | |
| 23 | 三、深化供电所管理提升，实行“一站式”服务，形成供电所营配贯通业务末端融合新应用 | 50 | 生产管理信息系统覆盖率 | 100% | 12月 | 1 | 生产管理信息系统应用情况完成年度目标100%，图数治理按上级要求按期完成；完成得1分；未完成，县公司责任部门扣1分，市公司管理部门连带扣10% | 运维检修部 | 运维检修部 | 营销部 | 供电所管理部门 | | | | |
| 24 | | | 营销基础数据规范治理率 | 99.20% | 12月 | 1 | 规范治理营销基础数据；完成得1分；未完成，县公司责任部门扣1分，市公司管理部门连带扣10% | 营销部 | 营销部 | 营销部 | 供电所管理部门 | | | | |
| 25 | | | 营配数据贯通率 | 100% | 12月 | 1 | 按照省、市公司计划，完成年度营配数据贯通；完成得1分；未完成，县公司责任部门扣1分，市公司管理部门连带扣10% | 营销部 | 营销部 | 营销部 | 供电所管理部门 | | | | |
| 26 | | | 智能电表推广建设完成率 | 100% | 12月 | 2 | 按照省、市公司计划，县域全面启动智能电能表推广建设，完成年度电能表安装任务；完成得2分；未完成，县公司责任部门扣2分，市公司管理部门连带扣10% | 营销部 | 营销部 | 营销部 | 供电所管理部门 | | | | |
| 27 | | | 用电信息采集系统建设率 | 100% | 12月 | 1 | 加强县域用电信息采集系统建设，完成省、市公司下达的年度用电信息采集建设任务；完成得1分；未完成，县公司责任部门扣1分，市公司管理部门连带扣10% | 营销部 | 营销部 | 营销部 | 供电所管理部门 | | | | |
| 28 | | | 电价执行正确率 | 100% | 12月 | 2 | 严格执行政府部门规定的收费项目和收费标准；完成得2分；未完成，县公司责任部门扣2分，市公司责任部门连带扣10% | 营销部 | 营销部 | 营销部 | 供电所管理部门 | | | | |

续表

| 序号 | 重点工作 | 重点工作分值 | 量化目标 | 量化目标值 | 完成时间 | 量化目标分值 | 工作措施及考核标准 | 市公司管理部门 | 县公司责任部门 | 市公司考核部门 | 县公司考核部门 | 工作开展 | 完成情况 | 得分 | 备注 |
|---|---|---|---|---|---|---|---|---|---|---|---|---|---|---|---|
| | | | | | | | | | | | | 简要描述当前工作进度 | 完成/未完成 | 按照时限要求自评 | |
| 29 | 三、深化供电所管理提升，实行“一站式”服务，形成供电所营配贯通业务末端融合新应用 | 50 | 农村临时用电规范率 | 100% | 10月 | 1 | 严格执行临时用电管理办法，规范农村客户临时用电需求；完成得1分；未完成，县公司责任部门扣1分，市公司管理部门连带扣10% | 营销部 | 营销部 | 营销部 | 供电所管理部门 | | | | |
| 30 | | | 表计管理规范率 | 100% | 12月 | 2 | 严格按要求执行计量管理，不发生业务中违规收费和搭车收费；完成得2分；未完成，县公司责任部门扣2分，市公司责任部门连带扣10% | 营销部 | 营销部 | 营销部 | 供电所管理部门 | | | | |
| 31 | | | 当年电费回收率 | 100% | 12月 | 2 | 完成当年电费回收；完成得2分；未完成，县公司责任部门扣2分，市公司管理部门连带扣10% | 营销部 | 营销部 | 营销部 | 供电所管理部门 | | | | |
| 32 | | | 低压客户业扩服务时限达标率 | 100% | 12月 | 2 | 低压客户业扩服务时限达标；完成得2分；未完成，县公司责任部门扣2分，市公司管理部门连带扣10% | 营销部 | 营销部 | 营销部 | 供电所管理部门 | | | | |
| 33 | | | 光纤和业务应用系统覆盖率 | 100% | 09月 | 2 | 光纤和业务应用系统覆盖100%；完成得2分；未完成，县公司责任部门扣2分，市公司责任部门连带扣10% | 信息通信分公司 | 运维检修部 | 营销部 | 供电所管理部门 | | | | |
| 34 | | | 供电所信息化办公设备配置率 | 100% | 11月 | 2 | 推进视频会议系统和营业厅等重要场所视频监控系统建设,全面实现营业厅集中监控；完成得2分；未完成，县公司责任部门扣2分，市公司管理部门连带扣10% | 各业务主管部门 | 各业务主管部门 | 营销部 | 供电所管理部门 | | | | |

续表

| 序号 | 重点工作 | 重点工作分值 | 量化目标 | 量化目标值 | 完成时间 | 量化目标分值 | 工作措施及考核标准 | 市公司管理部门 | 县公司责任部门 | 市公司考核部门 | 县公司考核部门 | 工作开展 | 完成情况 | 得分 | 备注 |
|---|---|---|---|---|---|---|---|---|---|---|---|---|---|---|---|
| | | | | | | | | | | | | 简要描述当前工作进度 | 完成/未完成 | 按照时限要求自评 | |
| 35 | 三、深化供电所管理提升，实行“一站式”服务，形成供电所营配贯通业务末端融合新应用 | 50 | 信息系统业务数据真实率 | 100% | 11月 | 1 | 开展信息系统业务数据梳理，确保基础数据真实；完成得1分；未完成，县公司责任部门扣1分，市公司管理部门连带扣10% | 各业务主管部门 | 各业务主管部门 | 营销部 | 供电所管理部门 | | | | |
| 36 | | | 信息系统培训率 | 100% | 10月 | 1 | 开展信息系统知识和应用技能培训；完成得1分；未完成，县公司责任部门扣1分，市公司管理部门连带扣10% | 各业务主管部门 | 各业务主管部门 | 营销部 | 供电所管理部门 | | | | |
| 37 | | | 信息安全防护水平合格率 | 100% | 12月 | 2 | 加强信息安全基础安全防护，满足国网公司信息安全防护要求；完成得2分；未完成，县公司责任部门扣2分，市公司管理部门连带扣10% | 信息通信分公司 | 运维检修部 | 营销部 | 供电所管理部门 | | | | |
| 38 | | | 农村配电网发展规划编制和优化滚动调整完成率 | 100% | 8月 | 2 | 统一开展农村配电网发展规划编制和优化滚动调整；完成得2分；未完成，县公司责任部门扣2分，市公司管理部门连带扣10% | 发展策划部 | 发展策划部 | 营销部 | 供电所管理部门 | | | | |
| 39 | | | 农村电网低压线损率 | 下达指标值 | 12月 | 2 | 农村电网低压线损率小于等于指标值；完成得2分；未完成，县公司责任部门扣2分，市公司管理部门连带扣10% | 发展策划部 | 发展策划部 | 营销部 | 供电所管理部门 | | | | |
| 40 | | | 农村配网工程完成率 | 100% | 12月 | 1 | 统筹安排投资计划和工程项目，按期完成年度农村配网工程；完成得1分；未完成，县公司责任部门扣1分，市公司管理部门连带扣10% | 配电网工程建设管理办公室 | 配电网工程建设管理办公室 | 营销部 | 供电所管理部门 | | | | |

续表

| 序号 | 重点工作 | 重点工作分值 | 量化目标 | 量化目标值 | 完成时间 | 量化目标分值 | 工作措施及考核标准 | 市公司管理部门 | 县公司责任部门 | 市公司考核部门 | 县公司考核部门 | 工作开展 | 完成情况 | 得分 | 备注 |
|---|---|---|---|---|---|---|---|---|---|---|---|---|---|---|---|
| | | | | | | | | | | | | 简要描述当前工作进度 | 完成/未完成 | 按照时限要求自评 | |
| 41 | 三、深化供电所管理提升，实行“一站式”服务，形成供电所营配贯通业务末端融合新应用 | 50 | “卡脖子”和严重“低电压”治理完成率 | 100% | 12月 | 2 | 按照低电压治理工作方案，除个别偏远地区外基本解决配电网“卡脖子”和严重“低电压”问题，实现年度任务完成率100%；完成得2分；未完成，县公司责任部门扣2分，市公司管理部门连带扣10% | 配电网工程建设管理办公室 | 配电网工程建设管理办公室 | 营销部 | 供电所管理部门 | | | | |
| 42 | 四、深化标准化管理检查和星级评价，提升供电所综合管理水平，形成供电所薄弱环节整改新提升 | 11 | 修订完善供电所综合管理办法完成率 | 100% | 10月 | 2 | 完成修订完善供电所综合管理办法；完成得2分；未完成，县公司责任部门扣2分，市公司责任部门连带扣10% | 营销部 | 供电所管理部门 | 业绩考核办公室 | 业绩考核委员会 | | | | |
| 43 | | | 供电所标准化管理开展率 | 100% | 12月 | 2 | 县公司按月度开展，市公司按季度开展供电所抽查；完成得2分；1次未开展，县公司责任部门扣1分，市公司管理部门连带扣10% | 营销部 | 供电所管理部门 | 业绩考核办公室 | 业绩考核委员会 | | | | |
| 44 | | | 供电所问题整改落实率 | 100% | 12月 | 2 | “回头看”县公司供电所发现问题整改情况，按期完成得2分；一次未完成扣0.5分，市公司管理部门连带扣10% | 营销部 | 供电所管理部门 | 业绩考核办公室 | 业绩考核委员会 | | | | |
| 45 | | | 开展“星级供电所”创建 | 100% | 12月 | 2 | 按省公司文件要求，开展“星级供电所”创建；完成得2分；未完成，县公司责任部门扣2分，市公司管理部门连带扣10% | 营销部 | 供电所管理部门 | 业绩考核办公室 | 业绩考核委员会 | | | | |
| 46 | | | 重点单位帮扶率 | 100% | 12月 | 3 | 完成先进对落后供电所帮扶工作；完成得3分；每1对未完成，县公司责任部门扣1分，市公司管理部门连带扣10% | 营销部 | 供电所管理部门 | 业绩考核办公室 | 业绩考核委员会 | | | | |

续表

| 序号 | 重点工作 | 重点工作分值 | 量化目标 | 量化目标值 | 完成时间 | 量化目标分值 | 工作措施及考核标准 | 市公司管理部门 | 县公司责任部门 | 市公司考核部门 | 县公司考核部门 | 工作开展 | 完成情况 | 得分 | 备注 |
|---|---|---|---|---|---|---|---|---|---|---|---|---|---|---|---|
| | | | | | | | | | | | | 简要描述当前工作进度 | 完成/未完成 | 按照时限要求自评 | |
| 47 | 五、深化供电服务行为，提升供电优质服务水平，形成供电所优质服务新形象 | 17 | 营销服务突出问题排查治理率 | 100% | 11月 | 1 | 查找在供电质量、电网运行维护、专业协同联动、服务队伍建设、监督考核机制建设等方面存在的问题，对于发现的问题落实整改；完成得1分；未完成，县公司责任部门扣1分，市公司管理部门连带扣10% | 营销部 | 营销部 | 营销部 | 供电所管理部门 | | | | |
| 48 | | | 供电服务满足“十项承诺”要求 | 99.90% | 12月 | 2 | 供电服务“十项承诺”兑现率≥99.90%；完成得2分；未完成，县公司责任部门扣2分，市公司责任部门连带扣10% | 营销部 | 营销部 | 营销部 | 供电所管理部门 | | | | |
| 49 | | | 不发生违反“十个不准”“十必须”的事件 | 0 | 12月 | 2 | 不发生违反“十个不准”“十必须”的事件；完成得2分；未完成，县公司责任部门扣2分，市公司管理部门连带扣10% | 营销部 | 营销部 | 营销部 | 供电所管理部门 | | | | |
| 50 | | | 不发生“十禁止”“三指定”行为 | 0 | 12月 | 2 | 不发生“十禁止”“三指定”行为；完成得2分；未完成，县公司责任部门扣2分，市公司责任部门连带扣10% | 营销部 | 营销部 | 营销部 | 供电所管理部门 | | | | |
| 51 | | | 不发生员工顶风违纪事件 | 0 | 12月 | 1 | 开展作风纪律建设情况监督检查，从严责任追究制度，确保不发生员工违纪事件，完成得1分；未完成，县公司责任部门扣1分，市公司管理部门连带扣10% | 监察部 | 监察部 | 营销部 | 供电所管理部门 | | | | |
| 52 | | | 供电所明察暗访开展率 | 100% | 12月 | 2 | 定期对供电所开展明察暗访工作；完成得2分；未完成，县公司责任部门扣2分，市公司管理部门连带扣10% | 监察部 | 监察部 | 营销部 | 供电所管理部门 | | | | |

续表

| 序号 | 重点工作 | 重点工作分值 | 量化目标 | 量化目标值 | 完成时间 | 量化目标分值 | 工作措施及考核标准 | 市公司管理部门 | 县公司责任部门 | 市公司考核部门 | 县公司考核部门 | 工作开展 | 完成情况 | 得分 | 备注 |
|---|---|---|---|---|---|---|---|---|---|---|---|---|---|---|---|
| | | | | | | | | | | | | 简要描述当前工作进度 | 完成/未完成 | 按照时限要求自评 | |
| 53 | 五、深化供电服务行为，提升供电优质服务水平，形成供电所优质服务新形象 | 17 | 规章制度学习率 | 100% | 10月 | 2 | 根据上级要求按期开展学习党的相关规章制度，增强广大基层党员遵章守纪意识，发挥模范带头作用；完成得2分；未完成，县公司责任部门扣2分，市公司管理部门连带扣10% | 党群工作部 | 党群工作部 | 营销部 | 供电所管理部门 | | | | |
| 54 | | | 供电所内部审计率 | 100% | 10月 | 1 | 重点加强客户业扩报装工程、临时用电、农网改造、收费、表计、电价、线损等薄弱环节的审计；完成得1分；未完成，县公司责任部门扣1分，市公司管理部门连带扣10% | 审计部 | 审计部 | 营销部 | 供电所管理部门 | | | | |
| 55 | | | 供电所长离任与任中审计率 | 100% | 10月 | 1 | 加强对供电所长任期内的客观评价，定期开展供电所长的离任审计与任中审计；完成得1分；未完成，县公司责任部门扣1分，市公司管理部门连带扣10% | 审计部 | 审计部 | 营销部 | 供电所管理部门 | | | | |
| 56 | | | 不发生有重大影响的行风投诉事件 | 100% | 12月 | 2 | 不发生有重大影响的行风投诉事件；完成得2分；未完成，县公司责任部门扣2分，市公司管理部门连带扣10% | 监察部 | 监察部 | 营销部 | 供电所管理部门 | | | | |
| 57 | 六、深化业务管理创新模式，提升争先创优意识，形成供电所激励新机制 | 8 | 供电所标杆评选开展率 | 100% | 下一年度1月 | 2 | 按年度开展供电所标杆评选；完成得2分；未完成，县公司责任部门扣2分，市公司管理部门连带扣10% | 营销部 | 供电所管理部门 | 业绩考核办公室 | 业绩考核委员会 | | | | |

续表

| 序号 | 重点工作 | 重点工作分值 | 量化目标 | 量化目标值 | 完成时间 | 量化目标分值 | 工作措施及考核标准 | 市公司管理部门 | 县公司责任部门 | 市公司考核部门 | 县公司考核部门 | 工作开展 | 完成情况 | 得分 | 备注 |
|---|---|---|---|---|---|---|---|---|---|---|---|---|---|---|---|
| | | | | | | | | | | | | 简要描述当前工作进度 | 完成/未完成 | 按照时限要求自评 | |
| 58 | 六、深化业务管理创新模式，提升争先创优意识，形成供电所激励新机制 | 8 | 专项工作开展率 | 100% | 12月 | 2 | 县公司按期开展优质服务明星、标杆台区创建、供电所服务零投诉、夺红旗；完成得2分；未完成，县公司责任部门扣2分，市公司管理部门连带扣10% | 营销部 | 供电所管理部门 | 业绩考核办公室 | 业绩考核委员会 | | | | |
| 59 | | | 考核办法执行兑现率 | 100% | 12月 | 2 | 按期检查县公司对供电所、班组、员工各项考核办法是否执行，奖金是否兑现；完成得2分；未完成，县公司责任部门扣2分，市公司管理部门连带扣10% | 人力资源部 | 人力资源部 | 营销部 | 供电所管理部门 | | | | |
| 60 | | | 奖惩规定执行率 | 100% | 12月 | 1 | 严格按照规定落实奖惩；完成得1分；未完成，县公司责任部门扣1分，市公司管理部门连带扣10% | 人力资源部 | 人力资源部 | 营销部 | 供电所管理部门 | | | | |
| 61 | | | 供电所人员交流机制开展率 | 100% | 10月 | 1 | 通过合理布局、优化使用，完善供电所人员交流机制；完成得1分；未完成，县公司责任部门扣1分，市公司管理部门连带扣10% | 人力资源部 | 人力资源部 | 营销部 | 供电所管理部门 | | | | |
| 合计 | — | 100 | — | — | — | 100 | — | — | — | — | — | | | | |

# 第 21 章　供电所基础设施设备配置标准

| | | | | | | |
|---|---|---|---|---|---|---|
| 一、生产营业用房 | | | | | | |
| 序号 | 设施名称 | 单位 | 配置标准 | 适用范围 | | |
| 1 | 供电所生产营业用房 | 间 | 1 间/2 工位 | 所长室 | | |
| | | | 1 间/4 工位 | 综合班 | | |
| | | | 1 间/6 工位 | 配电营业班 | | |
| | | | 2～3 间/室 | 营业厅 | | |
| | | | 2～3 间/室 | 视频会议室 | | |
| | | | 1 间/2 工位 | 抢修值班室 | | |
| | | | 1 间/4 床位 | 备班室 | | |
| | | | 1 间/供电所 | 食堂操作间 | | |
| | | | 1 间/10 餐位 | 餐厅 | | |
| | | | 1 间/室 | 安全工器具室、备品备件室、表库、施工（生产）工器具室、档案室、供电所信息通信机房、培训室、淋浴间 | | |
| 二、交通车辆 | | | | | | |
| 序号 | 设施名称 | 单位 | 配置标准 | 适用范围 | | |
| 1 | 汽车 | 辆 | 1 辆/供电所 | 平原适用两驱汽车，山区、丘陵适用四驱汽车 | | |
| 2 | 三轮车（电动、燃油） | 辆 | 1 辆/5 名台区客户代表 | 电动车适用于平原和丘陵地区，燃油车适用于山区 | | |
| 3 | 两轮车（电动、燃油） | 辆 | 1 辆/3 名台区客户代表 | | | |
| 三、办公设施 | | | | | | |
| 序号 | 设施名称 | 单位 | 配置标准 | 配置场所 | | |
| 1 | 办公计算机 | 台 | 1 台/人 | 所长（副所长） | | |
| | | | 1 台/人 | 综合班 | | |
| | | | 2～3 台/班 | 配电营业班 | | |
| | | | 1 台/室 | 会议室 | | |
| | | | 1 台/室 | 抢修值班室 | | |
| 2 | 打印机 | 台 | 1 台/人 | 所长（副所长） | | |
| | | | 2 台/班 | 综合班 | | |
| | | | 1 台/班 | 配电营业班 | | |
| 3 | 行为记录仪 | 台 | 2 台（网络版）/所 | 综合班 | | |
| | | | 1 台（单机版）/台区客户代表 | 配电营业班 | | |
| 4 | 投影设备 | 套 | 1 套/供电所 | 供电所会议室 | | |

续表

| 序号 | 设施名称 | 单位 | 配置标准 | 配置场所 | | |
|---|---|---|---|---|---|---|
| 5 | 文件资料柜 | 组 | 2 组/室 | 所长室 | | |
| | | | 4 组/班 | 综合班 | | |
| | | | 2 组/班 | 配电营业班 | | |
| | | | 8 组/室 | 档案室 | | |
| 6 | 办公桌椅 | 套 | 1 套/工位 | 供电所 | | |
| 7 | 四层货架 | 个 | 2 个/室 | 表库 | | |
| | | | 6 个/室 | 备品备件室 | | |
| | | | 6 个/室 | 施工（生产）工器具室 | | |
| 8 | 人脸识别考勤机 | 台 | 1 台/所（站） | 供电所（供电服务站） | | |
| 9 | 录音笔 | 台 | 2 台/班 | 综合班 | | |
| 10 | 录音电话机 | 部 | 1 部 2 分机 | 抢修值班室和营业厅各 1 个分机 | | |
| 11 | 普通电话机 | 部 | 1 部/室 | 所长室 | | |
| 12 | 供电所视频监控系统 | 套 | 1 套/室 | 抢修值班室 | | |
| 13 | 室外宣传栏 | 面 | 2 面/所 | 供电所 | | |
| 14 | 消防器材 | 组 | 10 组/所 | 供电所 | | |
| 15 | 抢修工具柜 | 个 | 2 个/室 | 抢修值班室 | | |
| 16 | 视频会议系统（分站） | 套 | 1 套/所 | 供电所会议室 | | |
| 17 | 信息通信网络系统 | 套 | 1 套/所 | 供电所信息通信机房 | | |
| 四、营业厅、表库设施 | | | | | | |
| 序号 | 设施名称 | 单位 | 配置标准 | 配置场所 | | |
| 1 | 复印机 | 台 | 1 台/所 | 营业厅 | | |
| 2 | 24 小时自助缴费机 | 台 | 1 台/所（站） | 供电所（供电服务站） | | |
| 3 | 智能计量周转柜 | 台 | 1 台/所 | 表库 | | |
| 4 | 高拍仪 | 台 | 1 台/所 | 营业厅 | | |
| 5 | 多功能显示屏 | 面 | 1 面/所 | 营业厅 | | |
| 6 | 营业厅吧椅 | 把 | 1 把/工位 | 营业厅 | | |
| 7 | 客户休息椅（三位连椅） | 把 | 1～3 把/所 | 营业厅 | | |
| 8 | 书写台 | 个 | 1 个/所 | 营业厅 | | |
| 9 | 便民服务柜 | 个 | 1 个/所 | 营业厅 | | |
| 10 | 计量抢修周转箱 | 个 | 2 个/所 | 抢修值班室、抢修车辆 | | |
| 11 | 临时用电表箱 | 只 | 10 只/万户 | 表库 | | |
| 12 | POS 机 | 台 | 1 台/所 | 营业厅 | | |
| 五、安全工器具 | | | | | | |
| 序号 | 设施名称 | 单位 | 配置标准 | 配置场所 | | |
| 1 | 辅助型绝缘手套 | 双 | 2 双/配电营业班 | 安全工器具室 | | |
| | | | 2～3 双/室 | 抢修值班室 | | |
| 2 | 辅助型绝缘靴 | 双 | 2 双/配电营业班 | 安全工器具室 | | |

续表

| 序号 | 设施名称 | 单位 | 配置标准 | 配置场所 | | |
|---|---|---|---|---|---|---|
| 2 | 辅助型绝缘靴 | 双 | 2～3 双/室 | 抢修值班室 | | |
| 3 | 绝缘操作杆 | 套 | 2 套/配电营业班 | 安全工器具室 | | |
| | | | 2～3 套/室 | 抢修值班室 | | |
| 4 | 辅助型绝缘垫 | 块 | 4 块/配电营业班 | 安全工器具室 | | |
| 5 | 验电器（10kV） | 支 | 4 支/配电营业班 | 安全工器具室 | | |
| | | | 3 支/室 | 抢修值班室 | | |
| 6 | 验电器（低压） | 支 | 1 支/人 | 安全工器具室 | | |
| | | | 3 支/室 | 抢修值班室 | | |
| 7 | 接地线（10kV） | 组 | 8 组/所 | 安全工器具室 | | |
| 8 | 接地线（低压） | 组 | 8 组/所 | 安全工器具室 | | |
| | | | 3 组/室 | 抢修值班室 | | |
| 9 | 安全带 | 副 | 1 副/人 | 安全工器具室 | | |
| | | | 3 副/室 | 抢修值班室 | | |
| 10 | 安全帽 | 顶 | 1 顶/人 | 安全工器具室 | | |
| | | | 2～6 顶/室 | 抢修值班室 | | |
| 11 | 绝缘梯子 | 架 | 3 架/配电营业班 | 安全工器具室 | | |
| 12 | 脚扣 | 副 | 1 副/人 | 安全工器具室 | | |
| | | | 3 副/室 | 抢修值班室 | | |
| 13 | 速差自控器 | 副 | 6 副/配电营业班 | 安全工器具室 | | |
| 14 | 个人保安线 | 副 | 1 副/人 | 安全工器具室 | | |
| | | | 3 副/室 | 抢修值班室 | | |
| 15 | 安全警示带（围栏绳） | 根 | 10 根/配电营业班 | 安全工器具室 | | |
| 16 | 标示牌（禁止合闸，有人工作！） | 块 | 10 块/配电营业班 | 安全工器具室 | | |
| 17 | 标示牌（禁止合闸，线路有人工作！） | 块 | 10 块/配电营业班 | 安全工器具室 | | |
| 18 | 标示牌（止步，高压危险！） | 块 | 10 块/配电营业班 | 安全工器具室 | | |
| 19 | 标示牌（在此工作！） | 块 | 10 块/配电营业班 | 安全工器具室 | | |
| 20 | 护目镜 | 副 | 1 副/人 | 安全工器具室 | | |
| 21 | 防毒面具 | 套 | 4 套/配电营业班 | 安全工器具室 | | |
| 22 | 安全工器具柜 | 个 | 8 个/室 | 安全工器具室 | | |
| 六、仪器仪表 | | | | | | |
| 序号 | 设施名称 | 单位 | 配置标准 | 配置场所 | | |
| 1 | 剩余电流动作保护测试仪 | 套 | 1 套/配电营业班 | 施工（生产）工器具室 | | |
| 2 | 绝缘电阻测试仪 | 套 | 1 套/配电营业班 | 施工（生产）工器具室 | | |
| 3 | 钳形电流表 | 只 | 3 只/配电营业班 | 施工（生产）工器具室 | | |
| 4 | 数字万用表 | 台 | 3 台/配电营业班 | 施工（生产）工器具室 | | |

续表

| 序号 | 设施名称 | 单位 | 配置标准 | 配置场所 | | |
|---|---|---|---|---|---|---|
| 4 | 数字万用表 | 台 | 3 台/室 | 抢修值班室 | | |
| 5 | 测高仪 | 台 | 2 台/所 | 施工（生产）工器具室 | | |
| 6 | 望远镜 | 台 | 3 台/配电营业班 | 施工（生产）工器具室 | | |
| 7 | 线路超声波局部放电检测仪 | 台 | 1 台/所 | 施工（生产）工器具室 | | |
| 8 | 红外热成像测温仪 | 台 | 1 台/所 | 施工（生产）工器具室 | | |
| 9 | 低压反窃电装置 | 台 | 1 台/所 | 施工（生产）工器具室 | | |
| 10 | 移动作业终端（营配融合） | 台 | 1 台/2 名台区客户代表 | 配电营业班 | | |

七、施工工器具

| 序号 | 设施名称 | 单位 | 配置标准 | 配置场所 | | |
|---|---|---|---|---|---|---|
| 1 | 发电机 | 台 | 1 台/所 | 施工（生产）工器具室 | | |
| 2 | 电锯 | 把 | 1 把/所 | 施工（生产）工器具室 | | |
| 3 | 油锯 | 把 | 1 把/所 | 施工（生产）工器具室 | | |
| 4 | 高枝剪 | 把 | 5 把/配电营业班 | 施工（生产）工器具室 | | |
| 5 | 手拉葫芦 | 个 | 4 个/所 | 施工（生产）工器具室 | | |
| 6 | 压线钳 | 把 | 2 把/所 | 施工（生产）工器具室 | | |
| 7 | 应急灯 | 台 | 2 台/配电营业班 | 施工（生产）工器具室 | | |
| | | | 1 台/室 | 抢修值班室 | | |
| 8 | 头灯 | 台 | 1 台/台区客户代表 | 施工（生产）工器具室 | | |
| | | | 3 台/室 | 抢修值班室 | | |
| 9 | 钢丝锯 | 把 | 2 把/配电营业班 | 施工（生产）工器具室 | | |
| 10 | 手电钻 | 把 | 2 把/配电营业班 | 施工（生产）工器具室 | | |
| 11 | 电锤 | 把 | 2 把/配电营业班 | 施工（生产）工器具室 | | |
| 12 | 断线钳 | 把 | 2 把/配电营业班 | 施工（生产）工器具室 | | |
| 13 | 防撞墩 | 个 | 10 个/所 | 施工（生产）工器具室 | | |
| 14 | 防撞警示贴 | 张 | 50 张/所 | 施工（生产）工器具室 | | |
| 15 | 个人工器具包 | 套 | 1 套/台区客户代表 | 施工（生产）工器具室 | | |

八、备品备件（参考）

| 序号 | 材料名称 | 单位 | 配置标准 | 配置场所 | | |
|---|---|---|---|---|---|---|
| 1 | 铝并沟线夹 | 只 | 60 只/室 | 备品备件室 | | |
| 2 | 设备线夹 | 只 | 20 只/室 | 备品备件室 | | |
| 3 | 铜镀锡设备线夹 | 只 | 20 只/室 | 备品备件室 | | |
| 4 | 楔形线夹 | 只 | 30 只/室 | 备品备件室 | | |
| 5 | UT 型线夹 | 只 | 20 只/室 | 备品备件室 | | |
| 6 | 耐张线夹 | 只 | 10 只/室 | 备品备件室 | | |
| 7 | 楔形绝缘耐张线夹 | 只 | 10 只/室 | 备品备件室 | | |
| 8 | 异型并沟线夹 | 只 | 40 只/室 | 备品备件室 | | |
| 9 | 碗头挂板 | 只 | 9 只/室 | 备品备件室 | | |

续表

| 序号 | 材料名称 | 单位 | 配置标准 | 配置场所 |
|---|---|---|---|---|
| 10 | 球头挂板 | 只 | 9 只/室 | 备品备件室 |
| 11 | U 形挂板 | 只 | 9 只/室 | 备品备件室 |
| 12 | 直角挂板 | 只 | 9 只/室 | 备品备件室 |
| 13 | 铁拉板 | 副 | 5 副/室 | 备品备件室 |
| 14 | 交流盘型悬式绝缘子 | 片 | 6 片/室 | 备品备件室 |
| 15 | 高压悬式绝缘子 | 只 | 12 只/室 | 备品备件室 |
| 16 | 线路柱式瓷绝缘子 | 只 | 20 只/室 | 备品备件室 |
| 17 | 拉线绝缘子 | 只 | 5 只/室 | 备品备件室 |
| 18 | 低压针式瓶 | 只 | 40 只/室 | 备品备件室 |
| 19 | 绝缘瓷瓶 | 个 | 30 个/室 | 备品备件室 |
| 20 | 针式瓶 | 个 | 10 个/室 | 备品备件室 |
| 21 | 蝶式瓶 | 个 | 30 个/室 | 备品备件室 |
| 22 | 半圆抱箍 | 副 | 20 副/室 | 备品备件室 |
| 23 | U 型抱箍 | 副 | 45 副/室 | 备品备件室 |
| 24 | 双芯线 | m | 160m/室 | 备品备件室 |
| 25 | 钢绞线 | kg | 20kg/室 | 备品备件室 |
| 26 | 低压电缆 | m | 30m/室 | 备品备件室 |
| 27 | 铜线鼻 | 个 | 10 个/室 | 备品备件室 |
| 28 | 铜铝线鼻 | 只 | 180 只/室 | 备品备件室 |
| 29 | 低压空气开关 | 台 | 14 台/室 | 备品备件室 |
| 30 | 高压隔离开关 | 只 | 4 只/室 | 备品备件室 |
| 31 | 跌落闸配件 | 只 | 30 只/室 | 备品备件室 |
| 32 | 跌落闸 | 只 | 30 只/室 | 备品备件室 |
| 33 | 跌落管带铜件 | 只 | 5 只/室 | 备品备件室 |
| 34 | 螺丝 | 只 | 200 只/室 | 备品备件室 |
| 35 | 铁丝 | kg | 10kg/室 | 备品备件室 |
| 36 | 拉线棒 | 根 | 6 根/室 | 备品备件室 |
| 37 | 铁横担 | 根 | 15 根/室 | 备品备件室 |
| 38 | 墙担双眼 | 个 | 50 个/室 | 备品备件室 |
| 39 | U 型环 | 副 | 6 副/室 | 备品备件室 |
| 40 | 交流接触器 | 台 | 8 台/室 | 备品备件室 |
| 41 | 综合漏电保护器 | 台 | 10 台/室 | 备品备件室 |
| 42 | 电气胶布 | 盘 | 20 盘/室 | 备品备件室 |
| 43 | 避雷器 | 只 | 18 只/室 | 备品备件室 |
| 44 | 拉线警示管 | 根 | 5 根/室 | 备品备件室 |
| 45 | 小型漏保 | 只 | 20 只/室 | 备品备件室 |
| 46 | 表箱专用锁 | 个 | 50 个/室 | 备品备件室 |

续表

| 序号 | 材料名称 | 单位 | 配置标准 | 配置场所 |
|---|---|---|---|---|
| 47 | 高压熔丝 | 个 | 50 个/室 | 备品备件室 |
| 48 | 铝包带 | 盘 | 1 盘/室 | 备品备件室 |
| 49 | 拉线抱箍 | 副 | 9 副/室 | 备品备件室 |
| 九、生活设施 | | | | |
| 序号 | 设施名称 | 单位 | 配置标准 | 配置场所 |
| 1 | 备班室床铺 | 个 | 1 个/值班岗位 | 备班室 |
| 2 | 备班室更衣柜 | 个 | 1 个/人 | 备班室 |
| 3 | 床上用品 | 套 | 2 套/人 | 备班室 |
| 4 | 液晶电视机 | 台 | 1 台/室 | 备班室 |
| 5 | 电磁双炒双温灶 | 台 | 1 台/所 | 食堂 |
| 6 | 单门消毒柜 | 台 | 1 台/所 | 食堂 |
| 7 | 冰箱（冰柜） | 台 | 1 台/所 | 食堂 |
| 8 | 商用微波炉 | 个 | 1 个/所 | 食堂 |
| 9 | 抽油烟机 | 台 | 1 台/所 | 食堂 |
| 10 | 电饭煲 | 个 | 1 个/所 | 食堂 |
| 11 | 保鲜工作台 | 台 | 1 台/所 | 食堂 |
| 12 | 调料台 | 个 | 1 个/所 | 食堂 |
| 13 | 四层货架 | 台 | 1 台/所 | 食堂 |
| 14 | 双眼水池 | 个 | 1 个/所 | 食堂 |
| 15 | 保鲜盒 | 个 | 若干个/所 | 食堂 |
| 16 | 保温饭盒 | 个 | 若干个/所 | 食堂 |
| 17 | 净水设备 | 套 | 1 套/所 | 食堂（根据水质情况选配） |
| 18 | 餐桌 | 张 | 0.8～1 餐位/人 | 食堂 |
| 19 | 椅子 | 把 | 0.8～1 餐位/人 | 食堂 |
| 20 | 洗衣机 | 台 | 1 台/所 | 供电所 |
| 21 | 淋浴位（含淋浴设施） | 个 | 1～3 个/所 | 淋浴间（浴室） |
| 22 | 书架 | 个 | 1 个/所 | 培训室 |
| 23 | 空调 | 台 | 1 台/室 | 宿舍、办公场所、餐厅 |

# 编 制 依 据


[1] 中华人民共和国电力法. 全国人民代表大会. 2015 年

[2] 中华人民共和国计量法. 全国人民代表大会. 2015 年

[3] 中华人民共和国安全生产法. 全国人民代表大会. 2014 年

[4] 中华人民共和国合同法. 全国人民代表大会. 1999 年

[5] 供电营业规则. 电力工业部. 1996 年

[6] 电力供应与使用条例. 国务院. 2016 年

[7] 电力设施保护条例. 国务院. 2011 年

[8] 居民用户家用电器损坏处理办法. 电力工业部. 1996 年

[9] 供用电监督管理办法. 电力工业部. 1996 年

[10] 农村低压电力技术规程. 国家电网公司. 2001 年

[11] 农村安全用电规程. 国家电网公司. 2001 年

[12] 农村低压电气安全工作规程. 国家电网公司. 2001 年

[13] 剩余电流动作保护器农村安装运行规程. 国家电网公司. 2000 年

[14] 农村电网建设与改造技术导则. 国家电网公司. 2015 年

[15] 国家电网公司电力安全工作规程（电力线路部分）. 国家电网公司. 2013 年

[16] 国家电网公司电力生产事故调查规程. 国家电网公司. 2011 年

[17] 农电事故调查统计规程. 电力工业部. 1998 年

[18] 架空配电线路及设备运行规程. 能源部. 1988 年

[19] 电能计量装置技术管理规程. 国家电网公司. 2016 年

[20] 低压配电设计规范. 国家电网公司. 2011 年

[21] 架空绝缘配电线路设计技术规程. 国家电网公司. 1996 年

[22] 架空配电线路设计技术规程. 国家电网公司. 2015 年